KB117913

일본의 설계자,
시부사와 에이이치

|일러두기|

1 본서는 『雨夜譚-渋沢栄一自伝』(岩波書店, 1984)의 번역본이다. 본래 시부사와 에이이치의 구술을 받아 적은 것이 있었는데, 그 일부가 유실되어 남은 부분을 모아 엮은 책이 『雨夜譚-渋沢栄一自伝』이다. 따라서 문장이 체계적이지 않고 비문이 많아 그 의미를 파악하기 어려운 부분도 있었다. 정확한 의미 전달을 위해 곳에 따라서는 과감하게 의역했다.

2 구술한 것을 받아 적은 것이므로 부사와 술어가 남발·중복되는 부분이 많았다. 불필요한 경우, 부사와 술어를 생략하거나 간결하게 다듬었다.

3 문장이 길게 늘어지는 것은 적절하다고 판단되는 부분에서 끊었으며, 단락도 필요에 따라 역주자가 구분하거나 조정했다. 단, 문장과 단락은 모두 원문의 의미를 훼손하지 않는 범위에서 구분했다.

4 한문풍의 용어나 문장은 매우 생소한 경우를 제외하면 당시 분위기를 살리기 위해 그대로 유지했다. 필요하다고 판단되는 경우, 괄호나 각주를 넣어 설명을 더했다.

5 일본어 고유 명사는 가독성을 가장 중요시하여 다음과 같은 규칙으로 표기했다. 인명·지명은 전부 일본어 발음으로 표기했으며, 직명·행정 단위명(촌 등)은 일본어 본래 발음을 최대한 살리되 이미 한국에서도 통용되는 것은 혼란을 막기 위해 임의로 한국어 발음을 채용했다(천황, 막부, 촌 등). 반면 한국 독자에게 이미 익숙한 일본어 고유 명사는 일본어 발음으로 표기했다(쇼군, 사무라이 등).

6 본서의 역주는 역주자가 독자적으로 단 것이며 이와나미(岩波書店)판의 역주는 참조하는 데 그쳤다. 고유 명사·전문 용어를 풀어 설명한 것은 물론이고, 막말 유신사(幕末維新史)에 낯선 독자들의 이해를 돕기 위해 시대 배경과 본문에 나오는 사건이 갖는 역사적 의미 등을 가능한 한 설명했다.

7 역주자의 설명은 대괄호([ ])로 구분했다.

일본의 설계자, 시부사와 에이이치

망국의 신하에서
일본 경제의 전설이 되기까지

시부사와 에이이치 저 | 박훈 역주

21세기북스

시부사와 에이이치(澁澤榮一, 1840~1931)

| 역주자의 말 |

시부사와 에이이치澁澤榮一, 1840~1931는 일본 메이지明治 시대에서 패전에 이르는 시기에 걸쳐 아마도 가장 저명한 경제인·기업인일 것이다. 그는 갓 출범한 메이지 정부 대장성大藏省에서 경제 관료를 3년 반 정도1869. 10.~1873. 5. 역임한 후 바로 실업계에 몸담았다. 대장성 관료 시절 시부사와는 측량, 도량형 개정, 조세 개정, 지폐 제도 도입, 철도 부설 등 근대 경제 건설에 핵심적인 정책을 입안하고 집행했다. 그는 맨 처음 민부성 조세정民部省租稅正으로 발탁된 뒤, 1870년에 대장소승大藏少丞, 71년에 대장대승大藏大丞, 이어 오사카大阪 조폐국에 파견 근무를 갔다가, 1872년 8월 대장대승에 복귀했다[1]. 그 후 본서에도 나오는 것처럼 당시 직속 상관이었던 대장경大藏卿 오쿠보 도시미치大久保利通가 재정을 방만하게 운영하는 것에 대한 불만으로 관직을 그만뒀다.

---

1   시부사와 켄, 홍찬선 옮김, 『철학이 있는 부자』, 다산라이프, 2008, 21쪽.

경제계로 진출한 시부사와는 오사카방적회사·제일국립은행 등 근대 일본 경제의 핵심적인 회사들을 비롯하여 평생 5백여 개의 기업, 경제조직 설립에 간여했다. 그러면서도 자신의 재벌기업군을 끝내 만들지 않았다. 그가 설립했거나 설립에 간여한 회사 중에는 오지제지王子製紙, 시미즈清水건설, 도쿄해상일동화재보험, 도쿄전력, 도쿄가스, 제국호텔, 도쿄제철 등 지금도 건재한 것들이 많다. 회사 이외에도 도쿄 상법회의소, 도쿄 증권거래소 설립에 기여했다. 또 한편에서는 사회봉사 활동에도 적극적이었다. 그중에서도 1874년에 도쿄양육원을 설립하고 56년 동안 그 원장을 맡았으며, 만년에는 국제 친선 활동에서도 업적을 남겼다.

시부사와가 현재 특히 주목받고 있는 것은 기업 설립·운영에 관한 업적도 업적이지만, '도덕 경영'이라고 하는 그의 독특한 경영 철학 때문일 것이다. 특히 『논어論語』를 경영인의 필독서로 생각한 그는 부를 이루는 근원은 인의 도덕이며, 올바른 도리에 따라 쌓은 부가 아니면 그 부는 영속할 수 없다고 주장했다. 그의 이런 도덕·경제 합일설은 국내에도 제법 알려져 있다[2].

시부사와의 정치적 입장 중 가장 주목할 만한 것은 그가 초지일관 군사적 해외 팽창에 부정적, 혹은 소극적이었다는 점이다. 그가 대장성 관료직을 사임하면서 정부에 제출한 의견서가 본서의 말미에 실려 있는데, 여기서 보듯 그는 민간경제民力를 활성화시켜 일본을 세계 유수의 경제 대국으로 만들어야 한다고 생각했다. 즉 강병 노선

---

2   시부사와 에이이치, 노만수 옮김, 『논어와 주판』, 페이퍼로드, 2012.

보다는 부국 노선을 주장했고, 이에 따라 1874년의 타이완 침략에도 반대했다[3]. 이런 그의 입장은 1879년 9월 이노우에 가오루井上馨 외무경, 오쿠마 시게노부大隈重信 대장경에게 보낸 「조약 개정에 관한 건언서」에서도 유지되는데 그는 여기서 지조 감소, 물산 증식, 수출 확대를 당면의 급무로 주장했다. 그리고 청일 전쟁 후 승전 분위기가 고조된 가운데서도 군비 감소를 촉구했다[4].

이상은 시부사와가 주로 거물 경제인으로 활약하던 시기에 관한 것이며, 지금까지 그에 대한 관심도 대체로 이 시기가 주요 대상이었다. 그러나 본서는 시부사와 에이이치의 청년기까지를 다룬 구술 자서전이다. 거물 경제인으로서 일본 경제를 좌지우지하던 시기에 대해서는 『시부사와 에이이치 자서전』[5]이라는 책이 따로 있다. 지금까지는 주로 완숙한 경지에 이른 대기업가로서의 시부사와에 대한 관심이 주였으나, 본서는 막말 유신기幕末維新期라는 희대의 격동기를 청년 시부사와가 어떻게 헤쳐 왔는지를, 다양하고 흥미진진한 에피소드와 함께 전하고 있다.

막부 타도를 외치는 존왕양이파尊王攘夷派에서 최후의 쇼군將軍 도쿠가와 요시노부德川慶喜의 측근이 되어, 그의 말대로 '망국의 신하'가 되었다가, 다시 일변하여 메이지 신정부의 경제 관료로, 대실업가로 변화해 가는 그의 삶은 이 시대를 이해하고 싶어 하는 사람들에게 소설

---

3   梁紫蘇, 「渋沢栄一の対外観-明治政府への影響を中心に」 『東アジア文化交渉研究』 6, 2013, 277쪽.

4   梁紫蘇, 「渋沢栄一の対外観-明治政府への影響を中心に」, 282쪽.

5   澁澤榮一 講述, 小貫修一郎 編, 『澁澤榮一自敍傳』, 澁澤翁頌德會, 1937[1998년 대공사(大空社)에서 근대 일본 기업 가전 총서9 로 복각판이 나왔다].

처럼 재미있게 읽힐 것이다. 막말 유신기 전공자인 필자가 이 자서전을 역주하기로 마음먹은 것도 본서를 통해 이 시기의 생생하고 사실적인 한 측면을 이해할 수 있고, 또 독자들에게 전달할 수 있으리라고 생각했기 때문이다.

시부사와 에이이치의 집안은 막말기 호농층豪農層이다. 그의 고향 지아라이지마촌血洗島村은 간토關東평야 중부에 위치하고 있는데, 시부사와 집안은 밭농사와 쪽藍 재배, 양잠, 제사製絲를 주로 했다. 지아라이지마촌은 큰 빈부 격차가 없는 약 50호의 농가로 이뤄져 있었는데 가장 큰 지주도 7정보町步[6] 정도를 소유하는 데 그쳤다. 19세기 초 이후로는 1정보 미만의 농가가 5분의 4에 달했다. 시부사와가는 1831~1860년 사이에 2정보 정도의 밭을 소유하여 촌내 상층이 되었는데, 밭농사 외에도 남옥藍玉 제조·판매, 저당업, 대부업 등을 하여 촌내 두 번째 자산가가 되었다. '상업적 농업경영자' 집안이라고 할 수 있을 것이다. 시부사와의 아버지는 유학과 하이카이俳諧의 교양을 갖춘 사람이었고, 명자대도名字帶刀[7]를 허가받은 촌내 리더였다[8].

1853년 페리Perry가 에도만江戸湾, 지금의 도쿄만에 출현한 이래 300년 가까이 유지되어 왔던 도쿠가와 막부 체제는 흔들리기 시작했다. 동아시아에서 가장 고립적인 상태에 있었던 일본에게, 페리의 개항 요구는 큰 충격을 주었다. 이미 페리가 온다는 정보를 입수하고 있던

---

6   1정보=1ha=10,000m^2

7   성을 가질 수 있고, 칼을 찰 수 있는 권리. 무사에게만 주어지는 특권이었으나, 특별한 사유로 죠닌(町人)이나 햐쿠쇼(百姓)에게 주어지는 경우가 있었다.

8   長幸男 校注,『雨夜譚』, 岩波文庫, 1984, 322~323쪽.

막부는 그런대로 적절히 대응하여 미일화친조약가나가와 조약, 1854을 맺어 위기를 모면하는 듯했지만, 이를 계기로 막부의 정권 독점에 도전하는 세력들이 대두하기 시작했다. 막부 공격에 가담한 자들은 막부를 뛰어넘는 정치적 권위를 찾아, 교토의 천황 밑으로 몰려들었다.

서양 오랑캐와 조약을 맺은 비겁한 막부 대신 천황 휘하에 모여 서양과 일전을 벌이자는 존왕양이尊王攘夷가 시대를 사로잡았다. 도쿠가와 시대에 정치적으로 소외되어 있던 천황, 공경, 다이묘大名들이 이를 구실로 정치적 목소리를 내기 시작했고, 군인으로서 전투에 임해야 할 사무라이들도 국가 대사, 천하 대사에 뛰어들기 시작했다. 그 여파는 농촌에도 들이닥쳤다. 촌락의 지도적인 농민들을 중심으로 정치적인 움직임이 일어나기 시작했고, 그 범위는 점점 확대되어 갔다. 일개 농민의 자식에 불과했던 이 책의 주인공 시부사와도 이런 분위기 속에서 생업을 버리고 정치에 뛰어들었던 것이다.

이 시대 수많은 젊은이가 그러했듯이 시부사와도 서양 오랑캐에 대해 강렬한 적개심을 품고 있었다. 따라서 그들과 개항 조약을 맺은 막부도 곱게 보일 리가 없었다. 그러나 그는 우연한 기회에 고산쿄御三卿 히토츠바시가一橋家에 등용되어 재정, 행정 계통에서 승진을 거듭한다. 농민이었던 그가 가신으로 발탁되고 또 책임 있는 자리에까지 오르게 된 것이다. 이를 보면 당시 사회가 동요하는 가운데 엄격한 신분제가 이완되면서 능력이 있으면 출세가 가능한 길이 꽤 열려 있었던 것을 엿볼 수 있다. 사실 막말 유신기에 활약했던 많은 사람은 시부사와처럼 능력을 인정받아 자신의 신분보다 훨씬 높은 직책을 맡다. 인재 등용·언로 통개言路洞開라는 당시 유행하던 구호가 그냥 빈말은 아니었던 것이다.

한편, 히토츠바시가는 막부의 유력한 친족이었는데 도쿠가와 나리아키德川齊昭의 7남이며, 훗날 마지막 쇼군이 되는 요시노부慶喜가 그 당시 당주當主의 자리에 있었다. 즉 시부사와는 일시에 반막부파에서 친막부의 입장에 처하게 된 것이다. 이에 대한 이해를 돕기 위해 요시노부에 대해 약간 설명해 두고자 한다. 히토츠바시 요시노부는 1858년안세이(安政) 5년 유명한 쇼군 계승 분쟁의 주인공이었다. 당시 병약한 쇼군 도쿠가와 이에사다德川家定의 세자를 결정하는 정쟁에서 막부 수뇌부는 쇼군과 혈연적으로 가까운 요시토미慶福를 지지했고, 페리 출현 이후 정치적 활동을 개시한 주요 다이묘들은 능력을 강조하며 요시노부를 밀었다. 결국 히토츠바시파一橋派가 패하고 도쿠가와 막부 사상 미증유의 대탄압이 벌어지면서안세이 대옥(安政大獄), 요시노부도 처벌을 받았다. 그러나 이 과정에서 요시노부는 전국적 명성을 획득하며 막정幕政을 개혁하려는 사람들의 기대를 한 몸에 받게 되었다.

시부사와가 애초의 의도와는 달리 히토츠바시가에 들어갔을 때는 요시노부가 이미 정국의 핵심 인물이 되어 있었다. 존왕양이의 메카 미토번水戶藩의 다이묘 도쿠가와 나리아키의 아들인 요시노부는 1864년 쇼군이 아닌 천황으로부터 교토와 오사카를 방위하는 총독으로 임명되면서, 고메이 천황孝明天皇과 긴밀해지고, 교토 지배권 또한 확보했다. 그는 원래 개국론자였으나, 천황과 조정의 환심을 사기 위해 이때 천황의 조약파기론에 동조하며 막부에 맞섰다. 즉 그는 과격한 존왕양이파로부터는 개국론자로 공격받고, 막부에게서는 막부를 배신한 자로 비난받는 아슬아슬한 외줄 타기를 시도하고 있었던 것이다. 시부사와는 바로 이 시기에 히토츠바시가를 위해 그의 능력을 발휘했다.

1866년 여름 죠슈長州 정벌 전쟁 도중 쇼군 이에모치家茂가 사망하자, 마침내 요시노부가 그 자리에 올랐다. 마지막 쇼군 도쿠가와 요시노부의 탄생이다. 덩달아 시부사와도 막신幕臣이 되었다. 평소 같았으면 일개 농민이 막신이 되었으니 출세도 이런 출세가 없었겠지만, 본서에서도 시부사와가 누차 예감하고 있듯, 이미 막부는 종말에 다가가고 있었다. 어떻게든 막부를 개혁시켜 사쓰마薩摩 · 죠슈에 대항하려고 했던 요시노부는 1867년 동생 요시타케昭武를 파리 만국 박람회에 파견하는데, 시부사와는 막신으로서 이를 수행하게 되었다. 아마도 이 유럽행이 시부사와의 노선과 식견에 큰 영향을 미쳤을 것이다.

그러나 그는 프랑스에서 막부의 멸망 소식을 듣는다. 그야말로 망국의 신하가 된 것이다. 주군 요시노부는 역적의 오명을 쓰고 처벌을 기다려야 하는 신세가 되었다. 그런 주군 곁에서 여생을 보내려는 시부사와를 신정부는 내버려 두지 않았다. 막신이라도 유능한 인재는 널리 등용한다는 방침에 따라 그를 대장성에서 재무 담당으로 발탁한 것이다. 원래 막부는 페리 출현 이후 줄곧 개혁 노선을 추진해왔기 때문에 신국가 건설에 필요한 인재를 적극적으로 양성했었다. 시부사와뿐 아니라 여러 인재들을 메이지 정부는 대거 등용했고, 심지어 신정부군에 끝까지 항전하던 막부군 총사령관 에노모토 다케아키榎本武揚는 복역 · 사면 후 외무성 대신을 비롯해 요직을 역임했다.

시부사와는 결국 4년에 못 미치는 경제 관료 생활을 접고 1873년부터 실업계에 투신한다. 정부를 떠나면서 그는 정부가 민생과 민력을 돌보지 않고 재정을 확대하거나, 큰 사업을 벌이는 것을 경고하는 의견서를 제출했다. 그러나 오쿠보 도시미치의 지휘 아래 식산흥업 정책에 열중하던 정부는 그의 의견에 귀 기울이지 않았고, 심지어 막대한 재정을 소모하며 타이완을 침략했다. 이 책은 여기서 대단원의 막을 내린다.

다음으로 본서의 성립에 대해 설명해 두기로 한다[9]. 본서는 1887년 이미 실업가로서 크게 성공한 시부사와가 문하생과 친척 등의 요청에 따라 며칠에 걸쳐 자신의 반생1840년 탄생에서 1873년 대장성 사직까지을 구술한 것을 문하생들이 받아 적은 것이다. 그 필기 원고는 오랫동안 간행되지 못한 채로 있다가 일부는 일실逸失되기도 했다. 그러다가 잔존 자료를 부분, 부분 이어 만든 합철본이 『청연 선생 60주년사-일명 근세 실업 발달사』[10]에 실렸다. 이 책은 시부사와의 환갑을 맞아 사위이자 당시 대장성 국장이었던 사카타니 요시로坂谷芳朗[11]가 위원장이 되어 편찬한 것이었다.

그 후 『시부사와 에이이치 전기 자료』[12]가 편찬될 때 이 합철본의 내용이 편년 순으로 제1권에서 제3권에 걸쳐 수록되었던 것을, 1968년 별권 5를 만들 때 한데 모아 실었다. 여기서 본서 『비 오는 날 밤

---

9   주로 '『雨夜譚』, 岩波文庫, 1984'의 말미에 실려 있는 죠 유키오(長幸男) 해설을 참조했다.
10   『青淵先生 60周年史——名 近世實業發達史』전 2권, 龍文社, 1900.
11   본서에도 등장하는 사카타니 시로시(坂谷素, 막말 유신기 대표적인 유학자)의 아들로 시부사와의 차녀 고토코(琴子)와 결혼했다. 대장대신과 도쿄시장, 귀족원의원 등을 역임했다. 자작이며 법학박사.
12   土屋喬雄 編, 『澁澤榮一傳記資料』58권 58책, 별권 10책, 龍門社, 1955~1961.

의 이야기^{아마요가타리(雨夜譚)}』의 원고가 정식으로 성립되었다고 할 수 있을 것이다. 그 자료가 된 합철본은 『시부사와 에이이치 전기 자료』 편찬 시의 적색 연필, 적색 잉크가 가필된 채로 시부사와 사료관에 보존되었다. 본서가 번역 대상으로 한 이와나미판 『비 오는 날 밤의 이야기』[13]는 위의 『시부사와 에이이치 전기 자료』를 저본으로 하고 보존되어 있던 합철본을 참조한 것이다.

끝으로 이 역주서가 나오기까지 많은 분의 도움을 받았다. 서울대학교 인문학연구원의 동아시아 고전역주사업[14] 일환으로 시작된 이 작업이 너무 늦어져 버려 연구원에 죄송한 마음을 전하고 싶다. 역주서로 이 책을 선택한 것은 서울대학교 동양사학과 이새봄 강사님과의 대화가 계기가 되었다. 또 본서 역주의 기초 작업은 동양사학과 황수경 박사 과정생의 도움을 받았다. 감사드린다. 마지막으로 역주서 출간을 흔쾌히 받아 주고, 늘 작업 진도에 관심을 가져 주며, 막판에는 매우 다그쳐 주신 21세기북스의 장보라 님, 그리고 이 책의 담당자로 편집 과정을 세심하게 손보아 주신 김다미 님께도 감사드린다.

2018년 12월
역주자 박훈

---

13   長幸男 校注, 『雨夜譚-澁澤榮一自傳』, 岩波書店, 1984.
14   2007년 정부(교육과학기술부)의 재원으로 한국연구재단의 지원을 받아 수행된 연구임(NRF-2007-361-AL0016).

| 머리말 |

짧다고 생각하면 한순간도 아니고, 길다고 보면 천 년도 더 되는 것이 바로 사람의 일생이다. 하지만 짧은지 긴지는 꼭 흐른 세월의 숫자만이 아니라, 그 사람이 겪은 일들이 많은지 적은지에 따라, 또는 어떻게 생각해 왔는지에 따라 차이가 생긴다. 내 생애를 말하자면, 옛날 고향에 있을 때는 쟁기와 소쿠리를 짊어졌고, 장마에는 나비가 밀을 먹어버릴까 걱정했으며, 가뭄에는 묘판에 물이 부족한 것을 원망하며 살았다. 그러다 세상이 어지러워지는 것을 한탄하여, 겁없게도 국가의 우환을 자신의 우환이라고 여겨 줄곧 살아왔던 초가집을 떠나 서쪽의 수도[교토京都]로 갔다.

그런데 뜻밖에도 히토츠바시공一橋公[1] 밑에서 일하게 되어 3년의 세

---

1   도쿠가와 요시노부(德川慶喜, 1837~1913). 에도(江戶) 막부 15대이자 마지막 쇼군(將軍). 미토(水戶) 번주(藩主) 도쿠가와 나리아키(德川齊昭)의 7남. 히토츠바시가(一橋家)를 이어 분큐(文久) 2년(1862) 쇼군 후견직으로서 도쿠가와 이에모치(德川家茂)를 보좌했다. 이에모치 사후 게이오(慶應) 2년(1866)에 쇼군이 되어 막정(幕政) 개혁을 도모했는데 게이오 3년(1867) 대정봉환(大政奉還)으로 쇼군직을 사임했다. 게이오 4년(1868) 도바·후시미(鳥羽·伏見) 전투에서 패해 에도로 돌아왔다. 에

월을 보냈다. 공은 쇼군직將軍職[2]을 계승한 후, 친동생인 도쿠가와 민부공德川 民部公[3]이 유럽 유학을 가는데 그분을 수행하라고 명하시어, 게이오 3년[1867] 정월 나는 일본을 떠났다. 영국·프랑스·네덜란드·이탈리아·벨기에 등등의 나라를 돌아다니다가 그해 겨울부터 프랑스에서 유학하려고 했는데, 공교롭게도 일본에 정변[4]이 나서 그 뜻을 이루지 못하고, 메이지 원년[1868] 겨울 헛되이 귀국했다. 급변하는 세상이 되었기에[5] 그냥 옛날을 그리워하며, 공께서 유거幽居하시는 스루가쿠니駿河國 시즈오카靜岡로 이사하여, 먼발치에서나마 옆에서 여생을 보내려고 했다.

그런데 메이지 2년[1869] 겨울경, 어쩔 수 없는 분부를 받아 동쪽의 수도[도쿄東京]로 올라가 4년 정도 벼슬을 했다. 하지만 관청 근무는 본뜻이 아니었으므로, 메이지 6년[1873] 여름 간곡히 요청한 끝

도가 메이지(明治) 정부군에게 넘어간 후에는 미토, 그리고 이어서 슨푸(駿府)에서 근신했다. 메이지 2년(1869) 근신이 해제되었다.
히토츠바시 가문은 고산쿄(御三卿)의 하나로, 8대 쇼군 도쿠가와 요시무네(德川吉宗)의 4남 무네타다(宗尹)를 시조로 한다. 고산쿄는 히토츠바시가·다야스가(田安家)·시미즈가(清水家)인데 도쿠가와 종가에 후계자가 단절되었을 때 후계자를 공급하는 것이 주 임무였다. 그래서 다른 번과 달리 실제의 영지나 가신단을 갖고 있지 않았고, 막부는 이들 가문에 석고 10만 석에 해당되는 경제 지원과 역인 파견 등을 해 주었다.
2   원래 무쓰(陸奧)의 에조(蝦夷)를 토벌하기 위해 조정이 임시로 파견하는 군대의 총지휘관을 정이대장군(征夷大將軍)이라고 했는데, 이후 막부 수장의 직명이 되었다.
3   도쿠가와 아키타케(德川昭武, 1853~1910). 막말-메이지 시기 다이묘(大名), 화족. 도쿠가와 나리아키의 18남. 게이오 2년(1866) 고산쿄의 하나인 시미즈가를 이었다. 게이오 3년(1867) 파리 만국박람회에 쇼군이자 형인 요시노부의 대리인으로 참석했다. 이후 프랑스에서 유학 생활을 보내다 메이지 원년(1868) 귀국하여 최후의 미토 번주가 되었다.
4   메이지 유신(明治維新)의 시발점이 된 왕정복고 쿠데타를 말한다.
5   원문에는 다음과 같은 와카(和歌)의 일부가 인용되어 있다. "飛鳥川淵瀬になる世なりとも思ひそめてむ人は忘れじ", 『고금와카집(古今和歌集)』권14 연4, 687. 아스카 강의 연못이 개울로 되듯이 빠르게 변해 가는 세상이지만, 사랑했던 사람은 잊을 수 없다는 뜻이다.

에 사직하여 지금의 몸이 되었다. 그 후 20여 년의 세월이 흘렀지만, 유신 전후의 5~7년이야말로 정말로 길었다고 생각된다. 그때 내 처지는 세상 변화에 따라 끌려가는 모습이 흡사, 고향에서 키웠던 누에가 알에서 부화하여 먹고 자기를 네 번 반복해 다시 변태해서 원래의 난종卵種이 되는 것과 같았다.

이것은 우연히 일어난 일이기는 했지만, 내 뜻이 어디에 있는가를 아는 데에는 충분했다. 나는 특별히 다른 사람보다 뛰어난 재주는 없지만, 그동안 오직 진심 하나만을 갖고 만사를 대해 왔기 때문에 '일신一信이면 만군萬軍을 감당한다'는 속담처럼 무슨 일에도 크게 어려움을 느끼지 못했고, 어떤 일도 크게 실패는 하지 않았다. 이뤄낸 일들에 대해서도 크게 칭찬할 점이야 없지만, 마음에 창피하거나 몸에 꺼림칙한 일은 추호도 없다.

지금 지난 30여 년에 걸친 갖가지 일들을 생각해 보니 꿈인지 생시인지 구별조차 안 가지만, 몸으로 직접 겪은 일은 눈앞에 있는 것 같아 잊으려 해도 잊히지 않는다. 그래서 얼마 전부터 친척들이 청하는 대로 비 오는 밤에 심심풀이로 지나온 이야기를 했다. 그것을 옆에서 받아 적어 놓은 것이 어느새 많아졌다. 나 역시 오랜 세월을 잘도 견뎌 왔다는 생각이 들어 마침내 이것을 '아마요가타리雨夜譚[6]'로 이름 지어 책으로 만들었다.

그러나 이것은 단지 반평생의 역사를 약술한 것으로 본래 세상 사람들을 위해서 한 것이 아니다. 그저 내가 죽은 후 친척들이 이를 읽

---

6   이 자서전의 원제목이다.

고, 우리 할아버지 훌륭했다고 생각해 준다면, 본래의 희망은 달성한
것이다.

> "물려줘야지 이 진심 하나쯤은
> 없어진 후에 유품으로나 봐주도록"

메이지 27년[1900] 12월

청연[7] 노인^{淸淵老人} 쓰다

---

7   시부사와 에이이치(澁澤榮一)의 호

| 차례 |

1.

청년 시부사와

뜻을 펼칠 줄도, 굽힐 줄도 알아야 한다

청연 선생이 구술하고 문하생이 필기하다.

이제 내가 그동안 경험해 온 일신상의 이력을 이야기
하겠다[1]. 나는 벌써 47년 반의 세월을 살아왔기 때문에, 그사이
에 세상도 여러 가지로 변천이 있었다. 그에 따라 내 일신상에
도 갖가지 변화가 있었으므로, 이를 자세하게 얘기하면 매우
길어질 것이고 개중에는 정말로 재미가 없어서 하품 나게 하
고 잠을 재촉하기도 할 것이다. 그러나 이 이야기는 사람들을
분발하게 하고 인내심을 키우며 용감한 기상을 일깨우고 근신
하는 마음을 갖게 하기 위한 것이고, 그중에 적어도 하나는 효
과가 있었으면 좋겠다는 노파심에서 연 것이므로 얘기가 길어
지더라도 지겨워 말고, 또 그냥 흘리지 말고 마음속에 잘 명심
했으면 한다.

---

[1] 원문은 존댓말이나 이하 편의상 반말로 번역했다.

나의
소년 시대

출생지와 부모

그런데 일신상의 이력을 자세히 얘기하려면 아무래도 훨씬 이전의 과정부터 설명하지 않으면 안 된다. 제일 먼저 부모에 대해 개략적으로 얘기하겠다. 아버지는 우리 집에서 태어난 사람이 아니라, 어머니 집안을 이어받은 사람이었다. 즉 아버지는 우리 집 데릴사위였는데, 원래 집은 같은 마을 시부사와 소스케瀟澤宗助 집안으로 소큐 거사宗休居士라는 사람의 셋째 아들이었다. 아버지는 『맹자孟子』에 나오는 북궁유北宮黝처럼 갈관박褐寬博이 와도, 또 만승萬乘의 왕이 와도 상관없는[2] 방정하고 엄격한 성격으로 조금이라도 눈감아 주는 것을 싫어해

---

2 마음이 흔들리지 않는 방법을 묻는 공손추(公孫丑)에게 맹자는 다음과 같이 답했다. "북궁유가 용기를 기른 방법은 피부가 찔려도 흔들리지 않고 눈을 찔려도 피하지 않았다. 털끝만큼이라도 다른 사람에게 당했다고 생각하면 마치 시장 바닥에서 매질을 당한 것처럼 여겼다. 베옷을 헐렁하게 입은 천한

1. 청년 시부사와

시부사와 에이이치의 생가

서 어떤 사소한 것이라도 고지식하게 일을 했다. 평소 책을 많이 읽은 사람은 아니었지만 사서오경四書五經 정도는 충분히 읽을 수 있었고, 한편으로 시詩나 하이카이俳諧[3]를 짓기도 하는 풍류 기질도 있었다. 또 방정하고 엄격한 기질과는 다르게 다른 사람에 대해서는 자선의 맘이 넘쳐서 남을 도와주는 일에는 정성을 다했다. 평소에 검약과 소박을 중시하면서, 오로지 가업에 힘쓰는 매우 견실한 사람이었다.

유년기의 독서

내가 책을 읽기 시작한 것은 아마 6살 때라고 기억한다. 처음에는 아버지에게 구두句讀를 배우고 나서 『대학大學』과 『중용中庸』을 읽고 『논어論語』 2장까지 배웠다. 그러고 나서 7, 8살 때 지금은 모리오카盛岡에 계신 오다카 아츠타다尾高惇忠[4]에게 배우게 되었다. 오다카 집은 우리 집에서 7, 8정町[5] 떨어진 데바카촌手計村에 있었는데, 이분은 어릴 때부터 책을 잘 읽고 천부적으로 기억력이 좋은 사람으로 시골에서는 훌륭한 선생이라고 할 만한 인물이었다. 특히 우리 집과는 친척 관계이기도 해서 아버지는 나를 불러 앞으로 독서 수행은 당신에게

자에게도 수모를 받지 않았고, 마찬가지로 만승의 군주에게도 모욕을 받지 않았다(北宮黝之養勇也 不膚撓 不目逃 思以一毫挫於人 若撻之於市朝 不受於褐寬博 亦不受於萬乘之君)", 『맹자』 「공손추」 상.

3   일본 시가 종류 중 하나. 에도(江戸) 시대에 크게 유행했고, 메이지(明治) 이후 형성된 하이쿠(俳句)의 원류이다. 마쓰오 바쇼(松尾芭蕉)가 대표 작가이다.

4   1830~1901년. 어려서부터 학문에 뛰어나 사숙을 열고 지역 자제들을 가르쳤다. 종형제간인 시부사와도 그에게 배웠다. 막말 유신기에는 막부 측에 서서 신정부에 저항했으나, 유신 후에는 실업가로 변신하여 도미오카(富岡) 제사(製絲)공장과 제일국립은행 모리오카 지점, 센다이(仙台) 지점 등을 경영했다.

5   1정은 약 109m로, 7, 8정은 대략 763~872m이다.

배우는 것보다 데바카촌 오다카에게 배우는 게 좋겠다고 말씀하셨다. 그 후로는 매일 아침 오다카 선생의 집으로 통학해서 1시간 반에서 2시간 정도씩 공부하고 돌아왔다[6].

그런데 그의 책 읽는 방법은 자신만의 새로운 것으로, 요새 학교에서 배우는 것처럼 암송할 수 있을 때까지 정성껏 반복해서 읽는 게 아니었다. 한 자, 한 구절을 초학자에게 암기시키기보다는 오히려 수많은 서책을 통독시켜서 『소학(小學)』, 『몽구(蒙求)』, 『사서오경』, 『문선(文選)』, 『좌전(左傳)』, 『사기(史記)』, 『한서(漢書)』, 『십팔사략(十八史略)』, 『원명사략(元明史略)』 혹은 『국사략(國史略)』, 『일본사(日本史)』, 『일본외사(日本外史)』, 『일본정기(日本政記)』, 그 밖에 자류(子類)도 두세 종 읽은 것으로 기억한다. 자연스레 힘을 기르게 한 다음 여기는 이런 의미, 여기는 이런 뜻이다라는 식으로 스스로 터득하도록 맡기는 방식이었다. 그래서 오로지 읽기만 하다가 4, 5년이 지났는데, 마침내 11, 2세경부터 책이 얼마간 재미있어졌다. 물론 경사자집經史子集 등 딱딱한 책을 재밌게 이해할 수 있게 된 것은 아니고, 재미있게 느껴졌던 『통속삼국지通俗三國志』라든가 『사토미 팔견전里見八犬傳』 또는 『슌칸시마 이야기俊寛島物語』 같은 패관 야승稗官野乘 종류를 매우 좋아했다.

그래서 이를 다카오 선생님에게 얘기했더니 말하길, "아주 좋아, 독서에 탄력이 붙으려면 읽기 쉬운 것부터 시작하는 게 가장 좋아, 어차피 사서오경을 정성 들여 읽어 머릿속에 집어넣어 봤자 진짜 내

---

6   이를 보면 당시 상층 농민들이 한학(漢學)을 배우는 것이 당연하게 여겨졌음을 알 수 있다. 위에 시부사와의 아버지도 사서오경 정도는 읽고, 하이카이도 할 수 있었고, 나아가 시부사와 에이치 본인은 어려서부터 장기간에 걸쳐 한학 등을 공부한 것을 알 수 있다. 당시 한학 교양이 농촌에까지 깊숙이 침투한 것을 엿볼 수 있다.

것이 되어 효과를 보게 되는 건 점점 나이를 먹어 세상사를 겪게 되고 나서니까 지금 단계에서는 오히려 『삼국지』든 『팔견전』이든 아무거라도 재미있다고 느끼는 것을 맘 잡고 읽기만 하면 언젠가 탄력이 붙어서 『외사』도 읽을 수 있게 되고 『십팔사략』도 『사기』, 『한서』도 차차 흥미를 느끼게 될 테니 힘써서 많이 읽는 게 좋다"고 하셔서, 나는 한층 더 신나게 군서軍書, 소설 종류를 읽었다. 매우 좋아한 증거로, 12살 정월에 새해 인사를 돌아다닐 때 책을 읽으며 걷다가 그만 구덩이에 빠져서 설빔을 다 버려 어머니한테 크게 야단맞은 것이 기억난다.

마침내 농업과 상업에 뜻을 두다

그로부터 14, 5세까지는 독서, 검술劍術, 습자習字 등의 공부로 세월을 보냈으나 앞에서 말한 대로 아버지는 가업에 매우 엄격한 사람이었기 때문에, "14, 5세가 되었으니 농업과 장사에 신경 쓰지 않으면 안 된다. 언제까지고 어린애처럼 굴어서는 곤란하니 앞으로는 얼마간의 시간은 가업에 종사하는 게 좋겠다. 물론 책을 읽었다고 유학자가 될 생각은 아니겠지? 어느 정도 문장만 이해하게 되면 그걸로 족하다. 아직 충분하다고는 할 수 없겠지만 차차 신경 써서 방심하지만 않는다면 끝내 배우지 못할 것도 없을 테니, 이제부터는 지금까지처럼 밤낮으로 독서 삼매경에 빠져서는 안 된다. 농업과 장사에 신경 쓰지 않으면 집안의 이익에 도움이 되지 않는다"고 말씀하셨다.

그런데 농업이라는 것은 보리를 재배하거나 쪽藍을 만들거나 혹은 양잠을 하는 것이고, 장사라는 것은 우리 집에서 만든 쪽은 물론 다른 집에서 만든 것까지 사들여서 그걸로 남옥藍玉을 만들어, 신슈信州, 조슈上州, 지치부군秩父郡 근처의 염색집紺玉에 보내어 나중에 계산을 하는, 속칭 외상판매掛売商売였다[7].

내가 14살이던 해, 즉 가에이嘉永 6년 소띠해[1853]에 간토關東 지역은 가뭄이 심해서 첫 번째 수확한 쪽은 흉작이었지만, 다행히 두 번째 쪽은 매우 잘되었다. 당시 아버지는 "올해 두 번째 쪽은 잘되었으니 가능한 한 많이 매입하고 싶지만, 나는 신슈, 조슈의 염색집들을 둘러보러 가야 하니 매입하러 갈 수가 없다. 그래도 매입하고 싶은데 할아버지아버지의 아버지, 내 할아버지 경림 거사(敬林居士)는 이제 연세가 드셔서 가사를 크게 도와주시지는 못하지만, 올해 쪽을 매입하는 것만은 내 부재중에 해 주실 것이다. 또 에지로榮次郎, 내 어릴 적 이름도 어린이지만 앞으로의 장사 연습으로 할아버지를 따라 흥정하는 것을 배워 두는 게 좋겠다"고 세세하게 부재중의 일들을 알려 주시고는 여행을 떠나셨다.

그런데 나는 '나라고 좋은 쪽, 나쁜 쪽을 모를 건 없다, 좋아, 아버지가 안 계실 때 매입해 보여 드리자'고 생각했다. 그러는 중에 쪽 잎사귀를 매입하는 때가 되어 첫날은 할아버지를 따라 야지마矢島라는 촌에 가서 한두 집 걸 매입했다. 그때 맘속에 아버지는 세상이 쪽 감정가鑑定家로 칭찬할 정도의 사람이니까 따라다녀도 창피하지 않지만, 이제 늙어버린 할아버지를 따라 쪽을 사러 돌아다니면 사람들이

---

7   시부사와 집안은 지금의 사이타마현(埼玉県)에서 제남(製藍)·양잠 등 상품작물을 재배하는 호농이었는데, 여기에 머무르지 않고 인근 현 지역까지 판매망을 갖고 있었음을 알 수 있다. 게다가 뒤에 나오는 것처럼 전당업·대금업 등 금융업도 겸하고 있었다.

비웃을 거라는 묘한 생각이 들어 어떻게든 혼자서 매입하는 걸 보여 주고 싶었다. 그래서 "할아버지, 전 요코제촌橫瀬村 방향으로 가보고 싶은데요"라고 말했더니, 할아버지는 내 말을 이상하게 여겨, "너혼자 가도 소용없잖아"라고 하셨다. 하지만 "그렇죠, 혼자서는 소용없겠지만 그래도 한번 돌아다녀 보고 싶어요"라고 말하고는 할아버지한테서 약간의 돈을 받았다. 그걸 전대에 넣고 옷 겨드랑이의 터진 부분을 통해 배에다 묶은 다음 할아버지와 헤어져 요코제촌을 거쳐 신노촌新野村으로 갔다.

거기서 쪽을 사러 왔다고 여기저기 말했지만, 그 무렵 나는 아직 쇠갈고리 모양의 상투를 한 어린애였기 때문에 사람들이 낮춰보고 믿어주지 않았다. 그러나 나는 이제까지 몇 번이나 아버지를 따라와 쪽의 매입 방법을 봐오면서 이건 비료가 적다든가, 이건 비료가 깻묵이 아니라든가, 또는 건조가 잘되지 않아 안 좋다든가, 줄기를 잘 자르지 못했다든가, 밑잎下葉이 말라 있다든가 등등, 마치 의사가 병을 진찰하는 것처럼 하시는 걸 기억하고 있었기 때문에 흉내 내는 건 아무것도 아니었다. 그래서 하나하나 말했더니, 사람들이 크게 놀라고 묘한 애가 왔네라며 오히려 신기해하면서 상대해 주었다. 결국은 신노촌에서만 도합 21개 집의 쪽을 모조리 사 버렸다. 그걸 살 때 "댁의 쪽은 비료가 안 좋습니다, 진짜 깻묵을 쓰지 않아 좋지 않아요"라고 얘기했더니, "맞습니다, 그걸 어떻게 압니까"라며 마을 사람들이 매우 칭찬해 주었다.

다음 날은 요코제촌에 미야도촌宮戸村, 또 그다음 날은 오츠카시마촌大塚島村과 우치가시마촌內ヶ島村 쪽을 부지런히 매입하며 다녔더니,

할아버지가 자신도 함께 가야겠다고 하셨지만, "아뇨, 할아버지는 안 가셔도 괜찮아요"라고 하고서는 그해의 쪽은 대체로 나 혼자서 매집했다. 얼마 안 있어 아버지가 여행에서 돌아와서 내가 매입해 둔 쪽을 보시고는 내 솜씨를 크게 칭찬해 주셨다. 원래부터 아버지는 농업과 쪽 장사는 정말 중요하다고 열심히 말씀하셨기 때문에 나도 16, 7세경부터 같이 일을 열심히 하며 조금이라도 도움이 되게 되었다.

잊을 수 없는 아버지의 교훈

아버지가 매우 엄격한 성격이라는 것을 말해 주는 또 하나의 증거가 있다. 내가 15살 때安세이(安政) 원년[1854], 같은 성姓의 야스우에몽保右衛門이라는 숙부와 함께 에도에 가서처음 에도에 간 것은 14살이던 해 3월이라고 기억되는데, 이때는 아버지를 따라갔다, 책 상자와 벼루 상자를 사서 돌아온 적이 있었다. 그 무렵 집에 있는 벼루 상자는 너무나 조악한 물건이어서 에도에 간 기회에 하나 새로이 장만하자고 아버지께 말씀드렸더니, "오냐, 사 오너라" 하고 허가하셨고, 나는 에도 고덴마쵸小傳馬町에 있는 문구점에서 오동나무 2개가 붙어 있는 책 상자와 역시 오동나무 벼루 상자를, 잘 기억은 안 나지만, 양쪽 다 해서 대금代金 1냥 2푼 정도에 사 온 것이다.

귀가한 후에 이러저러한 물건 2개를 샀다고 말해 두었는데, 그 후 곧바로 물건이 도착했다. 이제까지 사용하던 것은 삼나무 판으로 연결한 것이 시커멓게 되어 버려, 현재 우리 집 부엌에 있는 숯 보관 용기와 같은 상태였는데, 비교해 보니 실로 오동나무 세공을 한 신품은 완전히 달라 화려하고 아름답게 보였다.

그런데 아버지는 크게 놀라고 화를 내시며, "이런 식이라면 너는 아무래도 우리 집을 무사 안전無事安全하게 보전할 수 없겠다, 나는 불효자식을 두었구나"라고 탄식하셨다. 다만 때리거나 쥐어박거나 하는 거친 행동은 없었지만, 사흘이고 나흘이고 마음속으로 나를 포기한 듯한 말투로 가르치셨던 것을 기억하고 있다.

어째서 이런 조그만 일에 이렇게까지 심하게 책망하시는가 하고 잘 생각해 보았다. 아버지의 심중에는 이렇게 자기 맘대로 일을 처리했다가는 어떤 일을 저지를지 알 수 없다는 걱정이 강했던 것 같다. 물론 그 돈을 아까워한 것은 아니나, 일찍이 고서에도 "주왕紂王이 상아로 된 젓가락象箸을 만드니 기자箕子가 탄식하여 말하길, 저렇게 상아 젓가락을 만들었으니 그냥 구운 그릇에는 결코 담지 않고 옥배玉杯를 만들 것이다. 옥배와 상저로 결코 콩잎국 같은 걸 끓여 먹지는 않을 것이며 초라한 베옷을 입거나 가시와 풀숲 밑에 살려고는 안 할 것이다. 즉 금의구중錦衣九重, 비단옷 아홉 겹, 고대광실高臺廣室, 높은 누대와 넓은 집을 원할 것이니, 이걸 이루려고 천하에 요구해도 부족할 것이다[8]"라고 나와 있듯이, 사치에 물든다는 것은 원래 신분의 높고 낮음에 관계없이 차이가 없는 것이다. 미세한 부분이라도 그 분수에 따라 처음 시작될 때 잘 자제하지 않으면, 마침내 돌이킬 수 없게 되는 경우는 예로부터 얼마든지 그 예가 있다. 지금 내가 이렇게 화려한 벼루 상자

---

8   『한비자(韓非子)』에는 다음과 같이 나오는데, 본문의 내용과는 약간 차이가 있다. "昔者紂爲象箸, 而箕子怖, 以爲象箸必不加於土鉶, 必將犀玉之杯, 象箸玉杯必不羹菽藿, 必旄象豹胎, 旄象豹胎必不衣短褐而食於茅屋之下, 則錦衣九重, 広室高台. 吾畏其卒, 故怖其始, 居五年, 紂爲肉圃, 設炮烙, 登糟邱, 臨酒池. 紂遂以亡, 故箕子見象箸以知天下之禍, 故曰, 見小曰明", 『한비자』유로편(喩老篇).

와 책 상자를 살 정도라면 다음엔 집도 서재도 맘에 안 든다며, 만사에 사치해서 결국 햐쿠쇼百姓⁹ 집안을 견고하게 유지할 수 없게 될 것이다. 그래서 미세한 데서부터 막아 점점 물드는 것을 차단하려는 의도에서 그리 엄하게 말씀하셨다고 생각한다. 아버지가 방정하고 엄격하다는 것은 이 일만으로도 알 수 있다. 이런 꾸중을 들었을 때만해도 내 마음속에는 아버지의 엄격함이 지나치고 자애심이 엷다고 생각했지만, 그건 내 생각이 잘못된 것이었다.

미신을 배척하다

나에게는 누이가 한 명 있었는데, 병이 들어서 부모님은 물론 나도 크게 걱정하고 고생도 했다. 어느 날안세이 2년 [1855] 친척 한 사람이 이 병은 집에 앙화殃禍가 있기 때문이니 기도를 하는 게 좋겠다고 권했다. 아버지는 이를 받아들여 누이를 데리고 요양도 할 겸 고즈케上野의 무로타室田라는 곳에 간 적이 있다. 무로타는 유명한 큰 폭포가 있는 곳이었다. 그런데 아버지 부재중에 집에 있다는 앙화를 쫓아내기 위해 도카미코遠加美講¹⁰를 불러 기도를 한다며 두세 명의 수험자修驗者¹¹가 와서 그 준비를 시작했다. 또 중좌中坐라는 것이 필요하다고 해서 최근 우리 집에서 고용한 식모 한 명을 세우기로 했다.

---

9   에도 시대 논밭·집을 가지고 연공(年貢)과 제역(諸役)의 부담자로서 검지장(檢地帳)에 등록된 농민. 근세 촌락의 기본계층이었다.

10   이노우에 쇼테츠(井上正鐵, 1790~1849)가 창시한 신도에 속하는 조직. 그의 생전에는 막부가 사교로 규정해 탄압했으나, 메이지 이후 교파신도 계교(禊敎)로 되었다.

11   일본 고래 산악신앙과 불교의 밀교, 도교 등이 결합하여 헤이안(平安) 말기에 성립된 종교인 수험도(修驗道)의 수도자. 대부분은 삭발하지 않고 반승반속(半僧半俗)의 형태로 산야를 돌아다닌다.

그리하여 실내에는 주련注連[12]을 두르고 폐백 등을 세워 엄격하게 장식을 하고 중좌의 여자는 눈을 가리고 폐백을 갖고서 정좌했다. 그 앞에서 수험자는 여러 가지 주문을 외우고, 죽 늘어앉은 고講의 신자들은 다 같이 이구동성으로 '도카미達加美'라는 경문체經文體의 말을 소리 높여 제창했다. 중좌의 여자가 처음에는 자고 있는 것 같았으나 어느 새인지도 모르게 갖고 있는 폐백을 흔드는 것을 보고, 수험자는 곧바로 중좌의 눈가리개를 풀고선 그 앞에 엎드려 "어느 신께서 강림하셨나이까, 신의 뜻을 받겠나이다"라고 말했다. 그리고서 우리 집의 병자에 대해 "무슨 앙화가 있습니까, 부디 알려 주십시오"라고 부탁했다. 그러자 중좌의 식모가 정색을 하고서는 "이 집에는 금신金神과 우물 신이 앙화를 가져온다. 또 이 집에는 무연불無緣佛[13]이 있어서, 이것이 앙화를 가져오는 것이다"며 제법 거만하게 내뱉었다.

이를 들은 사람 중에서, 특히 처음에 기도를 권했던 소스케의 모친은 옳거니 하는 얼굴로 "거봐라, 신의 말씀이 맞구나, 노인들에게서 언젠가 우리 집에서 이세伊勢 참배를 갔다가 그만 돌아오지 못한 사람이 있었는데 필시 길에서 병사했을 거라는 얘기를 들은 적이 있다. 지금 신이 말씀하신 무연불의 앙화라는 것은 이 얘기에 나오는 사람이 틀림없다. 역시 신은 영명하시구나, 정말 감사합니다"고 했다. 그래서 이 앙화를 청산하기 위해서는 어떻게 하면 좋겠는가라고 중좌에 물었더니, "사당을 세워 제사를 지내는 것이 좋다"고 했다.

---

12   장소를 구분 짓거나 어떤 공간에 출입을 금지시키기 위해 나무를 세우거나 끈을 치는 것
13   공양해 줄 일가가 없는 사자(死者)의 영혼

원래 나는 처음부터 이런 일은 안하는 게 좋다고 했으나, 어린 애의 말이라고 받아들여지지 않았다. 마침내 기도가 시작되자, 나는 뭔가 의심스러운 게 있지 않을까 하여 계속 주목하고 있었다. 그래서 지금 무연불이라고 했는데 그 무연불이 생긴 때는 대략 몇 년 전인가, 사당이나 비를 세우더라도 그 시점을 알지 못하면 곤란하다고 했더니 수험자가 다시 중좌에게 물었다. 그러자 중좌는 대략 5, 60년 전이라고 답했고, 다시 5, 60년 전이라면 무슨 연호^{年號} 때인가라고 되물었더니, 중좌는 덴포^{天保} 3년경[1832]이라고 했다. 그러나 덴포 3년이면 지금으로부터 23년 전이다. 나는 수험자에게 "방금 들은 대로 무연불의 유무를 명확히 알 정도의 신이라면 연호를 모를 턱이 없을 겁니다. 이렇게 틀려서는 신앙이고 뭐고 가능할 수가 없습니다. 정말 영묘^{靈妙}한 신이라면 연호 정도는 잘 알고 있어야 하지 않겠습니까. 이렇게 간단한 연호조차 틀릴 정도라면 상대할 가치조차 없습니다"라고 힐문했다.

그랬더니 소스케의 어머니가 옆에서 그런 말하면 신벌^{神罰} 받는다며, 한마디로 내 말을 막아버렸다. 그러나 사리^{事理}는 명백한 것으로 누구라도 알 수 있는 얘기였기에 자연히 방을 가득 메웠던 사람들도 흥이 깨져 수험자의 얼굴을 뚫어져라 봤다. 수험자도 어색해 하며 "이거 아무래도 들여우가 온 모양이군" 하며 눙쳤다. 들여우가 한 말이라면 사당을 세운다거나 제사를 지내는 것은 불필요할 터이니, 즉 아무것도 못하고 그만두게 되었으니 수험자들은 내 얼굴을 보고는 '거참, 고얀 꼬마 녀석이네' 하는 얼굴로 째려보았다.

대관代官[14]의 매도에 분개하다

앞에서도 말한 대로, 내 나이 16, 7세경부터는 가업에 매우 열심이었기 때문에 가업은 점점 번창해졌다. 특히 아버지는 항상 가업을 중시하여 정성을 다했기 때문에 촌 가운데에서는 상당한 재산가로 불릴 정도가 되었다. 그래서 근방에서 제일 부자는 소스케이고, 그다음은 이치로에몽市郎右衛門, 에이이치의 아버지이다라는 평판이 났다. 상업 외에도 전당업, 대금업의 업종도 조금 취급했다. 원래 이 지아라지마촌血洗島村의 영주는 아베 세츠노가미安部攝津守라는 작은 제후로, 촌에서 4킬로미터 정도 떨어진 오카베岡部라는 촌에 진야陣屋[15]가 있었는데, 이 영주에게서 고요다시御用達[16]로 임명받았다.

원래 작은 다이묘라서 큰돈을 빌리는 일은 없었다. 다만 일시적으로 따님이 시집간다든가, 아드님이 쇼군將軍을 처음 배알한다든가, 또는 선조를 위한 법회를 연다든가 하는 일이 있으면 무슈武州 영지에서는 2천 냥, 산슈参州, 미카와 영지에서는 5백 냥 하는 비율로 어용금御用金을 명했기 때문에, 지아라지마촌에서는 소스케가 천 냥, 이치로에몽이 5백 냥, 누가 얼마 하는 비율로 각자에게 분부한 적이 있었다[17].

내가 16, 7세까지 때때로 조달한 돈이 2천여 냥이었다. 17세 때였던 걸로 기억하는데, 우리 촌에 어용금 천 냥인가, 천5백 냥인가를 내라는 분부가 있었다. 소스케가 천 냥을 부담하고 우리 집에서도 5백

---

14 다이묘(大名)나 에도 막부의 직할령을 다스리는 역인

15 에도 시대에 성을 갖지 않은 소다이묘(小大名) 등의 저택, 또는 하타모토(旗本)·군다이(郡代)·대관 등의 관할지에 있는 역택(役宅)이나 저택

16 에도 시대 막부와 제번(諸藩)의 수요를 조달하는 임무를 맡았던 상인이나 직인(職人)

17 에도 시대에는 이처럼 영주가 상인들에게 금전(어용금)을 상납하게 하는 일이 있었다. 다이묘에

냥을 부담하지 않으면 안 되었다. 그때 아버지 자신이 대관소代官所에 가기는 어려워 내가 아버지 대신으로 이웃 촌에서 어용금 분부를 받은 두 사람과 나, 이렇게 셋이 오카베의 진야에 출두했다. 그 당시 대관은 와카모리若森라는 사람이었다. 그 사람을 만나 "아버지 대신으로 분부 받잡으러 왔습니다"라고 말했는데, 동행한 두 사람은 모두 한 집안의 당주當主이므로 "어용금 분부를 받잡겠습니다"라고 조달할 것을 승낙했다. 그러나 나는 아버지가 단지 어떤 분부인지만 듣고 오라고 했기 때문에, "어용금 액수는 알겠지만, 일단 아버지께 여쭤보고 분부 받잡으러 오겠습니다"라고 말했다.

이 대관은 꽤 빈틈이 없는 사람인 데다 사람을 경멸하는 빛이 있었는데, 반은 조롱하듯이 "너는 몇 살이냐"고 물었다.

"예, 저는 17살이옵니다."

"17살이나 되었으면 벌써 여자도 사 봤을 터이니, 3백 냥, 4백 냥은 아무것도 아닐 것이고, 특히 영주와 관련된 일을 해결해 주면 점점 신분도 좋아지고, 세상에 대해서도 체면이 설 것이다. 아버지한테 물어보겠다니, 뭔 소린지 모르겠다. 네 몸값으로 5백 냥 정도는 아무것도 아닐 터인데, 일단 돌아갔다가 다시 온다니, 그런 미적지근한 말은 받아들일 수 없다. 만일 아버지가 받아들이지 않는다면, 내가 알아듣게 말을 할 터이니 얼른 받아들이겠다고 말하라"고 다그치듯 강요했다. 하지만 나는 이렇게 말했다.

게는 영지 내의 상인이 주요 대상이었지만, 막부는 오사카(大阪)·에도·교토(京都)의 3도(都) 상인에게 거액의 어용금을 내게 했다.

"아버지한테서 다만 용건을 여쭤보고만 오라고 분부를 받았을 뿐이기 때문에, 지극히 황송하오나 지금 여기서 바로 승낙을 할 수는 없습니다. 자세한 내용을 듣고 돌아가서, 아버지에게 말씀드린 후 승낙을 한다고 하면 다시 와서 말씀 올리겠습니다."

"뭐라고? 그런 말도 안 되는 소리가 어디 있느냐, 너는 한심한 놈이구나" 하고 대관에게 혼나기도 하고 조롱당하기도 했다. 그렇지만, 나는 "부디 그렇게 하게 해 주십시오"라고 하고는 오카베 진야를 나왔다. 돌아오는 길에 곰곰이 생각해 보니, 그때 처음으로 막부의 정치가 좋지 않다는 느낌이 들었다.

왜냐하면 사람은 각각 재산을 스스로 지켜야 하는 것은 물론이고, 또 사람이 사회에서 교제할 때는 지혜로운가 어리석은가, 현명한가 그렇지 못한가에 따라 존비의 차이가 생기는 법이다. 따라서 현자가 사람들에게 존경받고 어리석은 자가 비하당하는 것은 필연적인 것으로, 조금만 지능이 있다면 누구나 이해할 수 있는 매우 알기 쉬운 이치다. 그런데 지금 오카베의 영주는 정해진 세금은 다 받으면서, 갚지도 않을 돈을 어용금 따위의 이름을 붙여서 징수하고, 게다가 사람을 경멸, 조롱하며 마치 빌린 돈을 내놓으라는 듯이 명령하니, 이런 법이 도대체 어디 있는가.

살펴보니 그 대관은 말도 행동도 결코 식견 있는 사람으로는 생각되지 않았다. 이런 인물이 사람을 경멸하는 것은 모든 관직을 세습하는 도쿠가와 정치 탓으로, 이제 폐정弊政의 극치에 다다른 것이라고 생각했다[18]. 이어서 깊이 생각해 보니 '나 자신도 앞으로 이 같은 햐쿠쇼 생활을 하게 되면, 저 벌레 같은 인간처럼 지혜나 분별도 없는 자에게 경멸당하게 될 것이다. 아, 정말 유감천만遺憾千萬한 일이다. 정말 햐쿠쇼에서 벗어나고 싶다. 너무나 바보 같은 일이다'는 생각이 마음에 떠올랐다. 대관소에서 돌아오는 길에 이런 자문자답을 했던 것을 지금도 뚜렷이 기억하고 있다. 그렇지만 그건 그냥 마음에 그런 조짐이 생겼다는 것일 뿐이고, 집에 돌아와서는 대관이 멋대로 얘기하면서 혼을 내길래 이러저러하게 말했다고 아버지에게 얘기하자 말씀하시길, "그게 바로 우는 아이와 지토地頭[19]는 어쩔 수가 없다는 것이다. 승낙하고 오는 게 좋겠다"고 하셨다. 그래서 다음 날 돈을 갖고 갔던 것으로 기억하는데, 그때부터 많은 일을 겪으면서 점점 그런 생각이 흉중胸中에 퍼지게 되었다.

---

18 본서에서 시부사와는 거듭 도쿠가와 사회의 세습 체제를 비판하고 있다. 도쿠가와 사회는 사무라이(侍) · 죠닌(町人, 상인+수공업자) · 농민 · 천민의 신분으로 이뤄져 있었는데 신분 이동에는 엄격한 규제가 따랐다. 게다가 각 신분 내부에서도 가업(家業)이 있어 이것 역시 세습되었다. 이 신분제는 동시기 조선이나 청에 비해 매우 엄격한 것이었다.

19 가마쿠라(鎌倉) 막부의 직명. 전국의 장원(莊園) · 공령(公領)에서 토지 관리, 조세 징수, 형사 재판(檢斷) 등의 권한을 가졌는데 점점 직역을 초월한 존재가 되어 무로마치(室町) 시대에는 재지영주화가 진행되었다. 여기서는 영주를 가리킨다.

뜻을 세우고
고향을 나서다

청운의 뜻은 막을 수가 없다

그러는 사이 세상이 점점 소란해져서, 가에이 6년[1853]인 계축년에는 미국의 페리Perry라는 해군 제독이 4척의 군함을 이끌고 이즈伊豆의 시모다下田에 와서 막부에 화친통상조약 체결을 요구했다. 막부는 큰 혼란에 빠졌고, 당시 수석 로쥬老中였던 아베 이세노가미[20]는 자기 혼자서는 결정하기가 어려운 사안이라고 생각해서, 그 무렵 처벌받아 은거 상태였던 미토 열공水戶烈公[21]에게 무리하게 부탁하여 의논

---

20 아베 마사히로(阿部正弘, 1819~1857). 에도 시대 후기의 정치가. 덴포 7년(1836) 후쿠야마(福山) 번주(藩主)가 되었고, 고카(弘化) 2년(1845) 로쥬 수좌(老中首座)가 되었다. 페리의 개국 요구 등의 난국에 도쿠가와 나리아키(德川齊昭), 시마즈 나리아키라(島津齊彬) 등과 협조하여 대처했다. 미일화친조약을 체결하고 해군 전습소·양학소 등을 설립했다.

21 도쿠가와 나리아키(1800~1860). 시호는 열공(烈公). 7대 미토 번주 도쿠가와 하루토시(德川治紀)의 3남. 분세이(文政) 12년(1829) 9대 미토 번주가 되었다. 후지타 도코(藤田東湖) 등의 인재를 등

상대로 끌어내는 소동을 벌였다. 그러자 교토는 물론, 여러 번藩 사이에서도 화의和議가 좋다거나, 양이攘夷가 옳다거나 하며 시국을 논하는 자들이 갑자기 많아졌다. 마치 오늘날 세상을 떠들썩하게 하는 민권론자[22]들처럼 여기저기 모여서, 아베의 죄가 나쁘다, 페리는 어떻게 대답할까, 뭐 어차피 전쟁은 날 거야, 아냐 막부가 약하니까 전쟁은 할 수 없어, 그러나 전쟁이 싫으면 저들의 요구에 따라 개항을 해야 하는데, 만약 개항 통상을 하게 되는 날엔 교토는 뭐라고 할까, 천자님[천황]은 틀림없이 칙허를 내리시지 않을 거야, 등등 이러쿵저러쿵 말들이 많았다.

이렇게 되니 앞에서도 말한 대로 햐쿠쇼라는 것은 실로 바보 같다는 생각이 이 소란스러운 시세에 촉발되어 더 심해졌다. 마침내 평소 암송하고 있던『일본외사』또는『십팔사략』등에 나오는 대로 한 고조漢高祖는 패현沛縣에서 일어나 4백여 주州의 제왕이 되었고, 태합太閤 도요토미 히데요시豊臣秀吉는 오와리尾張의 햐쿠쇼, 도쿠가와 이에야스德川家康는 미카와三河의 소다이묘 출신이라는 생각을 하기에 이르렀다. 또 오타 킨죠太田錦城가『오창만필梧窓漫筆』이라는 책에서 논한 대로

용하고 덴포 개혁을 실행했다. 일찍이 존왕양이론(尊王攘夷論)을 주장하고, 막부에 여러 차례 개혁 상서를 올려 고산케(御三家)의 신분이면서도 막부를 비판하는 데 주저하지 않았다. 이 때문에 전국적으로 큰 주목을 받는 정치인이 되었다. 아베 마사히로는 나리아키의 이런 정치적 존재감을 이용하고자 페리 내항 때에 막정에 참여하게 했다. 나리아키는 쇼군 도쿠가와 이에사다(德川家定)의 후계자 문제, 미일수호통상조약의 칙허 문제 등에서 다이로(大老) 이이 나오스케(井伊直弼)와 대립, 안세이 대옥(安政大獄)에서 칩거 처분을 받았다.

22   자유 민권 운동: 메이지 전기에 번벌(藩閥) 정치에 반대하여 국민의 자유와 권리를 요구한 정치 운동. 메이지 7년(1874) 이타가키 다이스케(板垣退助) 등에 의한 민선의원설립건백서의 제출로 시작되어 국회 개설을 요구하며 전국적으로 확대되었다. 이후 자유당·입헌개진당이 결성되어 조직적인 운동을 전개했는데 후쿠시마(福島) 사건·지치부 사건 등이 진압되는 과정에서 쇠퇴하게 되었다.

천고의 영웅호걸도 모두 내 친구 같은 느낌이 생기게 되었다. 그것은 17세부터 18, 19, 20세경까지 2, 3년간의 시기였다. 그러나 아버지는 항상 가업을 독려하며 책만 읽어서는 가업에 도움이 안 된다고 하셨기 때문에 평소에는 오로지 가업에 열중했다. 쪽 장사에서는 대체로 일 년에 네 번은 내가 맡아서 신슈, 조슈, 지치부 세 곳을 순회하는 등 제법 바쁜 나날을 보냈다.

그런데 내가 맡고 나서 보니 사소한 것이긴 하지만, 상략商略이 생겨 제법 재미있었다. 그래서 농상農商은 바보 같다는 생각이 완전히 사라진 것은 아니지만, 일에 대한 욕심, 즉 가업을 잘 유지하고 싶다든가, 가장 좋은 쪽을 제조해서 아슈阿州[23]의 명산품에 뒤지지 않게 해보고 싶다든가 하는 소망이 생겼다. 어떤 해에는 가까운 촌에서 많은 쪽을 사 모으고, 그 쪽을 만든 사람들을 초대하여 마치 스모相撲의 순위표 같은 것을 만들어서 쪽의 좋고 나쁨에 따라 순위를 정해 가장 좋은 쪽을 만든 사람을 제일 상석에 앉히며 많은 사람을 대접했다. 그리고 "내년에는 훨씬 좋은 쪽을 만들도록 신경 씁시다"며 솔선하여 동업자를 격려한 적도 있었다.

이렇게 한때는 가업에도 힘을 썼지만 그 후 점점 세상이 소란해져서 시사를 논하는 서생들이 양이에 대한 천황의 뜻은 확고하여 움직이지 않는다고 한다, 미토의 열공은 양이론을 주장하고, 죠슈長州도 사쓰마薩摩도 마찬가지다, 그런데도 막부는 수구적인 조치만 자꾸 취하니 머잖아 충돌이나 파국을 볼 게 뻔하다, 등등을 주장했다. 지금

---

23   아와국[阿波國, 현재 도쿠시마현(德島縣)]의 별칭

도 살아 있는 사쓰마의 나카이 히로시中井弘, 또 몇 년 전 죽었다고 들은 죠슈의 다가야 이사무多賀屋勇, 그리고 야마자키山崎 전쟁에서 전사한 우츠노미야宇都宮의 히로타 세이이치廣田精一, 도다 로쿠로戶田六郎 같은 사람들이 학문 수업이라는 둥 뭐라는 둥 하며 나타나서 시를 쓰거나 문장을 말하면서 시세를 논하게 되었다. 나는 이 사람들의 얘기를 들을 때마다 막부의 정치가 쇠퇴했다는 느낌을 강하게 갖게 되었다.

에도에 유학하다

내가 독서의 가르침을 받은 오다카 아츠타다의 동생으로 죠시치로長七郎라는 사람이 있었는데, 나보다는 2살 연상이고 거구인 데다가 완력도 있었다. 게다가 검술에도 비범한 능력을 갖고 있어서 검술가가 되려고 이전부터 에도에 나가 있었다. 때때로 에도에서 서생 친구를 데리고 와서는 곧잘 비분강개悲憤慷慨하며 토론을 하기도 했다. 안 그래도 내심 그럴 생각이 있었던 나는 마침내 22살분큐 원년[1861]에 마음속으로 이대로 시골에서 햐쿠쇼로 지낼 수는 없다는 각오를 했다. 그때 죠시치로가 시타야내리베이 골목下谷練塀小路의 가이호海保라는 유학자의 숙塾에 기거하며 검술장에 다니고 있었는데, 그걸 기회로 나도 어떻게든 에도에 가고 싶다고 말했다[24].

---

24   이와 같이 이 시기에는 하급 사무라이나 중상층 농민까지도 '유학자의 숙'과 '검술장'을 다니면서 문무를 연마하는 게 보통이었다. 이들은 이런 숙과 검술장을 통해 신분제에서 비교적 자유로운 인적 네트워크를 만들어 나갈 수 있었다. 그 속에서 '서생 친구'들과 '비분강개하며 토론'을 하다가 정치적 행동에 나서게 되는 일이 생기기도 했다.

하지만 그때는 아버지가 정말로 귀찮게 잔소리를 하면서 지금 장사를 팽개치고 책을 읽는다며 가사를 소홀히 해서는 곤란하다, 그럴 요량이라면 마음을 놓을 수가 없다며 심하게 훈계를 하던 때였다. 나는 에도에 있을 생각은 없다, 다만 초봄에 농사일이 한가한 틈을 타서 조금은 책도 읽고 싶다는 생각이라고 강하게 청했다.

마침내 아버지의 허락을 받아, 약 2개월 동안 에도에 가서 가이호 쇼노스케海保章之助라는 유학자의 숙에 들어갔다. 진짜 의도는 도저히 햐쿠쇼로 살 시대가 아니라는 생각이었다. 17세 때 생긴 생각이 커진 것이다. 그리고 세상에는 이름 있는 사람도 있을 테니 널리 당대의 지사와 교유하며 의견을 듣고, 실제로 세상의 상황도 보고 싶다는 뜻이 점점 강해졌던 것이다. 이렇게 말하면 꽤 주도면밀하게 생각한 것처럼 들리겠지만, 사실은 모험심이 점점 높아졌던 것일 게다.

가이호의 숙에 입학하고 나서 2, 3일 지나 『맹자』 강석을 했을 때에는 많은 서생에게 비웃음을 받아 얼굴이 빨개지고 양 겨드랑이에서 땀을 흘린 적도 있고, 또 그 후에 숙의 규칙을 어겨 선생님에게 야단맞은 적도 있었다[25]. 하지만 애초에 내 생각은 굳이 책을 잘 읽겠다든가, 또 검술에 능숙해지겠다든가 하는 목적 없이, 다만 천하 유지와 교류하여 재능과 재주 있는 사람을 내 편으로 삼아야겠다는 것이었다. 간단히 말하면 저 유이 쇼세츠由井正雪[26]가 모반을 일으킬

---

25   이제 농민이라 할지도 숙에 들어올 사람이라면 『맹자』 정도는 수월하게 읽을 줄 알아야 하는 것이 당연시되는 시대 분위기를 볼 수 있다.

26   1605~1651년. 에도 초기의 낭인, 군학자. 게이안 사건(慶安事件)의 주모자. 스루가국(駿河國) 출신. 게이안 4년(1651) 사회 불안을 틈타서 마루바시 주야(丸橋忠彌), 가나이 한베에(金井半兵衛) 등과 함께 낭인들을 모아 에도 막부의 전복을 도모했는데 사전에 발각되어 자살했다.

때와 매우 비슷하다. 그러는 사이에 세상은 점점 소란해져 여러 일이 있었지만, 그건 최근에 관한 역사서 등에 쓰여 있어 그걸 읽어 보면 상세하게 알 수 있을 것이므로, 지금 여기서 일일이 얘기하지는 않겠다.

이리하여 그해 5월경까지 가이호의 숙에서 열심히 서생들과 교류했고, 또 오다마가이케お玉か池에 있는 지바千葉라는 검술가의 숙에 들어가 검객들과 친해지려고도 했다. 그 이유는 방금 말한 대로 독서, 검술 등을 수행하는 사람 중에는 자연히 훌륭한 인물이 있을 것이므로, 뛰어난 사람들을 골라 내 친구로 삼아 무슨 일이 있을 때 도움을 받으려면 지금부터 준비해 두지 않으면 안 된다고 생각했던 것이다.

정찰을 교토에 보내다

원래 생각이라는 게 한쪽에 집중하다 보면 한편은 소홀하게 되는 것으로, 이미 우국지사憂國之士인 양 큰일을 자임한 이상 만사의 생각이 자연히 그 점에 집중하게 되어, 농업과 장사 쪽은 충분히 정성을 들이지 않게 되었다. 그러니 엄격하신 아버지가 가만히 계실 리가 없어 자주 혼이 났다. 그러나 나도 이제 22, 3세나 되어 얼마간은 세상일에도 익숙해졌고, 특히 한학 서생 등과 교제하며 국사에 대한 토론도 하게 된 상태였기 때문에, 아버지는 언짢으면서도 차마 어린애 나무라듯이 바보 같은 짓 하지 마라 같은 말은 하지 않으셨다. 하지만 그 심중을 헤아리건대 어쨌거나 걱정이 되셨을 것이다.

부모가 자식을 생각하는 마음은 원래 간절한 것이어서 걱정하시는 중에도 서생들이 찾아왔을 때, 내가 그들과 꿀리지 않고 시사에 대해

토론하자 내 아들은 남 앞에 내놔도 부끄럽지 않다며 기쁜 모습도 보이셨다. 그래도 근자의 거동은 언제 집을 뛰쳐나가 무슨 짓을 할지도 모른다는 생각에 크게 걱정하셨던 것 같다. 실로 지금 회상해 봐도 내가 22살의 봄 에도에 유학한 때부터 24살의 겨울 교토로 갈 때까지, 아버지의 노심초사는 걱정될 정도로 심했으니 나는 정말 불효자식이었다. 지금 새삼스레 견딜 수 없을 정도로 후회된다.

내가 23살 때였는데, 정월 15일^{분큐 2년}[1862] 등성^{登城}하는 로쥬 안도 쓰시마노가미^{安藤對馬守}[安藤信正]를 고노 켄조^{河野顯三} 등이 사카시타문^{坂下門} 밖에서 잠복했다가 칼로 습격했다[27]. 그 일에 연루되어 오하시 도츠앙^{大橋訥庵}이 포박되고 오다카 죠시치로^{尾高長七郞}도 혐의를 받았다. 죠시치로는 이때 시골에 와 있었기 때문에 시골에까지 체포 명령이 내려진 것을 내가 알려 주려 했지만, 그는 그걸 모른 채로 에도로 이미 출발했다. 나는 몹시 걱정이 되어 그날 밤 10시경에 집을 나와 4리[28] 정도 떨어진 구마가야숙^{熊谷宿}까지 쫓아가 마침내 죠시치로를 따라잡았다. "그대는 모르는 모양인데, 사카시타문 사건 연루자로 그 장소에 있지도 않았던 고지마 교스케^{兒島恭介=强介}까지도 체포될 정도이니 이런 시골도 위험천만하다고 생각하던 참이었소. 그런데 혐의를 받고 있는 몸으로 그대는 이런 상황에서 에도로 간다니 너무도 무모하게 스스로 사지에 가는 것과 마찬가지요. 여기부터는 방향을 바꿔서 일각이라도 빨리 신슈로^{信州路}를 통해 교토로 가서 잠시 혐

---

27 사카시타문의 변. 안도는 목숨은 건졌으나 중상을 입고 얼마 안 있어 로쥬직을 사임했다. 다이로 이이 나오스케가 암살당한 지 2년도 채 안 되어 다시 로쥬가 습격당했으니 막부 권위는 더욱 실추되었다.
28 메이지 9년(1876)에 통일된 제도에 의하면 1리는 대략 3,927.3m로 4리는 15,709.2m이다.

의를 피하는 것이 상책일 것이오"라고 충고하고 곧바로 교토 쪽으로 보냈다.

한편으로는 교토의 형세는 어떠한가 겸사겸사 그 상황도 알고 싶은 생각도 있었다. 그 무렵 교토에서는 학습원學習院[29]이라는 것이 설립되고, 지금의 산죠三條 내대신[三條實美][30]이 총재가 되어 각 번의 사람들을 오요리우도御寄人로 임명하여 국사를 활발하게 논의하고 있다고 했다. 물론 만난 적도 본 적도 없지만 교토는 양이론의 진원지로 각 번의 지사들도 모여 갖가지 논의를 하고 있는 듯하니 지금 그 실상을 알 필요가 있다. 그래서 막부의 혐의도 피할 겸 죠시치로에게 교토행을 권했던 것이다.

폭거 기도

24살의 봄, 즉 분큐 돼지해분큐 3년[1863]에 나는 다시 에도로 가서 가이호의 숙과 지바의 숙에 들어가 숙생이 되었다. 그때는 왔다 갔다 하면서 달수로 4개월 정도 다녔는데, 그사이에 곰곰이 생각하여 마침내 어떤 폭거를 도모할 것을 궁리했다. 그게 어떤 것이었냐 하면 '조정이 시종 변함없이 양이와 쇄항鎖港의 칙정勅諚을 내리는데도 불구하고, 막부는 언제까지나 수구적인 태도로 지금까지도 조정의 뜻을 받들지 않고 있다. 이것은 융적戎狄을 응징하고 형서荊舒를 벌한다

---

29   교토의 공가(公家)들을 교육하던 기관. 1860년대 교토에서 존왕양이 운동이 거세질 때 그 거점이 되었다.

30   1837~1891년. 막말 정국에서 주로 존왕양이파·조슈번과 노선을 함께 했다. 이 때문에 1863년 8·18 정변 때 다른 존양파 공경(公卿)들과 함께 조슈로 달아났다('7경 도주 사건'). 메이지 정부가 수립되자 의정(議定)·태정대신(太政大臣)·내대신(内大臣)을 역임하며, 정권의 중추적 역할을 했다.

는[31] 격언을 위배하고 정이대장군征夷大將軍의 직분을 경시하는 것이다, 이 같은 상태로는 눈앞에 있는 서양 오랑캐에게 우리 신주神州가 모욕을 당하게 될 것이고, 만에 하나라도 이후 성하지맹城下之盟을 하듯이 통상 조약이라도 허가한다면[32] 그거야말로 우리 국체를 능욕하는 것이다, 설령 화친을 하더라도 우선 한번은 싸워서 서로의 힘을 비교한 후가 아니면 안 된다, 그들에게 아무리 견고한 함선과 거포가 있다 해도 우리에게는 이른바 야마토혼大和魂으로 단련된 예리한 일본도가 있으니 닥치는 대로 베고 또 베고 마구마구 베자'라는 앞뒤 없는 야만스러운 생각이었다. 지금 생각해 보면 실로 우스운 얘기에 불과하다.

하지만 그때는 머릿속으로 오직 양이라는 외길에만 몰두하고 있었기 때문에 '어차피 막부로는 양이가 불가능하다, 게다가 도쿠가와 정부는 이제 멸망할 게 분명하다, 왜냐하면 관직을 세습하는 적폐가 이미 정부 전체를 부패시켜서 지혜로운 자와 어리석은 자, 현명한 자와 미련한 자의 위치가 거꾸로 되어 버렸기 때문이다. 이는 사무라이의 기상이 허물어지고 인심이 흩어진 현재의 상황으로도 분명히 알 수 있다. 따라서 이번에 천하의 이목을 놀라게 할 대소동을 일

---

31   "魯頌曰, 戎狄是膺, 荊舒是懲", 『맹자』 「등문공(滕文公)」 상. 융적도 형서도 이적(夷狄)을 가리킨다.

32   '성하지맹'은 적이 성까지 쳐들어와 견디지 못하고 성 밑에서 맺는 굴욕적인 강화를 말한다(『춘추좌씨전(春秋左氏傳)』 환공(桓公) 12년조), 당시 일본의 양이론자(조약 체결 반대론자) 중 많은 사람은 조약 체결 그 자체를 반대한다기보다, 서양의 강압에 일본이 굴복하는 형태로 조약이 체결되는 것에 강한 반감을 가졌다. 이를 '성하지맹'으로 연상했던 것이다. 그래서 요시다 쇼인(吉田松陰)도 도쿠가와 나리아키도 미국에 대해 이번에는 물러가 있으면, 일본이 미국에 건너가서 조약을 체결하겠노라고 요구했다.

으켜 막부 정치의 부패를 씻어내지 않으면 도저히 국력을 만회할 수 없을 것이다. 우리들은 농민이기는 하지만 일본의 국민인 이상 우리의 본분이 아니라고 방관하고 있을 수는 없다. 대단한 일은 할 수 없을지 모르지만, 먼저 눈에 번쩍 띄게 피바다를 만들어 세상에 소요騷擾를 일으킬 시기'라고 생각했던 것이다. 이것이 앞에 말한 폭거의 취지다.

그렇지만 두세 명이 외국인 속으로 칼을 휘두르며 뛰어든다 해도 나마무기生麦 사건[33] 정도의 일이 되어, 또다시 배상금으로 문제가 해결될 것이므로 도저히 뜻을 이룰 수가 없을 것이다. 뭔가 막부가 감당할 수 없는 대이변을 일으키려면 어떻게 하면 좋을까 갖은 생각을 하며 의논을 했다. 그것도 많은 사람과 논의한 것이 아니라 오다카 아츠타다, 시부사와 기사쿠澁澤喜作와 나, 도합 셋이서 밀의한 것으로 마침내 한 방안을 만들었다.

우리가 밀의한 안은 일거에 요코하마를 불태우고 외국인을 보면 닥치는 대로 베어 죽여 버린다는 전략이었다. 그래서 요코하마 습격 전에 우선 다카사키성高崎城[34]을 취하여 군대를 정비한 다음, 다카사키에서 병력을 내어 가마쿠라 가도鎌倉街道를 통해 요코하마로 나가면 통행도 용이할 것이라고 생각했다. 에도를 지나게 되면 아무리 유

---

33   분큐 2년(1862) 사쓰마번의 시마즈 히사미츠(島津久光) 일행이 에도에서 시마즈로 돌아갈 때, 요코하마(横浜) 나마무기촌(生麦村)에서 말을 탄 채로 행렬을 가로지르는 영국인 4명을 살상한 사건. 서양과 일본 사이에 커다란 외교 문제가 되어, 영국은 막부와 사쓰마에 배상을 요구했다. 결국 이 사건이 발단이 되어 1863년 살영 전쟁(薩英戰爭, 사쓰마-영국 전쟁)이 벌어져 사쓰마는 전쟁 패배 후 재빨리 양이론을 포기했다.

34   다카사키번의 성. 현 군마현 다카사키다카마쓰쵸(群馬県高崎市高松町)

다카사키성 성벽

약하다고는 해도 여러 다이묘가 있어 이래저래 귀찮을 것이므로 가마쿠라 가도를 통해 간다고 한 것이다. 퍽이나 엉터리 같은 얘기임에 틀림없는데, 만일 그때 이것이 실행되었다면 우리들의 머리는 23, 4년 전에 날아가 버렸을 것이다. 그러나 그때는 매우 진지했고, 가슴에 꽉 찬 정신을 집중하여 일을 모의했다.

말하자면 '이 계획은 이렇게 해야 하고, 저 일은 저렇게 해야 한다, 또 무기도 총은 준비할 수가 없으니 창과 칼을 준비하자' 같은 식이었다. 그 외 다른 도구에 이르기까지 봄 이후로 비밀리에 사 놓았다. 어쨌거나 만에 하나의 요행을 바라는 일이므로 어차피 쉽게는 안 되겠지만, 실패한다면 죽음으로 끝낸다는 결심으로 칼도 오다카가 5, 60자루, 내가 4, 50자루를 여기저기서 사 모았다. 그 밖에 쇠사슬을 이용해 단피鍛皮를 구갑형龜甲型으로 묶은 검술 수련복 같은 것에서부터 제등, 그 외 필수적인 용구까지도 적절하게 사 모아 준비했다. 그

돈은 아버지에게 숨기고 쪽 장사를 한 것 중에서 사용했는데 대략 150, 60냥 정도였다고 기억한다. 그리고 각자 죽창을 갖고 다카하리 제등高張提燈[35]을 앞세운다는 방침이었으니까 흡사 옛날 노부시野武士[36]와 같은 분장이었을 거라고 생각한다.

그런데 이 일당 중 중요한 사람은 오다카 집안 두 명과 기사쿠, 나 외에 지바의 숙에서 친하게 된 마나다 한노스케眞田範之助, 사토 즈기스케佐藤繼助, 다케우치 렌타로竹內練太郎, 요코가와 유타로橫川勇太郎, 가이호의 숙생인 나카무라 산페이中村三平 등이었고, 그 외에는 친척, 낭당郎黨 중에서 이리저리 모아 모두 69명 정도였다고 기억한다. 이 사람들이 극비리에 여러 가지 준비를 한 후 갑자기 거병해서 불시에 다카사키를 야습하여 성을 취하려는 군략이었다. 거사를 일으키기에는 불을 지르며 습격하는 것이 제일이므로, 아무래도 불이 빠르게 번지는 시기가 좋을 거라고 생각해서, 저 제갈공명諸葛孔明이 바람을 기원하는 마음가짐처럼, 겨울이 좋겠다고 하여 그해, 즉 분큐 3년[1863] 11월 23일로 결정했다. 이 23일은 동지冬至로 일양래복一陽來復, 겨울이 가고 봄이 온다는 뜻이라고 해서 매우 상서로운 길일이므로 자연히 '양기가 발하면 금석金石도 뚫을 수 있다. 정신을 하나로 하면 무슨 일이든 이루지 못하랴[37]'는 의미를 함축하여 정했던 것이다.

---

35 장대 등의 앞에 설치하여 높이 걸도록 한 제등
36 중세에 기나이(畿內) 및 그 주변에서 일어나 전국적으로 퍼진 무장 농민 집단을 말한다. 전국 시대에는 다이묘가 영내 농민을 징발하여 무장시켜 보병으로서 전투에 참가하게 했다.
37 "陽気発処, 金石亦透, 精神一到, 何事不成", 『주자어류(朱子語類)』 학이(學二).

슬며시 아버지에게 휴가를 청하다

이것을 결정한 것은 8월경이었는데 점점 시일이 다가옴에 따라, 슬며시 아버지에게 결심을 알려야겠다고 생각했다. 그해 9월 13일은 아토노츠키미^{後の月見}라고 해서 시골에서 달을 감상하며 축하하는 관습이 있는 날이었다. 그날 밤 오다카 아츠타다와 시부사와 기사쿠 두 사람을 우리 집에 초대한 후 아버지도 동석하게 하여 세상 이야기를 하다가 슬쩍 나를 자유롭게 해달라는 얘기를 꺼냈다. 원래 내가 의도한 것은 아버지에게 절연 당해도 좋다는 각오였으나, 그렇다고 자식이 부모에게 갑자기 절연해 달라고 할 수는 없으므로, 먼저 세상에서 일어나는 일들에 대한 얘기를 시작했던 것이다.

나는 천하는 마침내 어지러워질 것임이 틀림없다, 천하가 어지러워지는 날에는 농민이라고 해서 안주하고 있을 수는 없다, 그러니 오늘부터 방향을 정해서 난세에 대처할 각오를 해야만 한다고 말을 꺼냈더니, 아버지는 말을 끊고 "그건 네 말이 분수를 넘은 것으로, 말하자면 바라지 말아야 할 것을 바라는 것이다. 뿌리가 농민으로 태어났으면 어디까지나 본분을 지켜 농민으로 안주하는 게 좋다. 막부의 비정^{秕政}을 논하거나 로쥬라든가 제후들의 실정을 비방하거나 하면서 선악^{善惡}과 충사^{忠邪}를 구분할 정도의 지혜를 개인적인 견식으로 갖추는 것은 안 될 게 없지만, 신분에 어울리지 않는 시도는 하지 않아도 된다. 시사를 논하는 것은 문제될 게 없지만 신분의 위치를 뒤집는 것은 잘못된 생각이므로 반드시 자제하지 않으면 안 된다"라고 하셨다.

나는 되물었다. "과연 아버님 말씀은 일견 타당하지만 평소에 아버님이 세상 돌아가는 것을 개탄하신 것도 저와 비슷했고, 어쩌면 한 층 더하실 정도였다고 생각합니다. 지금 무문武門의 정치가 이렇게까지 쇠퇴하고 부패하게 된 이상, 이제 일본은 어찌 될지 알 수 없습니다. 일본국이 망하는 것을 보고도 나는 농민이니까 아무런 관계가 없다며 방관하고 있을 수 있겠습니까. 아무것도 모른다면 모를까, 안 이상에는 햐쿠쇼, 죠닌, 무사의 차이는 없습니다. 지아라이지마촌血洗島村 시부사와라는 한 집안의 존망에 집착할 것도 없고, 하물며 이 한 몸 진퇴에 대해서는 더욱 그렇다고 생각합니다. 지금 말씀하신 분수를 지키라는 것은 지극히 당연합니다만, 그래도 인생사에서는 평상시에 처세하는 것과 변란에 처세하는 것 사이에는 자연히 차이가 있어 같이 논할 수는 없습니다." 그리고는 『논어』에는 이런 말이 있다는 둥, 『맹자』에는 저런 말이 있다는 둥 하며 문답이 꽤 길어져 결국 날을 새고 말았다.

물론 나는 감히 논쟁하듯이 아버지에 무모하게 반대하면서 고성으로 토론한 것은 아니고, 그저 끈덕지게 얘기하던 중 날이 샜다. 아버지는 화끈한 성격이어서 날이 밝자 "이제 아무 말도 않겠다. 좋다, 너는 내 자식이 아니니 맘대로 해라. 지금까지의 토론으로 시세도 잘 알게 되었다. 그런 것을 알고 나서도 그게 네 몸을 망칠 씨앗이 될지, 아니면 이름을 날릴 바탕이 될지 그건 난 모르겠다. 그래, 시세를 잘 알더라도 모르는 것처럼 나는 보리를 기르며 농민으로 세상을 보낼 거다. 설령 정부가 잘못되었더라도, 관리가 무도한 짓을 하더라도 그에 상관하지 않고 복종할 생각이다. 그런데 너는 그럴 수 없다고 하니 하는 수 없지. 오늘부터 너를 자유로운 몸으로 해 주겠다. 그렇다면 이제 종류가 다른 인간이니 대화 상대로 여기지 않겠다. 앞으로는 부자가 각각 자기 좋은 바에 따라 움직이는 게 오히려 깔끔할 것이다"고 하시며 마침내 14일 아침 내 몸의 자유를 허락했다.

이때 내가 아버지한테 "이제까지는 가업에 힘써서 쪽 장사도 확장했지만, 이미 국사에 몸을 맡기기로 한 이상에는 부모에 대해 더할 수 없는 불효입니다. 도저히 이 집을 상속할 수 없으니 속히 저를 파문하시고 양자라도 정해 주십시오"라고 말했더니, 아버지가 "지금 별안간 파문하면 사람들이 이상하게 여길 테니 일단 집을 나가는 게 좋겠다. 나간 후에 파문한 것으로 하겠다. 양자 건은 그 후에 해도 늦지 않을 거다. 앞으로 네가 어떤 일을 해서 죽더라도 특별히 죄를 범하지만 않는다면 이 집에 폐를 끼칠 일은 없을 것이다. 만일 혐의를 받아 체포되더라도 집안과 관계된 것은 아무것도 없을 테니까 지금 갑자기 파문 신고서를 낼 수는 없다. 앞으로는 결코 네 행동에 이래라저래라 지시하지 않을 테니 행동에 잘 주의하여 어디까지나 도리에 어긋나지 않게 한 조각 성의를 실천하여 인인 의사仁人義士라고 칭해진다면 생사와 행불행幸不幸에 상관없이 나는 만족스럽게 생각한다"고 훈계하신 것은 지금도 여전히 귓전에 있는 듯하여 얘기를 하다가도 곧잘 눈물이 난다.

아버지가 이제부터 에도에 가서 도대체 뭘 할 생각이냐고 자꾸 물으셨지만, 나는 의중에 있는 비밀만큼은 결코 얘기하지 않았다. 왜냐하면 만일 이 기밀을 조금이라도 얘기하면 그거야말로 힘을 다해 엄금하실 게 틀림없었기 때문이다. 나는 이러저러한 얘기로 얼버무리며 그냥 떠나는 거라고 하여, 마침내 부모의 허락을 받았다. 이걸로 이제 문제는 없다고 생각하여, 11월에 거사하려면 그 전에 준비도 필요하고 사람도 모아야 하므로 9월 14일에 에도에 가서 한 1개월 정도 체류하다가 10월 말에 고향으로 돌아왔다.

구사일생九死一生

차츰 거사 기일이 다가왔기에, 준비 완료가 되었을 때 차질 없이 꺼낼 생각으로 여기저기 창고 귀퉁이에 숨겨둔 창, 칼, 그 외에 착용할 것 등을 챙겨 두었다. 그 밖에도 여러 가지 계획이 있었기 때문에 동지 중에 역할을 나눠 누구누구는 어디로 가고 누구누구는 어떤 일을 분담할 것을 정했다. 또 지세地勢를 잘 봐 두지 않으면 안 되었는데, 이것은 내가 보러 갈 생각이었다. 물론 9월 14일에 에도에 갔을 때, 거사를 위해서는 우선 교토의 상황을 명확히 알아야 할 필요가 있었기 때문에 교토에 체류하던 죠시치로에게 심부름꾼을 보내어, 대체로 이런 계획을 정했으니 쓸모 있는 인물이라면 누구라도 데리고 간토로 오라는 자세한 편지를 전했다. 그때에는 이 비밀 서한을 일반 비각飛脚 업자[38]에게 맡기지 않고, 특히 급한 것이므로 다케자와 이치고로武澤市五郎라는 자에게 심부름을 시켰다. 10월 25, 26일경이 되어 오다카 죠시치로가 교토에서 돌아왔다. 즉시 지금까지의 경과를 자세히 말하며 향후 거사 순서에 대해서도 상의를 하고 아울러 교토의 형세에 대해서도 물어봤는데, 죠시치로의 생각은 완전히 반대

---

38   편지 · 금전 · 소하물 등의 송달을 맡은 업자. 고대에 역마가 시작되었고 가마쿠라 시대에는 가마쿠라-교토 사이에 전마(伝馬)에 의한 비각이 있었는데 에도 시대에 특히 발달했다. 메이지 4년(1871) 우편 제도의 성립에 의해 폐지되었다.

여서 여러 가지로 이견이 있었다.

지금 생각해 보면 그때 죠시치로의 의견이 옳았고 우리들의 결심은 매우 무모했다. 실로 죠시치로가 우리 모두의 목숨을 구해 주었다고 할 수 있다. 10월 29일 밤 드디어 거사를 결정하기 위해 데바카촌의 아츠타다 집 2층에 아츠타다, 죠시치로는 물론, 나와 기사쿠, 나카무라 산페이 5명이 모여 논의를 시작했다.

그런데 죠시치로는 "폭거 계획은 크게 잘못된 것이야. 지금 70명이나 백 명의 오합지졸로는 아무것도 할 수 없네. 그래 계획대로 다카사키성을 빼앗았다고 하자. 그렇더라도 요코하마에 병사를 보내는 것은 생각할 수도 없는 것일세. 곧바로 막부나 근처 각 번 병력에 토벌당할 것이 분명하네. 정말 너무나 엉터리 같은 생각이며 그저 햐쿠쇼 잇키百姓一揆[39] 같이 취급당할 것일세. 물론 각 번의 병사도 막부의 병사도 약한 것은 분명하지만 어쨌든 인원수가 많아서 쉽사리 깨부술 수는 없어. 실제로 후지모토 텟세키藤本鐵石나 마쓰모토 에이타로松本銳太郎=謙三郎 같이 상당히 생각과 재능이 있는 도츠가와十津川 낭사浪士 같은 사람들도 겨우 고죠五條의 대관 정도를 물리쳤을 뿐으로 곧바로 우에무라번植村藩에 저지당했잖은가[40]. 병력도 백여 명 있었고, 게다가

---

39 에도 시대에 농민이 영주·대관의 악정과 과중한 연공에 대하여 집단으로 반항한 운동. 폭동·강소(强訴)·월소(越訴)·도산(逃散)·우치코와시(打ち毀し) 등 여러 가지 형태를 취했다. 폭력 사용의 정도도 약했고, 정치 권력에 대한 도전의 측면도 희박했기 때문에 민란이라기보다는 농민의 경제적 항의 행동 정도로 봐야 할 것이다.

40 분큐 3년(1863) 천주조(天誅組)의 난을 말한다. 양이 실행을 위해 야마토 행행(行幸)을 선언한 천황의 선발대가 된다는 명목으로 도츠가와 낭사 등 천여 명이 참가하여 야마토 고죠(大和五條)의 막부 직할지를 기습했다. 그러나 그해 8·18 정변에 의해 존양파가 실각한 후 토벌되었다. 야마토의 난이라고도 한다.

나카야마시종中山侍從이라는 유명한 공가公家[교토의 귀족]가 맹주였으며, 후지모토와 마쓰모토가 사력을 다했지만, 천자의 간토 친정론이 돌연 변하고 산죠공三條公을 비롯한 7경이 죠슈로 달아나게 되자[41] 곧바로 산산이 흩어지고 후지모토와 마쓰모토는 전사하는 꼴이 되지 않았는가. 기껏 해봐야 도츠가와 낭사 정도가 될 것이야. 그것도 얼마간은 천하의 사기를 고무시킬 수 있겠지만, 그 효과는 실로 미미한 것이야. 그 미미한 효과를 위해 수십 명이 나란히 죽어버리는 것은 아깝지 않은가. 실로 유감스러운 일이므로 결코 동의할 수 없네"라고 했다.

나는 그에 반대하여, "과연 도츠가와 봉기에 비교해 보면 지금 말한 의견도 맞지만, 지금 우리가 갑자기 그만큼의 힘을 갖출 방법은 전혀 없소. 그렇다고 힘이 강해진 다음에 하자고 한다면 언제까지고 거사를 할 날은 없을 것이오. 결국 우리도 모르는 사이에 다른 사람에게 뒤처져 이 장거를 결행할 수 없게 될 것은 분명하오. 이미 우리 동지들은 진승陳勝과 오광吳廣[42]을 자임하고 천하 지사天下志士로서 솔선하려고 하는 것이 아니겠소. 지금 우리들이 일을 일으켜서 설령 일패도지一敗塗地한다 해도 천하의 동지들이 이걸 보고 사방에서 분기하여 마침내 막부의 천하를 궤멸시킬 것이니, 말하자면 우리들은 그 희

---

41   분큐 3년(1863) 8·18 정변으로 존양파가 실각하자, 산죠 사네토미(三條實美)를 비롯한 7명의 존양파 공경(七卿)은 죠슈로 달아났다. 이들은 그 후 존양파와 막부 타도파의 정치적 상징이 된다. 산죠는 메이지 정부에서 최고직인 태정대신을 역임했다.

42   중국 진(秦)나라 2대 황제 호해(胡亥) 원년(기원전 210) 7월, 진승과 오광이 국경 방비를 위해 징발된 병졸들을 이끌고 반란을 일으켰다. 중국 역사상 최초의 농민 반란이며 진 제국 멸망의 단서가 된 사건이었다.

생양이 되는 것이오. 진이 패하고 한 고조가 천하를 평정할 때에도 희생양이 매우 많았소. 지금 막부를 멸망시킬 계기를 만들기 위해 그 희생양이 되는 것이라면 우리들의 본분은 다한 것이오. 아직 이르다고 하는 사이에 불행히도 막부가 낌새를 채서 붙잡히는 욕을 당하고 헛되이 옥중의 귀신이 될 수도 있을 것이오. 어쨌든 죽겠다고 정한 이상 일의 성패는 하늘에 맡겨 두고 여기서 이것저것 논할 필요 없이, 그냥 죽음을 각오하고 거사할 생각이오"라고 매우 절박하게 주장했다.

그러나 죠시치로는 "아니오, 그렇게 해봤자 지금 이 조잡한 계획으로 만약에 유적流賊 집단의 잇키一揆처럼 간주되어 모두 교수형을 당하게 되면 안타까운 일이오"라며 끝까지 힘을 다해 만류했다. 나는 결코 그만두지 못하겠다, 꼭 결행하겠다고 했다. 이때도 철야로 논쟁한 끝에 죠시치로는 나를 죽이고서라도 거사를 저지하겠다고 했고, 나는 죠시치로를 찌르고서라도 결행하겠다고 했다. 결국 죽일 테면 죽여라, 서로 찔러서 죽자고까지 하며 혈안이 되어 논쟁했지만 죠시치로는 끝까지 받아들이지 않고 이 계획을 중지시키겠다고 했다.

그런데 나도 물러 나와 곰곰이 생각해 보니 과연 죠시치로가 말한 것이 타당했다, 섣불리 잇키를 일으키더라도 도저히 좋은 성과가 나올 전망은 없었다. 죽음을 각오하고 한 것이 자칫 잇키처럼 간주되어 우리 동지의 뛰어난 사람들이 막부 옥리獄吏에게 욕을 당하고 헛되이 형장의 이슬로 사라진다면, 애초의 목적을 이루지 못할 뿐 아니라 세상은 애들 장난 같은 처사라고들 평할지도 모를 일이었다. 그렇다,

죠시치로의 말이 이치에 맞다, 이 일은 아주 치밀하게 모의하지 않으면 안 된다는 생각에 이르러, 마침내 깨닫고 그만두었다. 중지한다면 사람들도 신속히 해산시켜야 하므로 각자에게 돈을 좀 쥐여주고 흩어지게 했다.

나 자신도 뭔가 대책을 세우지 않으면 안 되었다. 왜냐하면 그 무렵 막부에는 팔주 도리시마리八州取締[43]라는, 지금으로 치면 정탐 요원 같은 게 있었는데, 그들은 조금이라도 이상한 풍문을 들으면 곧바로 수사를 해서 금방 체포하곤 했다. 전에 오하시 도츠앙을 포박했을 때에도 그 고향에까지 손을 써서 연루자를 정탐했다. 우리들도 전에 포박될 뻔한 위험한 때가 있었다.

하지만 이 일을 시작했을 때에는 기가 살아서 팔주의 5명, 7명 정도는 닥치는 대로 참살해 버릴 기세였기 때문에 조금도 두려워하지 않았지만, 계획을 중지하게 되자 매우 위험하다고 생각되었다. 그래서 나와 기사쿠는 교토로 가기로 정하고 이웃이나 친척에게는 이세 신궁을 참배하고 겸하여 교토 구경을 간다고 퍼트리고 고향을 떠난 것이 11월 8일이었다. 그로부터 4, 5일 있다가 11월 14일 에도를 출발했다.

이게 내가 지아라이지마촌의 집을 나오기까지의 경위다. 다시 말하면 농민에서 낭사, 혹은 서생이라는 신분으로 변한 것이다. 그 후에 또 히토츠바시가一橋家를 모시게 되기 전까지 천신만고千辛萬苦의 얘

---

43   간토 도리시마리 출역(関東取締出役)이다. 에도 막부의 직명으로 간죠부교(勘定奉行)의 직속으로 편성되어 간토 8개국(関八州)을 막령(幕領) · 사령(私領, 미토번을 제외)의 구별 없이 순회하고 치안의 단속을 맡았다.

기가 있고, 또 모시게 된 후에도 히토츠바시가의 정치에 관련된 얘기
도 있지만, 그것은 낭인이 된 이후의 부분이므로 이번 장은 이 정도
로 해 두겠다.

2.

막부의 신하가 되다

우연한 계기를 커다란 기회로

내 일생에는 흡사 누에가 처음에 알에서 부화하여 네 차례 자고 먹기를 반복한 후에 고치繭, 이어서 성체蛾로 되고 다시 알이 되는 것처럼 24, 5년 사이에 꼭 네 번 정도 변화가 있었다. 즉 전회前回는 알에서 벌레로 부화할 때까지의 얘기고, 지금부터는 새끼누에蠶兒가 성장하여 고치로, 성체로 점점 변해서 결국은 원래의 알로 되기까지의 일을 얘기할 것이므로, 오늘 저녁 얘기는 제2기의 시대에 관한 것이다.

　　전회에서 얘기한 것은, 농민으로 태어나 경작을 주로 하는 신분이면서 감히 막부의 폭정에 분노하여 지금 같은 상태로는 막부가 도저히 유지될 수 없다, 또 유지될 수 있다고 해도 이대로는 놔둘 수 없다, 농민 신분이긴 하지만 이 한 몸 희생해서라도 폭정 변혁의 단초를 열어 바르고 공명한 정치가 행해지는 세상으로 만들지 않으면 일본국은 틀림없이 망할 것이다. 지금 같은 위태로운 시세에 처해 있으면서 내 본분이 아니라고 정치에 입을 열지 않아도 된다고 할 수는 없는 상황이므로, 정말로 마음을 다하여 세상을 구제하는 데에 분골쇄신粉骨碎身하지 않으면 안 되겠다고 생각한 것이었다.

뜻을 세우고
고향을 떠나다

그런데 혼신을 다해 세상을 구제하려면 어떻게 하면 좋을까. 멀리 돌아가는 방법으로는 우선 현명한 주군 밑에서 벼슬을 해서 말이 받아들여지고 지모智謀가 쓰이거나, 또는 로쥬나 와카도시요리若年寄의 직책을 얻어 천하의 정치에 간여하는 것이 순서에 맞는 길일 것이다. 그러나 그것은 도저히 이룰 수 없었다. 특히 그 당시 도쿠가와 정치는 이른바 세관世官, 세직世職이라고 해서 문벌이 정해져 있었기 때문에, 아무리 능력이나 재주와 지식이 있더라도 새로이 그 지위에 오를 수는 없었다. 그 밖의 관직도 모두 제각각 계급 순서가 있어서 농민 따위가 아무리 재주와 지식이 있고 노력한다 하더라도 천하는커녕 일국일군一國一郡의 정사에도 간여할 수 없는 제도였다.

따라서 당시 세상에서 공명을 떨치기 위해서는 순도順道로는 도저히 안 되니 역도逆道로 갈 수밖에 없었다. 그걸 한마디로 하면 변란을 꾀하는 것으로 나라에 대소동을 일으킬 수밖에 없었다. 대소동을 일으키면 그로 인해 막부가 쓰러져 국가가 혼란해진다. 국가가 혼란해지면 충신도 나타나고 영웅도 나와서 이를 다스린다. 이렇게 보면 국가를 혼란시키는 것은 국가를 안정시키는 디딤돌이 되는 것이므로 우리들은 떨쳐서 혼란을 야기하고, 그것을 위해서라면 일신을 희생하는 것도 마다하지 않을 생각이었다.

국가를 혼란시키는 방법은 다음과 같다. 즉 잇키를 일으켜 우선 처음에 다이묘 하나를 무찔러서 그 병력을 빌려 기회를 틈타 요코하마를 불태운다. 그러면 반드시 외국인이 그대로 있지 않고 일본을 칠 것이다. 그리하면 막부로는 도저히 버틸 수 없을 것이다. 한번 전투가 벌어진 이상은 어디선가 진정한 영웅이 나타나 도쿠가와 막부는 결국 전복될 것이다. 전복된 다음에는 이를 대신해 국정을 맡을 자가 나타나는 단계로 이행할 것이다라는 생각이었다.

그리하여 드디어 어젯밤에 말한 대로 내가 24세였던 분큐 3년[1863] 11월 말일로 거사 일을 정했는데, 10월 29일 오다카 죠시치로가 교토에서 돌아와서는 야마토 고죠의 폭거 상황을 목격한 얘기를 하면서 거사 중지를 간곡히 말했다. 나는 크게 반대했으나 재삼재사 토론한 끝에 조금 물러나 곰곰이 생각해 보니, 과연 이 거사는 너무 난폭하고 과격한 점이 있음을 깨달았다. 죠시치로가 말한 대로 뜻은 옳지만 그 뜻을 천하에 보여 주지도 못하고, 또 만분의 일도 실현하지 못하고 그저 유적 잇키流賊一揆로 간주되어 막리幕吏[막부 관리]

에게 잡혀서 정확鼎鑊의 형[44]을 당하는 것도 바람직한 일은 아니었다. 그렇게 본다면 이 계획은 중지하는 거 말고는 방법이 없었다.

중지한 이상, 이제 이 한 몸은 어떻게 처신하면 좋을까. 원래 이 몸을 국가에 희생하여 바칠 요량으로 한번 집을 나선 이상에는 편안하게 지낸다는 것은 맘에 안 차는 일이다. 고향에 있어서는 장차 뜻을 펼칠 실마리도 잡을 수 없다. 또 하나는 당시의 정탐원, 즉 팔주 도리 시마리가 이 거사를 눈치채고 이미 손을 쓰고 있다는 것을 슬쩍 들어 알고 있었다. 거사를 하려 할 때에는 각자가 매우 신중하게 처신하여 다른 사람의 눈에 들키지 않지만, 한번 일을 중지하게 되면 알게 모르게 얘기가 새어 나가 금방 드러나게 되는 것은 고금의 역사상에 그 예가 매우 많다. 우리들이 한가하게 이곳에 있는 것은 매우 위험한 일이었다. 지금부터는 몸을 감추고 여행이라도 하는 수밖에 없었다. 그렇다면 여행 목적지는 어디가 좋을 것인가, 여러 가지 상의도 했지만, 결국 교토는 곡련하輦轂下, 황거가 있는 곳 즉 천자의 슬하로 각 번도 주목을 하고 있고 조금이라도 뜻이 있는 자들은 모두 교토로 모여드는 시절이었으므로, 교토에 가는 것이 상책이라고 여겨 동성同姓의 기사쿠와 함께 교토로 출발하기로 결정했다. 이것은 아마도 11월 2, 3일경으로 기억하고 있다.

그때 오다카 아츠타다는 나보다 10년 연상에, 아버지가 이미 돌아가셔서 자신이 집안의 주인으로서 모든 집안일에 책임이 있어 우리

---

44   '정확'은 발이 있는 솥과 발이 없는 솥을 아울러 이르는 말로, 중국 전국 시대에 중죄인을 삶아 죽이는 데 쓰였던 도구로 쓰였으며 팽형(烹刑)을 '정확의 형벌'이라고 했다.

들과 함께 나설 수 없었다. 그래서 여러 가지 장래의 일을 상의하고, 뒷일까지도 부탁했다. 죠시치로는 원래 검술가로 이때가 교토에서 귀가한 직후였기에 곧바로 교토로 돌아가는 것도 좋지 않았으므로, 여기에 머물러 검술 선생을 하면서 그사이에 적당한 때를 봐서 천천히 교토에 오는 게 좋겠다고 의논을 했다. 나와 기사쿠는 11월 8일에 고향을 나서 13일까지 에도에 머무르며 각자 준비를 했다. 드디어 14일 에도를 출발하여 그날 도카이도^{東海道} 호도카야숙^{程ヶ谷宿}에서 1박했던 것으로 기억한다.

●

낭인
생활

교토행

그럼 교토행 준비에 대해서 얘기하겠다. 그 무렵 히토츠바시가의
요닌用人[45]으로 히라오카 엔시로平岡圓四郎[46]라는 사람이 있었는데, 막리
중에서도 매우 기상이 있는 인물로 정치 이야기를 아주 좋아해서 나
와 기사쿠는 그 전부터 자주 방문하여 친밀하게 지내고 있었다. 언젠
가 히라오카가 "그대들은 농민의 집에서 태어났다고는 하지만, 그간
주장을 듣고 얘기를 나눠 보니 마음가짐도 매우 바람직하고, 국가를
위해 진력하겠다는 정신이 엿보이나 신분이 농민인 것이 유감스럽

---

45   대체로 번의 서무를 총괄하는 직책. 가로(家老, 번의 최고위 가문)나 로쥬의 밑이기는 하지만,
실제 사무를 총괄한다는 점에서 실력자로 행세하는 경우가 있었다.
46   1822~1864년. 에도 시대 후기의 정치가. 에도 출신. 막신(幕臣)으로 히토츠바시 요시노부(一橋
慶喜)를 섬겼다. 쇼군 후계자 문제로 일시적으로 좌천되었다. 요시노부의 복권(復權)과 함께 히토츠바
시가의 요닌이 되었는데 겐지(元治) 원년(1864) 미토번 양이파에 의해 교토에서 암살되었다.

소. 다행히 히토츠바시가에는 등용될 길도 있을 것이고 나도 신경을 쓸 터이니 지금 바로 시도해 보면 어떻겠소"라고 말하며 권유한 적이 있었다.

그때 우리들의 머릿속에는 앞에서 말한 목적이 있었기 때문에 히토츠바시의 가신이라고 칭하면 도검을 차고 돌아다니기에도, 또 창을 갖고 다니기에도, 갑옷을 준비하는 데에도, 많은 인원을 모으기에도 모두 사람들의 의심을 불러일으킬 일이 적을 것이다, 농민 티가 나서는 칼 차는 것도 조심하지 않으면 안 되는 제도하에 있던 시절이었으므로 이건 좋은 기회라고 생각해서 히라오카와 각별히 친하게 지냈었다.

그런 연고로 교토에 갈 때에도 히라오카의 가신으로 칭하고 가려 했으나, 그때 히라오카는 이미 히토츠바시공一橋公을 수행하러 9월에 교토로 가서 부재중이었다. 그래서 그의 집을 찾아가 부인에게 사정을 말하고 교토에 가기 위해 이 집안의 가신이라고 미리 공지를 하고 싶으니 허락해 달라고 했다. 부인이 말하기를 이전에 엔시로가 본인이 부재중일 때 두 사람이 와서 가신이 되고 싶다고 하면 허락해도 좋다고 했기 때문에 그건 문제없다, 알겠다고 했다. 그래서 우리 두 사람은 히라오카 엔시로의 가신이라는 이름으로 돌아다녔다. 아무래도 생짜 낭인 신분으로는 길에서 의심을 받을 우려가 있지만, 히토츠바시의 가신이라면 쉽사리 포박당할 염려도 없을 것이기에 그런 예방책을 강구했던 것이다.

별 탈 없이 교토에 도착한 것이 11월 25일이었던 걸로 기억한다. 물론 특별히 여행길을 서두른 것은 아니지만, 그렇다고 무슨 산천 구경하러 가는 것도 아니었기 때문에 그냥 통상적인 길을 걸어서 갔다. 교토에 도착하면 천하의 영웅호걸이라 불리는 사람들이 대거 모여서 열심히 천하대세를 주목하고 있을 테니 좋은 기회를 찾아낼 수 있을 것이라고 내심 생각했다. 도착해서는 곧바로 히라오카 엔시로를 찾아 갔고, 또 그 외 히토츠바시 가신으로서 지인 두세 명을 방문했다. 원래 교토에 간 것은 히토츠바시 가신이 되고 싶어서가 아니라 다만 교토의 형세를 살펴보려는 목적이었기 때문에 열심히 천하의 뜻 있는 사람들에게 교류를 청했는데, 이와 관련해서 한 가지 이야기가 있다.

천하 지사들과 사귀다

아까 말한 대로 폭거를 일으키겠다는 생각에서 하는 수 없이 쪽 사업에서 마련한 자금으로 칼을 사거나 갑옷을 만들거나 그 밖에 여러 가지 일에 썼기 때문에 이 일을 나중에 아버지에게 털어놓으며, 부디 용서해 달라고 했다. 그 액수는 대략 150, 60냥 정도였다. 일신의 유흥비로 돈을 쓴 적은 지금까지 일절 없었기 때문에 아버지도 이 일을 용서하며 할 수 없는 일이니 집의 경비로 간주하겠다고 하셨다. 교토로 출발하려 할 때에는 "다시 집으로 돌아올 수 있을지 없을지 모르고 만일 곤란한 일이 있어서는 안 되니 돈이 필요하면 얼마든지 가져가거라. 또 교토에 가고 나서도 우리 재산은 너의 재산이기도 하니 도리에 맞지 않는 일에 사용하지 않는 이상 결코 아까워하지 않을 테니 필요가 생기면 반드시 말하거라, 보내주겠다"고 아버지는 아까워하는 기색 없이 간절하게 말씀하셨다.

나는 "돈은 필요 없으나 여행길에 전혀 없어서는 곤란하겠죠. 돈이 필요할 정도로 이 몸이 살아 있을는지 혹은 집안의 돈에 의지하지 않고도 생계가 가능하게 될는지 모르겠으나, 아무튼 제 신변은 가까운 시일 내에 정리하지 않으면 안 되니, 당장의 비용으로 백 냥만 주십시오"라고 했더니, "좋다, 가져가라"고 하셔서 백 냥을 받았던 것을 기억하고 있다. 그러나 이미 죽겠다는 생각이 확고했기 때문에, 그 이전과는 정반대로 에도에 있는 동안에 요시하라吉原[47]에 간 적도 있고, 그밖에도 쓸데없는 곳에 써서 금방 24, 5냥의 돈이 없어져 버렸다.

그 후 남은 돈을 갖고 교토에 와서부터는 라이마타 지로賴復次郎를 방문하거나, 미야하라宮原의 숙을 찾거나, 또는 어디 무슨 번의 발 넓은 사람이 있다고 해서 방문하거나, 어디 이름 높은 비분강개의 지사를 찾아가거나 하면서 서로 왕래했기 때문에 저절로 비용도 들기 마련이었다. 교토에 와서 한 달 남짓은 그런 일들로 아주 재밌게 즐겼다. 그러나 목표로 하고 있던 막부를 전복하는 일에서는 그 실마리조차 만들 수 없었다. 그저 이쪽저쪽을 기웃거려 봐도 흔한 얘기들뿐으로, 천황의 생각은 양이인데 막부가 이를 가리고 있어 천황의 뜻을 분명히 알 수 없다든가, 사쓰마와 죠슈는 도저히 화목할 수 없다든가 혹은 죠슈번의 사카이쵸고몬界町御門 경비가 중지되고[48] 아이즈번이

---

47 요시하라 유곽은 에도 유일의, 공허 받은 유곽이다. 유곽으로서는 1958년 매춘방지법 시행까지 존속했다.

48 1863년 존양파의 기세가 최고조에 달하자 사쓰마와 아이즈번(會津藩)은 '8·18 정변'을 일으켜 존양파의 본산 죠슈번을 교토에서 쫓아냈다. 원래 라이벌 의식이 있던 사쓰마와 죠슈번은 이 일로 견원지간이 되었다. 이 때문에 막부를 타도하기 위해 이 두 번이 연대하는 데에는 많은 어려움이 있었다. 이를 가운데서 적극 주선한 이가 사카모토 료마(阪本龍馬)다.

70

슈고직^{守護職 49}을 맡아 세력을 얻고 있으니, 지사들이 머리를 들 수 없다 등등의 얘기를 들었지만, 이렇다 할 기회를 찾지 못한 채 있었다.

그해도 다 갈 무렵에 그냥 이렇게 놀고만 있어도 재미없으니 이럴 때 어디 여행이나 갈까라고 기사쿠와 상의하여, 이세 참궁^{伊勢參宮 50}이 좋겠다고 해서 함께 출발했다. 그 시절에는 존왕가^{尊王家}가 이세의 신묘^{神廟}를 참배하는 것은 국민의 의무라고 할 정도였기 때문에 이세 신묘를 참배하고 내친김에 나라^{奈良}, 오사카 일대의 명승고적도 보고 올 생각으로 12월 중순에 교토를 떠났다. 추운 시기이기도 했고 오늘날과 같이 기차나 인력거가 있는 여행도 아니었기 때문에 매우 불편했지만, 앞뒤 안 가리는 강한 기백을 갖고 있던 시절이었기에 재미있게 이세 참궁을 마치고 교토로 돌아와 정월도 무사히 보냈다.

교토에 있는 동안에는 히라오카 엔시로를 자주 방문하여 히토츠바시공이 조정을 받드는 모습에서부터 각 번과의 교류 상황, 또 양이와 쇄항 문제⁵¹는 막부가 조정의 뜻을 받들어 수행할 결심인가 등등을 묻고 다니는 데 급급했는데, 그러는 사이에 예측하지 못한 뜻밖의 사건이 벌어졌다.

---

49 다이로 이이 나오스케가 암살된 이후 교토의 정세가 점점 불안해지자 막부는 분큐 2년(1862) 아이즈 번주 마쓰다이라 가타모리(松平容保)를 교토수호직(京都守護職)에 임명했다. 조정과 다이묘의 감시, 교토의 치안 단속을 주된 임무로 했는데 신센구미(新選組)가 이에 속했다.

50 천황의 조상신인 아마테라스 오미카미(天照大神)를 모신 신사로 도쿠가와 시대 후기부터 민중 사이에서까지 급속히 신앙의 대상이 되었다.

51 히토츠바시 요시노부는 이때 조정 측과 긴밀해져 천황의 양이 의사를 받들려는 자세를 취했다. 그도 양이가 이미 불가능하다는 것은 내심 인정하고 있었으나, 존양파나 죠슈번에서 천황을 빼앗아 자신의 정치 기반으로 삼으려는 정략이었다. 이에 따라 1858년 미일통상조약으로 이미 개항된 요코하마를 다시 쇄항하려고 시도했다. 이는 어디까지나 조약 준수를 주장하던 막부의 입장과는 크게 배치되는 것이었다.

그 뜻밖의 사건이라는 것은 2월 초순겐지 원년[1864]의 일인데, 에도로부터 오다카 죠시치로의 편지가 도착한 것이다. 이 사건에 대해 말하기 전에 당시 우리 두 사람의 상황에 대해 조금 얘기해야겠다. 앞서 교토에 와서부터 시종 체류하고 있던 곳은 산죠 소교三條小橋 옆에 있는 차야 규시로茶屋久四郎의 집으로, 차큐茶久라는 상급의 여관이었다. 이때는 상급 여관에 묵었지만 이세 참궁을 하고 나서 그때까지의 여관비를 일단 먼저 계산했더니 호주머니가 홀쩍 가벼워졌다. 그래서 나는 기사쿠에게 이런 상태로는 너나 나나 생활 유지가 안 되어망하게 될 테니까 우선 여관에 흥정하여 조금 싼값에 머물 수 있도록하자고 하고서는 주인을 불러서 식사는 아무거라도 좋으니 조금 싸게 숙박할 수 있는 방법은 없겠는가 하고 물었다.

결국 식사는 아침저녁 두 번으로 정하고 점심은 먹지 않는 걸로 해서 1일 한 사람당 여관비를 4백 몬메匁로 깎았다. 이 4백 몬메는 지금 보면 싸지만 당시에는 그래도 상급의 손님이었다. 보통의 여관은 대개 250몬메 정도로 4백 몬메이니까 아직 궁핍한 처지라고는 할 수 없었다. 하지만 이렇게 장기 체류할 생각이었다면 처음부터 하급 숙소에 투숙했으면 좋았을 것을, 아무래도 신출내기 서생이었기 때문에 그런 면에서의 계산은 전혀 생각이 없었던 것이다.

동지의 체포

한편 에도에서 도착한 편지가 뭔가 하고 급하게 펴 보았는데 읽자마자 아연실색, 실로 생각지도 못한 큰일이었다. 그 내용은 죠시치로가 나카무라 산페이와 후쿠다 시스케福田滋助 두 사람을 데리고 에도로 가던 도중에 뭔가 잘못하여 포박되고 끝내 투옥되었다는 것이었다. 이 편지는 옥중에서 쓴 것으로 이걸 본 우리 두 사람은 서로 얼굴만 쳐다볼 뿐 잠시 한마디도 할 수 없었다. 실은 이런 어려움을 만나기 전에 우리 두 사람은 죠시치로에게 "교토는 뜻 있는 사람들이 많으니 귀형도 교토에 와서 함께 진력하는 게 좋겠네. 이전에 예상한 대로 막부는 양이와 쇄항 담판 때문에 틀림없이 망할 것이야. 우리들이 국가를 위해 진력할 때는 바로 이때이니 그러기 위해서는 교토에 와 있는 게 좋을 것"이라는 내용의 편지를 써서 보냈다. 그런데 죠시치로가 그 편지를 품 안에 넣은 채로 잡혔다는 것이 편지에 쓰여 있었다.

그 밤에 나와 기사쿠는 다시 편지를 재삼재사 반복하여 읽어 봤다. 모든 걸 의지했던 소중한 오다카, 그리고 생사존망을 함께 하기로 맹세한 나카무라, 후쿠다 모두 덴마쵸傳馬町의 감옥에 잡혀서 목숨도 보장할 수 없는 상황이 되었다면, 차라리 당초 계획대로 11월에 거사한 편이 체포당하는 수모도 겪지 않았을 것이라는 등등, 푸념과 비분으로 우리는 말을 잃었다. 편지를 쳐다보고는 절치부심切齒腐心할 뿐으로, 좁은 소견으로 할복이라도 할 수밖에 없다는 데까지 생각이 미쳤다. 그러자 기사쿠는 "내일 당장 출발해서 에도로 돌아가자. 죠시치로 일행을 사소한 잘못이 있다고 체포하다니 막리 놈들, 괘씸하기 짝이 없다"라며 흥분했지만, 나는 깊이 생각하여 "어쨌거나 8백만 석을 영유하고 있는 막부이니 괘씸하다고 한두 명이 거들먹거려도 방법이 없어. 그래 지금부터 우리가 에도에 내려가서 만일 잘못하여 죠시치로와 마찬가지로 잡히기라도 한다면 이제 누구 하나 괘씸하다고 말해 줄 사람도 없게 될 테니 그럴 수는 없다"고 했다. 그럼 어떻게 하면 좋을까 하고 궁리하다 못해 한 사람이 이런 방법은 어떨까 하면, 아냐 그건 위험해라고 하고, 또 한 사람이 그보다는 이렇게 하자고 하면 아냐 그건 안 된다고 해서 좀처럼 얘기가 정리되지 않았다.

결국에는 "죠시치로를 구하기보다도 앞서의 편지로 보면 우리 역시 내일이라도 체포될 염려가 있으니, 차라리 죠슈의 다가야 이사무에게라도 가서 의지하자. 그 사람은 이전에 에도에서도, 또 내 고향에 유력遊歷하여 왔을 때에도 한두 번의 면식이 있으니 괜찮을 거야", "아니 죠슈라고 해도 다가야는 어디에 있는지도 몰라. 생사조차 분명하지 않은 사람을 의지하여 저 멀리 죠슈로 도망친다고 한들 번 안으로 들여 보내줄지조차 의심스러워. 수상한 녀석이다. 막부의 스파이일지 모르니 목을 치라고 할지도 모르잖아. 그렇다면 이것도 상책이라고 할 수 없으니 어떻게 하면 좋은가"라며 진퇴양난에 빠졌다. 지금 이 자리에서 얘기하니 우습지만 그때의 고심은 몸에 사무쳐 다카사키성을 빼앗자는 때의 위세와는 하늘과 땅 차이였다.

원래 폭거라는 것은 과격한지라, 일이 이뤄지지 못하고 실패하여 죽으면 그만인 것으로 생각했다. 그 무렵은 죽는 것을 하나의 낙으로 여겨 연극이라도 보는 것처럼 생각하고 있었다. 그러나 이번 일은 그것과 달리 매우 의지하고 있었던 친우와 지기知己가 체포되어 현재 옥중에서 신음하고 있고, 그 잘못의 원인이 뭔지 상세하지는 않으나 우리가 보낸 편지가 일단 막리 수중에 들어가는 날에는 한층 미움이 깊어질 터이니, 우리들도 연루 혐의를 면할 수 없을 것이었다. 실로 마음속이 양쪽의 걱정으로 꽉 차 그날 밤은 급기야 고민하다 밤이 새버렸다.

혐의의 힐문

다음 날 아침 히라오카에게서 편지가 왔다. 상의할 게 좀 있으니 곧장 와달라고 쓰여 있었다. 무슨 상의인지는 모르겠지만 일단 갔다 오자며 우리 두 사람은 히라오카 집에 갔다. 히라오카는 평소와 달리 특별히 별실로 데려가 "그대들에게 좀 얘기할 게 있어 불렀는데, 지금까지 에도에서 뭔가 계획한 게 있으면 감추지 말고 말하시오"라고 했다. 갑작스러운 질문이었기에 우리는 "아니오, 어떤 계획도 따로 한 바가 없습니다"고 했더니 히라오카는 다시 입을 열어 "그렇지만 뭔가 문제가 있는 거 같소. 다른 게 아니라 그대들에 대해 막부에서 히토츠바시가로 탐문이 왔소. 나는 그대들과는 각별히 친한 사이이고 그대들의 기질도 충분히 알고 있으니 반드시 나쁘게 처리하지는 않겠소. 아무것도 감추지 말고 얘기해 주시오"라고 했다. 원래 히라오카는 막리 가운데 지사로 우리가 의지하고 있던 사람이었기 때문에, 이 사람이라면 굳이 감출 필요가 없다고 생각해서 "그렇게 말씀하시니 저희들이 약간 맘에 짚이는 바가 있습니다. 우리 친구 중에 두세 사람이 뭔가 죄를 범하여 막부에 체포되어 옥에 갇혔다는 편지를 어젯밤 받았습니다"라고 했다.

히라오카 "그 친구들과는 어떤 관계요?"

두 사람 "그 친구들은 우리들과 뜻을 함께 하여 양이와 쇄항의 뜻을 품고 있는 사내들로 그중 한 사람은 검술 선생을 하고 있는 자로 에이지로榮次郎[시부사와 에이이치] 부인의 오빠입니다."

히라오카 "하지만 그것만은 아닐 것이오, 뭔가 그 밖에 문제가 있는 것은 아니오?"

두 사람 "아뇨 달리 아무것도 없습니다만, 그 사내에게 우리 두 사람이 편지를 보낸 것이 있습니다. 그 편지를 품에 품은 채로 체포되었다고 하니 방금 말씀하신 히토츠바시가에 막부의 문의가 왔다는 것은 아마도 그것과 관계가 있을 것으로 생각합니다."

히라오카 "그 편지에는 뭐라고 적었소이까?"

두 사람 "그 편지에는 막부의 의심을 상당히 살 만한 것도 쓰여 있던 걸로 기억합니다. 원래 저희들은 막부가 실정을 하고 있으므로 지금 이대로의 막정으로 천하를 다스리게 된다면 도저히 일본국이 나아질 전망은 없다고 생각했습니다. 그래서 속히 이를 전복시키지 않으면 국가의 쇠퇴를 재촉할 것임이 틀림없다는 지론을 갖고 있었기 때문에 그 지론의 의미를 써서 보냈습니다. 이건 막부에는 가장 금물의 편지일 거라고 생각합니다."

히라오카 "그렇게 된 거군요. 하지만 비분강개를 일삼는 사람들은 일신상의 거동이 매우 거친데, 그대들이 설마 사람을 죽이고 그 재물을 뺏은 적은 없겠지만 만약 있다면 있다고 말해 주시오. 있는 것을 없다고 해서는 곤란하오."

히라오카는 아주 담박하게 물었다.

두 사람   "아닙니다, 그런 적은 결코 없습니다. 죽이려고 생각한 적은 간혹 있었지만 공교롭게도 아직 죽일 기회를 만나지 못했습니다. 물론 원한이 있다고 사람을 죽인다든가 또는 물건을 뺏기 위해 사람을 죽이려고 한 적은 추호도 없습니다. 다만 의를 위하여 죽이려고 한다든가, 혹은 저 사람은 간신배이니 놔둬서는 안 된다고 생각한 적도 있습니다만, 그것도 아직 실행한 적은 없습니다."

히라오카   "분명히 없는 거요?"

두 사람   "결단코 없습니다."

히라오카   "그렇다면 그걸로 되었소."

히토츠바시가의 가신이 되라는 권고와 그에 관한 논의
이 문답이 끝나고 나서 히라오카가 "그 일의 경위는 명확히 알았지만, 그대들은 앞으로 어찌할 셈이오?"라고 하기에 "저희들은 어떻게 할지 실은 방도가 없습니다. 원래 귀군貴君을 의지해서 가신이 된 것으로 하고 교토까지 오긴 왔습니다만, 애초에 히토츠바시가의 가신이 될 생각으로 온 것은 아닙니다. 일개 서생의 몸으로 천하의 일을 걱정하다니 주제넘은 일이지만, 이렇게 고향을 떠나 정처 없이 유랑을 하다가 뭔가 국가에 몸 바칠 기회가 있으면 당장이라도 한목숨 버리는 것은 조금도 마다하지 않을 것입니다. 그러나 좀처럼 이렇다할 목표도 없는 데다가 불행히도 뜻을 합쳐 생사를 함께 하려고 약속했던 사람들이 에도에서 포박되어 이제 고향에도 돌아갈 수가 없고 거의 진퇴양난입니다."

히라오카 "정말 그렇겠군, 이해하오. 그렇다면 그대들은 이제 뜻을 바꾸고 절개를 굽혀 히토츠바시의 가신이 되면 어떻겠소. 우리 히토츠바시 가문은 다른 번과는 달라서 막부 지원금으로 생계를 삼고 있는, 말하자면 기식하고 있는 처지로 중요한 역인役人[52]들도 모두 막부에서 파견 나온 사람들이오. 나도 신분은 낮지만 막부 사람으로 최근 히토츠바시가에 보내진 거요. 그러니 사람을 등용하거나 낭사를 고용하는 것은 매우 어렵지만, 만일 그대들이 히토츠바시가의 가신이 되겠다고 한다면 평소의 뜻이 가상하니 내가 열심히 신경 써보려고 하는데 어떠하시오. 물론 당장 좋은 지위를 바라서는 결코 안 되오. 당분간은 하급 사무라

---

52   역인(야쿠닌)은 무가 정권(武家政權)의 관리를 말하는데, 일본에서는 관(官)이라고 하면 곧잘 교토의 조정과 천황을 주로 지칭하기 때문에 여기서는 그대로 역인으로 번역한다.

이 말단下士輕輩을 감수해야 하오. 그대들이 지금 국가를 위한다며 헛되이 목숨을 던진다고 정말 국가를 위하는 게 되는 건 아닐 것이오. 그대들도 이미 듣고 있겠지만, 히토츠바시의 군공軍功으로 말할 거 같으면 이른바 능력이 있는 주군이니, 막부는 형편 없다고 해도 히토츠바시공은 아마 조금 차이가 있을 것이오. 이 전도유위前途有爲의 주군을 섬길 수 있다면 조리도리草履取[53]를 하더라도 조금은 뜻을 달랠 수 있지 않겠소이까. 절개를 굽혀서 섬길 뜻이 있다면 나도 힘써 진력하여 주선하겠소."

두 사람　"간절한 말씀 정말 감격할 따름입니다. 보시는 대로 남루하기 그지없는 일개 서생이긴 합니다만, 이거야말로 진퇴에 관련된 일로 지금 당장 경솔히 답을 드리긴 어려우니 좀 더 신중히 상의한 후에 가부간可否間에 회신을 드리게 해 주십시오."

히라오카와 헤어진 후 우리 두 사람은 숙소에 돌아와 곧바로 상의를 시작했다. 기사쿠가 먼저 말을 꺼냈다.

기사쿠　"지금까지 막부를 타도하는 걸 목표로 열심히 뛰었는데 이제 와서 그 지류인 히토츠바시를 섬기게 된다면, 결국 살 방도가 없어져 호구지책糊口之策을 구했다는 말을 듣게 될 거야. 또 다른 사람이 알고 모르고는 잠시 차치하고서라도 내 마

53　주인의 짚신을 가지고 수행하는 하인

음에 부끄러운 일이 아닌가.″

에이이치 "분명히 그렇다. 하지만 한 걸음 더 나아가 생각해 보면, 달리 좋은 방도도 없잖은가. 목을 매어 죽는다고 묘책이라고 할 수도 없고. 다카야마 히코규로^{高山彦九郎}나 가모 군페이^{蒲生君平}[54]처럼 절개만 높고 현실에 쓸모없는 행동으로 이 생을 끝내는 것은 납득할 수 없어. 깨끗했다는 찬사는 받겠지만 세상에 조금도 이익이 되질 않아. 설령 뜻 있는 사람이었다는 말을 들어도 세상을 위해 도움이 안 되면 아무것도 아닌 게야. 우물쭈물하고 있다간 체포되어 감옥에 갈 염려도 있고, 다른 것보다도 지금 당장 생활이 곤궁한데, 점점 심해진다면 결국 대행^{大行}은 세근^{細瑾}을 돌아보지 않는다[55]는 구실을 붙여 다른 사람에 기식하거나, 다른 사람 물건을 빼앗거나 하는 악당이 되는 거밖에 방법이 없을 거야. 이번에 좋은 기회가 있었다면 사쓰마나 죠슈에 가는 게 상책이겠지만 당장 일신을 맡길 정도의 친우 지기도 없으니 이것도 불가능하네. 설사 지금 비굴하다는 말을 듣더라도, 또는 입에 풀칠하기 위해 절개를 굽혔다는 말을 듣더라도 지금부터는 스스로의 행동으로 적심을 보여 주겠다는 생각을 굳건히 하고

---

54 다카야마 히코규로(1747~1793), 가모 군페이(1768~1813). 두 사람 모두 존왕 사상의 선구자들이다. 여기에 하야시 시헤이(林子平)를 더해 '간세이(寛政)의 삼기인(三奇人)'이라고 한다. 이 중 특히 다카야마는 전전(戰前) 수신교과서에 등장할 정도로 존왕가로 존숭받은 인물인데, 당시 시부사와는 그리 높이 평가하지 않고 있는 점이 흥미롭다.

55 "大行不顧細瑾", 『사기(史記)』「항우본기(項羽本紀)」. 대사업을 성취하려는 자는 사소한 일에 구애되지 않는다는 의미이다.

우선은 다급한 상태이니 시험 삼아 히토츠바시가에 가서 일해 보지 않겠는가."

기사쿠　"아냐 나는 아무래도 에도로 돌아가야겠어. 가서 옥에 있는 사람들을 빼내야 해."

에이이치　"빼내려고 해도 우리가 가서 어이, 저기 하며 빼낼 수 있을 정도라면 막리도 처음부터 투옥하지 않았을 걸세. 그 친구들을 구출하기 위해서라도 우리가 히토츠바시가에 들어간다면 지금같이 초라하기 그지없는 낭인과 달리, 말단 사무라이이긴 하지만 겉으로는 히토츠바시의 사무라이라는 훌륭한 신분이 생기네. 그렇게 되면 막부의 의심도 저절로 사라져 거기서부터 어쩌면 구출할 방도가 생길지도 모르잖나. 이제 와서 굳이 일신의 안락을 꾀할 일은 없지만, 지금 목전의 어려움을 타개하기 위해서는 히토츠바시가의 가신이 되는 게 실로 일거양득의 상책일 거라고 생각하네."

기사쿠　"그러고 보니 그럴 수도 있겠군. 그렇다면 절개를 굽혀 히토츠바시의 가신이 되기로 하지."

가신이 될 결의와 의견서 봉정奉呈

마침내 가신이 되는 문제를 결정한 후 나와 기사쿠는 상의를 더 하여 "괜히 버티는 거 같지만 이제 와서 먹을 것이 없다, 있을 곳이 없다며 받아주시길 청하는 것도 좀 그러니 뭐 하나 구실을 붙여 요청해야 하지 않을까", "그게 좋겠다, 그럼 내일은 이런 식으로 얘기를 하자"고 의논하고선, 다음 날 아침 다시 히라오카에게 가서 말했다.

"어제 여러 가지로 해 주신 말씀에 대해 잘 상의를 했습니다만, 말씀하신 대로 저희들은 궁지에서 방황하고 있는데, 이번에 가신의 주선을 해 주겠다는 말씀은 실로 생각지도 못한 호의입니다. 그러나 우리 두 사람은 농민의 환경에서 커온 인간이긴 하지만, 한 명의 지사로 자임하고 있습니다. 그러므로 의를 위해 목숨을 버리는 것을 홍모_{鴻毛, 기러기의 털로 매우 가벼운 사물을 이름}보다도 가볍게 여겨, 일이 있는 날에는 물불을 가리지 않을 절개를 갈고 닦고 있었기 때문에, 이런 궁지의 극한에 빠졌다고 해서 처음에 품은 뜻을 뒤집어 식록_{食祿}을 바라는 것은 정말 원치 않는 일입니다. 하지만 만일 히토츠바시공께서 당대에 뜻 있는 자를 발탁하시어, 천하에 일이 있을 때 그 지사를 등용하여 현재 맡고 계신 금리수위총독_{禁裏守衛總督}[56]의 직무를 다하시겠다는 생각이 있으신 거라면 우리들은 설사 야리모치_{槍持}[57]건 조리도리건 그 역할의 고하는 추호도 상관없습니다. 만약 이에 반대되는 입장이라면 황송하오나 아무리 훌륭한 관직에 임명되더라도 기꺼이 일을 할 수는 없습니다. 정말 전자의 뜻이 있으시다면 우리 두 사람이 우설_{愚說}이긴 하지만 약간 생각한 바가 있으니 그것을 건의한 다음에

---

56   1864년 금리(禁裏, 교토 어소)를 경호하기 위해 설치한 역직으로 히토츠바시 요시노부가 임명되었다. 그는 동시에 오사카만에서 침공해 오는 외국 세력을 방어하는 섭해방어지휘(摂海防禦指揮)라는 역직에도 임명되었다.
57   무사가 외출할 때, 창을 들고 따라다니는 종자

가신으로 채용해 주셨으면 합니다."

히라오카가 "그거참 흥미롭겠군, 무엇이든 좋으니 의견서를 내보시오"라고 하기에 미리 품속에 갖고 있던 의견서를 히라오카에게 건네줬다. 지금은 그 초고도 흩어져 없어졌지만 의견의 요점은 국가 유사시를 당하여 고산쿄御三卿[58]의 신분으로 교토의 수위총독에 임명되신 것은 실로 예부터 지금까지 한 번도 있은 적이 없는 성사盛事이기는 하나, 비상의 시세가 이런 비상의 임명을 만든 것이므로 이 대임을 완수하기 위해서는 비상한 영단英斷이 없고서는 안 될 것이다, 첫 번째로 바라는 영단은 인재 등용의 길을 열어 천하의 인물을 막하幕下에 모아 각각 그 재능에 맞는 자리에 임명하는 것이 급무다, 등등의 줄거리였던 것으로 기억한다[59].

히라오카가 그 문서를 일독하고서는 "좋소, 그렇다면 이것을 주군께 보여드리겠소"라고 하기에 우리는 다시 히라오카에게 "그런데 한 가지 더 청이 있습니다, 앞에서 말씀드린 조건으로 가신이 될 수 있다면, 지금까지 선례가 있는지 없는지 모르겠으나 한번 주군을 배알할 것을 부탁해 주셔서 설령 제대로 상대를 안 해 주시더라도 직접 한 말씀 올리고 난 후에 가신 채용을 요청하고 싶습니다"고 말했다.

  히라오카 "안 되오, 그것은 전례가 없어 어렵소."

---

58 머리말 주2 참조
59 가신으로 막 채용된 농민 출신의 시부사와가 주군에게 직접 상서를 하고 있는 것이 주목된다. 막
    말기에는 인재 등용·언로 통개(言路洞開)가 널리 행해졌는데, 시부사와의 발탁, 그리고 주군에 보내
    는 상서가 이를 잘 보여 준다.

두 사람   "전례의 유무를 말씀하신다면 농민을 곧바로 가신으로 채용하는 예도 없겠지요."

히라오카   "안 되오, 그런 논리를 들이대도 그건 안 되오."

두 사람   "그게 안 된다고 하신다면 저희들은 이대로 살든 죽든 가신 채용은 받아들이지 않을 수밖에 없습니다."

히라오카   "정말 곤란한 억지를 부리는 자들이군, 일단 어쨌든 논의해 보겠소."

비공식 배알과 의견 개진

이 문답이 끝나고 하루 이틀 지난 후 히라오카가 말하길 "배알하는 일은 어떻게 성사되었지만, 알지도 보지도 못한 자에게 배알을 허락할 수는 없는 일이니, 멀리서라도 한번 보시고 저자가 누구이옵니다라는 절차를 밟지 않으면 안 되오. 하지만 원래 가신도 아니니 기회가 잘 없으나, 이삼일 중에 마쓰가자키松ヶ崎에 행차가 있으니 그 길가에 나와 있으면 공이 보시는 방법이 좋겠소. 그런데 말을 타고 계시므로 그대들은 뛰지 않으면 안 되오"라는 것이었다[60]. 그 말에는 나도 매우 당혹스러웠다. 왜냐하면 내 몸은 그때부터 비만이었고 특히 키

---

60   전근대 사회는 대략 비슷하지만, 도쿠가와 사회는 특히나 격식이 매우 엄격하게 지켜졌다. 그래서 하위 신분의 자가 주군을 면담하는 것은 용이하지 않았는데, 이를 타개하는 방법이 풍경을 즐기는 척하면서 정원에서 만나거나, 행차 도중 우연을 가장하여 면담하는 것 등이었다.

히토츠바시 요시노부

도 작았기 때문에 뛰는 것은 매우 힘들었다. 그래도 당일은 히토츠바 시공의 말이 보이자 곧바로 시모가모下加茂 근처에서 야마하나山鼻까지 10정[61] 넘는 거리를 죽을힘을 다해 뛰어 수행했다.

그 후 하루 이틀 지나 비공식 배알을 분부받았다. 그때는 앞의 건의 내용을 기탄없이 말씀 올렸다. 그 취지는 주군께서는 현명한 미토 열공의 아드님이시고 특히 고산쿄의 귀하신 몸으로 교토수위총독이라는 요직에 취임하신 데에는 황공하오나 반드시 마음으로 바라는 일이 있으셨을 거라고 생각한다. 지금은 막부의 명맥도 이미 절멸되었다고 해도 좋을 상황이다. 그러므로 막부가 망하는 것을 억지로 미봉하려고 한다면 히토츠바시 가문도 또한 함께 망할 것이므로 진실로 종가를 보전하려 한다면 멀리 떨어져 돕는 거 말고는 계책이 없다. 따라서 주군께서는 천하 지사를 서서히 막하에 모으는 일에 신경 써야 한다. 무릇 정부 기강이 해이해져 명령도 널리 행해지지 않게 된 천하다사天下多事의 때에는 천하를 수습하려는 사람도 있고, 또 천하를 어지럽히려는 사람도 있지만, 그 천하를 어지럽히려는 사람이야말로 후일 천하를 다스릴 사람이므로 천하를 어지럽힐 정도의 역량 있는 인물을 잘 살펴 전부 이 가문에 모은다면 따로 어지럽힐 자도 없게 되고 다스릴 자가 나올 것이다. 이른바 영웅이 천하를 손바닥에서 갖고 논다는 것은 이것이라고 생각한다.

이런 점들에 깊은 생각이 없다면 이런 요직을 맡으신 보람도 없을 것이다. 그러나 이상 말씀드린 대로 천하의 유지들이 자주 이곳에 모

---

61   10정은 대략 1.09km이다.

여 무사안일한 구태舊態도 점차 바뀌고 모든 일에 호쾌한 조치가 행해지는 상황이 되면 막부가 의심할 것은 뻔한 일로, 결국은 히토츠바시를 정벌하라는 주장도 나올 것이다. 만에 하나 그렇게 될 때에는 하는 수 없이 병력으로 저항해도 잘못은 아닐 것이다. 말하자면 덴무天武·오토모大友의 난[62]과 같은 것으로, 굳이 바라는 일은 아니지만, 사직의 무거움과는 바꿀 수 없는 것이라고 생각한다. 결국 막부를 멸망시키는 것은 도쿠가와가를 중흥시키는 기초다. 깊이 생각해 보면 이것은 도리에 들어맞는 것임을 이해하실 수 있을 거라고 감춤 없이 말씀 올렸다.

그러자 히토츠바시공은 그냥 "응, 응" 하며 듣고 계실 뿐 한마디 말씀도 없었지만, 내 생각에는 이 의견에 조금은 주목하여 들으신 것 같았다.

---

62   임신년(壬申年)인 672년, 덴지(天智) 천황의 동생 오아마(大海人) 황자와 천황의 장자인 오토모 황자가 황위 계승을 둘러싸고 일으킨 내란. 오토모 황자는 패배하여 자살했으며 다음 해 오아마 황자는 즉위하여 덴무 천황이 되었다. 임신(壬申)의 난이라고도 한다.

히토츠바시가
출사出仕

근무 시작

배알도 잘 끝나고 처음으로 히토츠바시가에서 일하기 시작한 것은 명확하게는 아니지만 2월 12, 3일경이었던 것으로 기억한다. 그때 등용된 신분은 오쿠구치방奧口番이라는 직으로 안쪽 출입문의 경비였다. 그런데 오쿠구치방의 동료가 있다며 담당 관리가 우리 두 사람을 근무지로 데리고 갔다. 가서 보니 그곳은 다다미疊가 완전히 잘려져 있고 이나 각다귀藪蚊 외에는 살 수가 없다고 생각될 정도로 정말 불결한 곳이었다. 거기에 제법 늙어 보이는 노인 두 사람이 앉아 있었는데, 그들이 동료라고 하니 우리 두 사람 모두 예의범절도 모르는 서생이라 조금의 주저도 없이 아무 데나 앉아서 인사를 했다. 그러자 그 노인 선생이 나를 꾸짖으며 "그대는 예의범절을 모르는가, 거기 앉으면 안 되오"라고 했다. 제일 선임보다 윗자리의 다다미에 앉았다는 이유로, 맨 먼저 잔소리부터 들었다. 그때 나는 이런 다다미의 경계선조차 알 수 없는 곳에 일급一級, 반급半級의 차별이 있다니, 정말 바보 같은 일이라고 생각했지만, 아무것도 상황을 알지 못하니 대단히 실례했다고 사죄했다.

한편 이 오쿠구치방이라는 것은 우리 둘의 신분에 속하는 직명인데, 히토츠바시가에는 고요단소御用談所[63]라는 게 있었다. 각 번에서 말하는 루스이야쿠쇼留守居役所와 똑같은 것이었는데, 그때 우리 두 사람이 이 고요단소 하급직에 파견되어 겨우 오쿠구치의 근무를 면하게 된 것은 실로 행운이었다. 그로부터 고요단소 옆의 방 하나를 빌려 두 사람 모두 거기에 동거하게 되었다. 그때 우리의 봉급은 겨우 4석 2인 부지扶持[64]였고, 그 밖에 교토 체류 중의 월 수당이 금 4냥 1푼이었다. 이게 우리가 받은 첫 봉급이었다. 실은 관직을 얻었다고 하기에도 뭔가 부끄러울 정도였지만 그래도 이렇게라도 되고 보니 상당한 욕심도 자기도취도 생기게 되고 저절로 즐거움도 생기게 되었다. 그러나 우리 두 사람은 처음 당분간은 겸손하게 노력하지 않으면 안 된다고 서로 얘기하며 주야로 열심히 근무했다.

자취 생활과 빌린 돈 걱정

여기서 잠시 생활상의 얘기를 하겠다. 내가 집을 나올 때 아버지

---

63   영지 밖의 체류지에서 번의 서무, 각 번과의 교류 등을 총괄하는 부서

64   부지는 '돕다'는 의미에서 바뀌어 주군이 하급 가신에게 주는 급여의 의미. 1인당 1일 현미 5홉(合)을 표준으로 1개월분[30일에 1두(斗) 5승(升)]을 지급하는 것을 일인 부지(一人扶持)라고 하고 신분, 역직에 따라 몇인 부지라고 헤아렸다.

가 주신 백 냥의 돈은 에도에서도 여행 중에서도 쓰고, 또 이세 참궁에도 쓰고, 교토 체류 중 2개월여의 숙박비 등으로 지불을 해서 그해 2월경부터는 거의 모아둔 돈을 다 쓰게 되었다. 그래서 히토츠바시 가에 근무하고 있는 한두 사람의 지인에게서, 어떤 때는 3냥, 또 어떤 때는 5냥을 차입하여 우리는 25냥 정도의 빚이 생겼다. 그런데 이때 처음으로 4석 2인 부지, 월급 4냥 1푼의 신분이 되었기 때문에 열심히 절약해서 이 빚을 갚아야 한다고 생각했다. 그래서 다달이 받는 4냥 1푼의 돈을 아껴서 무익한 것에는 일전이라도 쓰지 않고 모았다.

빌린 방은 8조 2간에 쪽문이 달린 나가야長屋[65]여서 애당초 흡족한 생활을 할 수는 없었다. 아침저녁 식사도 국거리나 단무지를 내가 사러 가곤 했는데, 때때로 대나무밥이나 쇠고기 등을 사 오는 것이 최상의 사치였다. 밥 짓는 방법도 그때 배웠는데, 처음에는 죽같이 되더니 그다음에는 고두밥이 되어 언제나 불만이었다. 그러다 점점 익숙해지자 솥을 딱 걸고 윤기 나는 쌀을 넣고 쌀 위에 살짝 손을 얹어 약간 물이 올라올 정도로 하면 딱 맞는다는 것을 알았다. 미소시루味噌汁를 만드는 것은 전부터 알고 있었고, 스스로 두붓국이나 야채국 등을 만든 적도 있다. 또 교토에는 침구라고 할 만한 것이 없고 이불뿐이었기 때문에 우리 두 사람이 따로 빌리면 비용이 늘어나니 이불 3장을 빌려 그 가운데에 서로 등을 맞대고 자는 상황이었다. 그런 가운데 아까 말한 25냥의 빚을 갚아야만 했다. 이전에 우리는 모두 죽어도 고향에서 돈을 받지는 말자고 서약했기 때문에 월급 4냥 1푼에

---

65   한 동을 여러 칸으로 막아 나눠 여러 가구가 살도록 지은 가늘고 긴 집

서 갚는 거 말고는 방법이 없었다. 4냥 1푼 가운데서 절약을 하여 25냥을 갚는다는 것은 정말로 쉬운 일이 아니었으므로 비상시의 대절약을 실행하여 마침내 4, 5개월 만에 이 차금을 갚아 버렸다.

오리타 요조折田要藏의 문하에 스파이로 들어가다

앞에서 말한 고요단소의 상사들은 히토츠바시가의 요닌 모노가시라用人物頭, 또는 메츠케目付[66] 가운데서 외부 교제 사무를 담당하는 사람들로, 고요단소는 그 사람들이 모이는 장소였다. 이 부서에서 다루는 일 중에 중요한 것은 금리어소禁裏御所[천황의 궁궐]에 대한 접대에서부터 당상관堂上官과의 교제, 각 번과의 교제 등이었기 때문에 미천한 하급직이긴 했지만, 약간 핵심 부서에 있는 듯한 기분이 들었다. 이윽고 따뜻한 봄이 되자 여러 번의 사무라이들이 차츰 교토에 모여들어 그중에서도 유지강개有志慷慨를 자처하는 사람들은 계속 양이 쇄항을 주장했기 때문에 마침내 섭해攝海[오사카만] 방어라는 큰 문제가 대두했다.

이것은 효고兵庫 개항론에서 나온 것으로, 외국과 전쟁을 할 때에는 오사카 방어가 필요하다는 것이었다. 그 무렵 사쓰마의 가신으로 미나토가와湊川의 간누시神主 일을 하고 있던 오리타 요조지금은 도시히데(年秀)라는 사람이 축성학에 뛰어나다는 평판이 있어 마침내 막부가 100인 부지를 주고 어대장축조괘御臺場築造掛[67]라는 직에 임명했다. 애

---

66   주로 역인들의 부정 비리를 감시하는 역직이다. 또 주군 명령의 출납(出納), 지방 파견 등도 맡았고, 정책 결정에 참여하는 경우도 있었다.

67   오다이바(御臺場)는 해안을 방어하기 위해 대포를 설치하는 포대

당초 이 오리타라는 사람은 오늘날 보면 그럴 정도의 병학자兵學者도 아닌데, 그 무렵은 큰소리를 잘 쳐 변설이 교묘하고 뛰어났기 때문에 완벽한 축성학자로 여겨 이런 명령이 내려졌을 것이다. 그 전에 오사카 개시開市에 대하여 당상관들 간에도 여러 가지 설이 있었고, 시마즈 사부로島津三郎=久光[68]도 상경하여 건의한 바 있었지만, 섭해 방어 문제가 대두하자 어느 날 니조성二條城[69]에 오리타를 불러 히토츠바시공을 비롯하여 막부의 이타쿠라板倉 로쥬, 그 외 여러 유사有司에 이르기까지 모두 모여 그의 의견을 들은 적이 있었다.

그때 오리타는 단지 섭해 방어만이 아니라 천하 요소요소의 항구는 샅샅이 조사해 둔 모양으로 에도만은 여차여차하게 오사카는 이러저러하게, 어디와 어디는 선박 수를 어느 정도로 하고, 어디부터 어디까지의 거리는 대포의 발착에 딱 적당하다는 것까지 물 흐르듯 변설을 늘어놓았다. 그래서 섭해 방어를 위해서는 아지천 입구安治川口, 덴포산天保山, 또 이에 대면하고 있는 시마야 신전島屋新田은 물론, 기즈천 입구木津川口에도 몇 곳의 요지가 있어 도합 15개소 정도에 포대를 설치해야만 한다고 건의했다고 하는데, 그 가운데에는 입에서 나오는 대로 허풍을 친 것도 있었을 것이다. 그러나 신분이 유력한 사쓰마 번사藩士이고 당시의 급무를 그럴듯하게 설명했기 때문에 막부도

68　시마즈 히사미츠(1817~1887). 사쓰마번 12대 번주 시마즈 다다요시(島津忠義)의 실부(實父). 이복형이자 명군으로 명성이 높았던 제11대 번주 시마즈 나리아키라가 급사한 후 아들이 그 뒤를 잇자 번주의 실부로서 막말기 사쓰마번을 좌지우지했다. 1862년 사쓰마번 병력을 이끌고 교토에 상경한 후 중앙 정계에 큰 영향을 끼쳤다.

69　교토에 있는 막부의 거성(居城). 오사카성과 함께 교토를 방어하고 조정을 감시하는 막부의 거점이었다. 대정봉환(大政奉還)도 이곳에서 이뤄졌다.

마침내 100인 부지를 주어 어대장축조괘라는 이름으로 오사카에서 포대를 축조하는 지휘를 하게 되었던 것이다.

그때 나는 막부의 실정을 기회로 천하에 일을 일으키려고 하는 자는 어쨌든 죠슈 아니면 사쓰마 두 번이라고 생각했다. 그러나 이런 것은 직접 주군에게 말씀드릴 수 없으므로 히라오카 엔시로에게 충고하여 사쓰마의 거동에 주목해야만 하고, 이것을 알지 못하면 교토를 경비하는 것은 불가능하다고 말했다. 히라오카도 전적으로 동감하며 내게 은밀히 말하길, "이번에 오리타 요조가 포대 어용괘로 오사카에 가게 되었는데 어떻게 연줄을 찾아 오리타의 제자로 사쓰마 무리 안에 들어갈 방법은 없겠소? 그렇게 된다면 좋을 텐데"라고 했다. "그것참 재밌겠습니다. 제가 한번 해 보죠. 그러려면 이러저러한 간절한 마음이 있는 것처럼 꾸며 공부를 위해 숙생으로 삼아 달라고 청하면 분명히 안 된다고는 하지 않을 것입니다. 히토츠바시가 부탁하게 되면 오히려 너무 정중하게 되어 의심의 씨앗이 될지도 모르니 그냥 내제자內弟子[70]가 되고 싶다고 하는 게 사정을 탐색하는 데에는 더 좋을 것입니다", "그렇다면 부탁하오", "좋습니다, 알겠습니다"라고 했다.

그래서 지금의 가와무라 쇼헤이川村正平, 그 무렵은 게쥬로(惠十郎) 씨의 친구로 오다 이구라다小田井藏太라는 사람이 있었는데 오리타와는 각별한 사이였다. 그 사람이 오리타에게 부탁하여 축성 공부를 위해 내제자가 되고 싶다고 말하고, 동시에 히토츠바시가도 그자는 우리 가신

---

70   비공식 제자

이므로 염려 말고 가르쳐 달라고 한마디 거들어서 드디어 오리타의 숙생이 되어 오사카로 갔다. 그것이 4월 초로 내가 일을 시작하고 나서 2개월 정도 되었을 때의 일이다. 물론 오리타라고 체계 잡힌 학문이 있는 것도 아니고, 특히 포대 축조 등은 실제에 관련된 일이기 때문에 수련이라는 것도 체계가 잡혀 있는 게 아니었다. 다만 겨우 밑그림을 그리라든가, 서류를 등사謄寫하라든가 하는 정도였는데, 나는 지도 그리는 연습 같은 것을 이제까지 해본 적이 없었기 때문에 묵색깔에 농담濃淡이 생기거나 선이 삐뚤어지는 등 생각대로 그려지지 않았다.

하지만 숙에 들어온 이상 하는 수가 없었다. 서류를 복사하는 것은 약간 가능해졌지만 지도 그리는 일은 휴지만 만들어 놨기에 매번 혼나도 입을 다물고 있었다. 그래도 마침내 서툰 그림이나마 그릴 수 있게 되었다. 이 오리타라는 사람은 사쓰마에서도 그다지 신분이 좋은 사람은 아니었는데, 막부에 등용되더니 갑자기 숙소에 보라색 장막을 두르고 멋을 부렸다. 부하들은 모두 순수한 가고시마鹿兒島 방언을 쓰고 있었기 때문에 다른 지방 사람들은 전혀 알아들을 수 없었다. 그런데 나는 가고시마 말도, 에도 말도 조금은 알고 있어 심부름 용무 등은 언제나 오리타가 내게 명하여 오사카 마치부교소町奉行所에 가라든가, 간죠부교를 만나서 무엇을 상의하고 오라든가, 또는 메츠케에게 가서 이 일을 조정하고 오라든가 하는 다양한 업무를 명받아 성실하게 일했다. 그러나 그것도 그다지 길게 가지는 못했다. 겨우 4월을 꽉 채우고 5월 8일에 교토로 돌아왔다. 결국 이 수련이라는 것도 사실은 간첩 행위를 위해 갔던 것으로 그 주요 내용을 대체로 얻

었기 때문에 이제 이 정도면 되었다고 히라오카에게 통보했더니, 그
렇다면 돌아오라고 해서 교토로 돌아왔다. 여기에 한 가지 우스운 얘
기가 있다.

취흥

이때 오리타 요조는 오사카 도사보리土佐堀의 마쓰야松屋라는 집에
하숙하고 있었는데, 현관에는 보라색의 장막을 치고 간판에는 '섭해방
어대장축조어용괘 오리타 요조攝海防禦臺場築造御用掛折田要藏'라고 두꺼운 붓
으로 커다란 글자를 써 걸어 놓았기 때문에 누구 눈에라도 잘 띄었다.
같은 사쓰마 동료로 여기에 늘 놀러 온 사람들은 지금의 경시총감 미
시마 미치츠네三島通庸, 전 해군경 가와무라 스미요시川村純義, 일본철도
회사 사장 나라하라 시게루奈良原繁, 나카하라 나오스케中原直助, 가에다
노부요시海江田信義, 우치다 마사카제內田正風, 다카사키 고로쿠高崎五六
등이었다. 그 가운데 가장 자주 놀러 온 이는 가와무라와 미시마로,
이 두 사람은 번의 부속 직책 같은 것을 맡겨서 마쓰야 옆에서 역시
하숙을 하고 있었다.

그런데 오리타는 매우 멋을 부리고 멋들어지게 모양을 내는, 이른
바 도노사마殿樣, 주군=다이묘를 흉내 내는 걸 좋아하는 사람인 데 반해,
가와무라와 미시마는 완전히 반대로 진솔하고 거친 기질이었기 때
문에 평소 교제는 해도 의기투합하는 것으로는 보이지 않았다. 그 무
렵 마쓰야에는 오미키라는 계집이 있었는데, 오리타가 그녀를 총애하
는 것을 가와무라와 미시마는 이전부터 마음속으로 좋지 않게 생각하
고 있는 듯했다. 그러던 중 내가 히토츠바시가에서 명령이 와서 교토

에 돌아가기로 한 전날 밤에 가와무라와 미시마가 와서 송별을 위해 자코바^{雜魚場}의 술집에 함께 가자고 하기에 오리타에게 얘기해 허가를 얻은 다음 자코바의 요릿집으로 갔다. 거기서 3명이 마주 앉아 술을 마시기도 하고 노래를 부르기도 하며 모두 만취해서, 나는 밤 11시경에 마쓰야에 돌아왔다. 그 전에 미시마는 자리를 떠서 돌아갔는데 왜 먼저 돌아가지라고 생각만 했지 별달리 사정이 있으리라고는 생각지 못했다.

그런데 마쓰야에 돌아와 오리타에게 지금 다녀왔다고 말하고 그의 자리를 봤더니 잔과 쟁반이 산산조각이 나 있고, 마쓰야의 계집은 미간에 가벼운 상처를 입고 머리끈을 두른 채 자고 있었다. 오리타는 망연히 깨어진 잔과 쟁반 사이에 앉아 있었기 때문에, 나는 술이 확 깨어 "선생님, 이건 도대체 어찌 된 일입니까"라고 물어보자 오리타는 만면에 노기를 띠고 지금 미시마가 와서 이처럼 난리를 치고 갔다고 했다.

시부사와 "아니 이건 말도 안 되는 일인데, 도대체 무슨 이유로⋯."

오리타 "들어보니 그대가 교토에 간다고 송별을 위해 주연을 열었다더군."

시부사와 "그렇습니다. 그 때문에 아까 선생님께 말씀드렸습니다."

오리타   "그 이별주에 만취해 와서는 미시마 놈이 이런 난리
를 쳤으니, 짐작건대 그 자리에서 내 신상에 대해 지독한 비방과
매도가 있었던 것이겠지. 그렇다면 그대도 미시마와 한패로 간
주하겠네."

오리타의 말에 나는 화를 냈다. 정말 화를 냈다. 술에 취해 있기도
했고, 그 말에 참을 수 없이 분격했기 때문에 오리타의 얼굴을 째려
보며 무릎을 세웠다.

시부사와   "지금 저를 한패로 말씀하시는 것은 선생님의 추측일
뿐입니까, 아니면 미시마가 그런 말을 했습니까. 실로 기괴천만
한 말을 듣습니다. 저는 선생님을 스승으로 여겨 배움을 받고 있
는 신분입니다. 설령 어떠한 일이 있더라도 뒤에서 선생님을 비
방하는 것 같은 비겁한 마음은 갖고 있지 않습니다. 정말 생각지
도 못한 일입니다. 만약 미시마가 그런 말을 했다면 자신의 거동
을 다른 사람을 빌려 말한 것으로 실로 비겁천만한 놈이군요. 이
것만은 그냥 둘 수 없습니다. 미시마를 여기에 끌고 와서 찔러
죽여 버리겠습니다."

거칠게 말을 내뱉고는 곧바로 미시마를 죽이려는 마음으로 칼을
허리에 찰 틈도 없이 들고서 이웃집에 달려가 물어보니, 미시마는 2
층에서 자고 있다고 했다. 부리나케 2층에 날아올라가 이미 자고 있
는 곳에 뛰어들려고 하는 찰나에 가와무라가 나를 끌어안고, "잠깐

기다려, 뭐 하는 거야!"고 하기에, "미시마에게 볼 일이 있소. 끌고 나가 베어 버리겠소"라며 가와무라와 밀고 당겼다. 그러고 있는 차에 오리타에게서 일단 마쓰야에 돌아오라는 전갈이 왔다. 미시마는 취해서 자고 있었기 때문에 이 소동을 전혀 몰랐다. 가와무라는 조금도 손을 풀지 않았고, 오리타의 심부름꾼은 억지로 데려가려고 하여 하는 수 없이 그대로 마쓰야에 돌아왔다.

그랬더니 오리타는 언제 그랬냐는 듯, "실로 실언을 해서 미안하네. 자네가 화를 내는 건 당연한 일이지만 아까 말한 건 전적으로 내가 잠시의 노기에 편승하여 발언한 것으로 결코 미시마가 그런 말을 한 적은 없네. 다만 자네의 송별회에서 미시마가 취해서는 이 난리를 쳤기 때문에 엉겁결에 의심하여 나온 실언이야. 하지만 자네에 대해서는 털끝만큼도 의심은 없어. 솔직하게 아까의 실언을 사과하니 받아 주게."

시부사와 "선생님께서 그렇게 말씀하시면 뭐 특별히 이것저것 굳이 말할 것은 없습니다. 그렇다면 이제 의심은 없는 거지요."

오리타   "그럼, 이제 결코 의심은 없어. 자네를 화나게 하고 미시마와 말다툼을 일으켜 오히려 미안하네."

그가 사과하는 듯한 모습이었기 때문에, 그렇다면 좋다고 하고 그 일은 마무리되었다.

나는 오리타의 옆에 있는 동안에도 그가 시마즈 사부로에게 진언한 일, 또는 사이고 다카모리西鄕隆盛에게 의견서를 낸 일 등을 알아내어 몰래 히라오카에게 통보한 적이 있다. 원래 히토츠바시공은 인물됨에 따라서는 오리타를 등용할 생각이었기에, 그 인물을 잘 조사해 보라고 히라오카에게 비밀 명령을 내렸다고 했다. 5월 초에 교토에 돌아와 히라오카와 면담했을 때 나는 오리타의 인물됨을 자세히 관찰했는데, 그렇게까지 비범한 인재로는 생각되지 않는다, 사이고 다카모리와 때때로 문통文通하기도 하지만, 그의 말이 충분히 신뢰받고 있다고는 생각되지 않는다, 즉 오리타는 겉모습만큼의 실력은 없는 사람이라고 주저 없이 단정한다고 했다. 내가 일상의 거동과 말까지도 신경 써서 상세히 본 다음에 한 말이었기 때문에 히라오카는 계속 끄덕이며 사정을 잘 알았다며 오사카에서의 노고를 크게 치하해 주었다.

인선人選 업무를 하러 간토에 내려가다

그 전에 내가 히라오카에게 이런 말을 한 적이 있다. 이미 우리를 등용한 이상은 널리 천하의 지사를 등용하는 게 좋을 것이며, 나아가 간토의 친구 중에도 상당한 인물들이 있으니, 그 인선을 위해 우리를 간토에 파견해 주었으면 한다고 요청한 것이다. 히라오카도 그 말을 충분히 신뢰하여, 너무 많은 녹봉과 높은 벼슬을 바라지 않고 히토츠바시가에서 일할 생각이 있는 자가 있는지를 때때로 물었고, 반드시 있을 것이라고 답해 두었었다. 왜냐하면 우리가 히토츠바시가에서 일하게 된 이상에는 가능한 한 동지를 많이 등용했으면 하는 바람이 있었고, 또 일단 간토에 돌아가서 오다카 죠시치로를 구출할 방법을 찾아야겠다고 생각하던 참이었기에 이래저래 이 히라오카의 물음은, 말하자면 순풍에 돛 같은 기회였던 것이다. 그래서 만약 유지들을 등용하기로 결정한다면 그 인선 업무는 반드시 우리에게 분부해 달라고 부탁해 두었는데, 오사카 파견으로 부재한 중에 유지들을 등용한다는 결정이 이뤄진 것 같았다.

어느 날 히라오카가 나와 기사쿠에게 몰래 말하기를 "드디어 그대들을 간토의 인선 담당으로 보내고 싶은데, 반드시 가능성이 있다고 생각되면 사명을 완수하고 오시오. 그런데 대강 어떤 인물들을 데리고 올 생각인가"라고 묻기에 우리는 "반드시라고 말할 수는 없겠지만, 우선 검술가 혹은 한학 서생들 가운데서 함께 일을 논하기에 족한, 이른바 비분강개의 뜻에 차 있어 실로 탐하는 마음이 없는 자, 또는 의가 있는 곳이라면 죽음을 홍모와 같이 여기고 행동하는 기백이 있는 자를 합쳐서 30명이나 40명 정도는 데리고 올 생각"이라고 답했다. 히라오카는 만족해하며 "그거 정말 좋겠군, 매우 쓸모가 있을 터이니 속히 데리고 오는 게 좋겠소"라고 얘기하기에 우리 두 사람은 "말씀 받잡겠습니다"라고 명을 수락하여 인선 담당자로 임명되었다. 그것은 5월 말이나 6월 초의 일로 기억한다.

우리는 공식적으로 인선 담당자가 되어 간토에 내려왔다. 그 목적은 우선 첫 번째로 지금까지 친구로 삼은 이들을 권유하여 꼭 데리고 오겠다는 것과, 두 번째로는 갇혀 있는 오다카 죠시치로를 구출할 방법을 찾으려는 사정私情도 갖고 있었다. 그래서 걱정도 되고 꽤 긴장도 되었다.

우리는 에도에 도착하여 히토츠바시의 저택에 출두하여 업무 내용을 관련 담당자에게 말한 다음 고이시카와^{小石川}의 대관소에 영지의 촌락들을 순회할 수 있는 절차를 협의했다. 그 일을 다 끝내고 나서부터는 오다카 구출 건에 착수하여 여기저기 관계되는 곳에 부탁을 해봤다. 그런데 오다카가 체포된 원인은 에도로 가는 도중에 도다 노하라^{戸田の原}에서 실수로 행인에게 상처를 입혀 이타바시숙^{板橋宿}에서 많은 사람에게 둘러싸여 포박되었다는 것이다. 아무래도 현행범의 죄인인 탓에 웬만해서는 좀처럼 일이 진척되지 않았다.

지난번 교토에서 히토츠바시의 고요닌^{御用人} 구로카와 가헤에^{黒川嘉兵衛}[71]에게 내막을 얘기했었고, 에도에서는 소개장을 받아 당시 막부의 간조구미가시라^{勘定組頭}[72]인 오다 마타조^{小田又藏}라는 사람을 면회하여 여러 가지 상의도 해봤지만 쉽사리 구출할 방법을 찾을 수가 없었다. 그래서 차후 시기를 기다리기로 하고 이때부터 오로지 인선 업무에 몰두하여 여기저기 분주하게 돌아다녔지만, 의지가 될 거라고 생각하고 왔던 지바의 숙생들은 대부분 미토의 소요에 참가하러 가서 계획이 빗나가 버렸다.

미토의 소요란 미토의 가신들이 서생파^{書生派}와 천구파^{天狗派}로 나뉘어 둘 사이에 당쟁이 폭발한 것으로 그때까지도 집안싸움을 계속했다.

---

71   막말의 무사. 막신. 우라가부교 구미가시라(浦賀奉行組頭)로서 가에이 7년(1854) 미국 사절 페리의 대응 업무를 맡았다. 같은 해 시모다부교 구미가시라(下田奉行組頭)가 되어 밀항을 기도한 요시다 쇼인의 심문을 담당했다. 안세이 대옥으로 면직되었지만 이후 도쿠가와 요시노부(德川慶喜)를 섬겨 히토츠바시가의 요닌에서 도쿠가와가의 메츠케가 되었다.

72   간죠소(勘定所) 내의 역직 중 하나. 간죠부교의 아래에서 간죠(勘定), 지배간죠(支配勘定) 등 제(諸)역인을 지휘하고 농정(農政)과 재정 경리를 담당했다.

그런데 이번에는 미토번의 지족支族인 마쓰다이라 오이노가미松平大炊頭
가 미토 다이묘의 명을 받들어 설득하려다 결국 천구파에 옹립되어버
려 나카항那珂港에서 할복했다[73]. 또 천구파는 쓰쿠바산에서 농성하며
막부 토벌군과 전투를 벌이는 등 대단한 소요였기 때문에 에도의 친
구들도 대부분 사방으로 흩어져 그 소재도 알 수 없었다.

게다가 작년 폭거를 계획할 때 가담했던 사람 가운데서도 떨쳐 일
어나려는 자가 적었기 때문에 우선 히토츠바시 영지를 한 바퀴 돌
아봤더니, 설사 작은 녹봉이더라도 좋으니 히토츠바시가라면 일하
고 싶다는 자가 3, 40명 정도 생겼다. 그 외에 에도에서 검술가 8, 9
명, 한학생 2명 등 도합 10명 정도의 사람들을 데리고 나카센도中山道
를 통해 교토로 가는 걸로 정했다. 그런데 내 옛 영주의 진야가 오카
베에 있어 나카센도로 갈 때에는 오카베를 지나지 않으면 안 되었다.
또 고향에 들러서 오랜만에 부모님을 만나고 싶은 생각도 있었기에
오다카 아츠타다에게 심부름꾼을 보내서 에도로 와주면 좋겠다고 전
했지만, 오카베의 영주가 오다카를 붙잡아 감옥에 넣었기에 만나지
못했다. 더구나 오카베 진야의 관리들은 우리 두 사람을 대역 죄인,
나쁜 놈이라며 노리고 있다는 것이었다.

나는 고향에 들르는 것은 일단 유보하고 메누마妻沼라는 곳에서 아
버지를 몰래 만나고 나서 9월 초에 위의 50명 정도의 인원을 데리고

---

73   마쓰다이라 요리노리(松平賴德, 1831~1864). 막말의 다이묘. 고카 3년(1846) 부친의 은거에 의
해 시시도(宍戸) 번주가 되었다. 미토번 천구당(天狗黨)이 쓰쿠바산(築波山)에서 거병하자, 미토 번
주 도쿠가와 요시아쓰(德川慶篤)의 대리인으로 진압을 명받았으나, 오히려 천구당의 적인 제생당(諸
生黨)과 전투를 벌였다. 이 일로 역적이라는 오명을 쓰고 할복했다.

나카센도를 거쳐 교토로 향했다. 후카야숙深谷宿에 1박을 했을 때 슈쿠네宿根라는 곳에서 아직 2살배기인 우타코歌子[74]가 어미에 안긴 채로 와서 잠깐 본 것을 잘 기억하고 있다. 그때 오카베 진야에서는 시부사와 일행 두 사람은 원래 오카베 영지의 햐쿠쇼이니 제지해야 한다며 조치를 취하려고 했다. 하지만 우리는 히토츠바시의 가신이고 당당히 창도 갖고 있고 칼도 차고 있으므로 만약 무리하게 제지하는 자가 있다면 베어 버리고 통과하려는 기세였기 때문에, 진야 앞을 통과할 때도 진야 사람들은 별로 손을 쓰지 못했다. 다만 오카베의 촌락 변두리에서 번사 두 명이 와서 같이 가는 무리 중에 우리 영지의 햐쿠쇼가 있으니 부디 설득하여 돌려보내 달라고 같이 가는 사람들에게 부탁을 해왔다. 그러나 그 사람들이 대답하길 "부탁하신 뜻은 전하겠으나 지금에 와서 갑자기 시부사와 등 두 사람이 촌으로 돌아간다면 모두가 곤란하니, 도저히 불가능합니다"라고 말하고 헤어졌다.

은인 히라오카 엔시로의 죽음

우리들이 너무나도 경악하고 탄식했던 것은 간토 체류 중인 6월 17일 밤, 교토 히토츠바시 저택 근처에서 히라오카 엔시로가 불행히도 미토 번사에게 암살당한 일이었다. 이 흉보가 간토에 전해진 것은 6월 말인가 7월 초였지만, 시골을 여행하고 있었기 때문에 14, 5일이나 지나 처음으로 이 일을 알게 되었다. 우리들이 작년 교토에 도착

---

74 시부사와 에이이치의 장녀. 후에 도쿄 대학 법학부 교수 호츠미 노부시게(穂積陳重)와 결혼. 어머니 치요(千代)에 대한 회상록인 『어머니의 낙엽(ははその落葉)』을 남겼다.

하고 나서 히토츠바시가에 등용될 때 각별히 친절하게 대해 주고 지팡이처럼 의지했던 사람이 그런 생각지도 못한 변고를 당했다고 하니, 그 흉보를 들을 때에는 너무나도 낙담했다.

이왕 히토츠바시가에 발을 들여놓았는데 아직 등용되고 얼마 되지 않은 시점에 의지처로 생각했던 사람이 암살당해 죽었다는 것은 그야말로 불안하고 불운한 처지가 되었구나 하고 몇 번이고 탄식했지만, 그렇다고 허망하게 그만둘 수는 없었다. 명받은 일은 어디까지나 완수하지 않으면 안 되므로, 9월 중순경에 모은 사람들을 데리고 교토에 올라갔다. 히라오카가 죽은 후에는 구로카와 가헤에가 같은 요닌으로 히토츠바시의 정무를 돌보고 있었다. 이 사람은 히라오카 살아생전 때부터 그에 버금가는 권력자였기 때문에 히라오카가 죽은 후에는 주로 구로카와가 정무를 장악하게 되었던 것이다.

원래 히토츠바시가에서는 요닌이 정무를 돌보고, 가로는 막부의 오메츠케^{大目付}나 마치부교^{町奉行}를 역임한 사람이 노년에 고산쿄의 가로가 된다. 그중에는 긴리츠케^{禁裏付75} 등이 전역하는 경우도 있고, 혹은 고부신^{小普請76}에서 나오는 경우도 있는데, 대개는 노후의 근무처로 무난하게 자리에 있을 사람이 가로가 된다. 말하자면 가로는 장식물 같은 것이었다. 그다음이 요닌인데 인원수는 총 6명으로 교토 3명, 에도 3명의 비율로 되어 있었다. 그 교토 근무 가운데 중요한 자가 히라오카고 다음으로 구로카와, 그 외 한 명은 나리타^{成田}라는 사

---

75   교토에 근무하며 조정과 관련된 업무, 조정과의 연락 등을 담당한 역직
76   가신단 중 특정한 역을 담당하지 않은 무역(無役)의 자

람이었다. 나리타는 3명 중 선임이었지만, 그는 그저 평범하고 무난한 노인이었기 때문에 히라오카가 최고 권력자였다. 그러나 히라오카가 예상치 못한 일로 죽었으니 결국 구로카와가 전권을 갖게 되었던 것이다.

이 구로카와는 막부 오코비토메츠케御小人目付에서부터 열심히 노력하여 히토츠바시의 요닌이 된 사람으로 일을 제대로 하지는 못하므로 좋은 인재는 아닐지 모르지만, 어쨌든 하위직에서 발탁될 정도이니 제법 쓸모가 있는 사람임에는 틀림없다. 우리들은 원래 히라오카에 이끌려서 그의 도움으로 등용되었고 또 히라오카가 죽은 뒤에 갑자기 돌아온 처지이니, 구로카와를 아예 모르는 것은 아니지만, 왠지 모르게 대하기 어려운 상황이었다. 그러나 구로카와도 당시의 정세가 꽤나 어렵다는 것을 잘 이해하고 있고, 일의 선악, 사람의 현명함과 우둔함 정도는 구분할 역량을 구비하고 있었기 때문에 우리들이 사람을 모아 교토에 복명復命했을 때에는 잘 대우해 주었다. 그가 "그대들은 완전히 기려羈旅의 신하[오다가다 하는 나그네 같은 신하]로 지금까지 막부의 가신도 아니었고, 또 히토츠바시에도 연고가 없는 사람들이므로, 가까웠던 히라오카가 이렇게 되어서 분명히 낙망했을 것이오. 그러나 부족하나마 나도 여기서 봉직하게 된 이상은 그대들이 뜻을 세울 수 있도록, 부릴 만큼은 부려줄 터이니 전혀 낙담하지 말고 힘써 일하시오"라고 매우 절절하게 말해 주었기 때문에 희망을 잃었던 우리는 다시 큰 희망을 얻게 되었다.

교토의 형세

그해 9월 말에 약간 신분이 올라 오카치御徒士가 되었다. 오카치라는 것은 오쿠구치방보다 한 계급 위로 다시 한 계급 올라가면 오메미에御目見 이상[77]이 되는 것이다. 오카치의 봉록은 8석 2인 부지로 교토에 있을 때 월급이 금 6냥이었던 걸로 기억한다. 이해 겨울 무렵부터 그렇게 소란스럽던 양이쇄항론도 약간 잠잠해졌다. 따라서 공무公武 사이도 좋아져 아이즈번이 오로지 권세를 독점하고 있었다. 아이즈는 원래 막부 측근의 가문으로 그 번풍藩風이 질박하고 완고했다. 게다가 이 무렵 재경의 번사 중에는 꽤 유력한 사람도 있고 또 교토수호직의 중임을 띠고 있어서 이곳에서는 매우 유명했다. 특히 수년 동안 양이론으로 유명했던 죠슈번도 작년 8월경 궁궐을 둘러싼 아홉 문御所九門의 경비를 정지당해 번사도 많이 귀번歸藩했는데, 그해 겨울 이하라 가즈에井原主計[78]라는 국로國老가 후시미에서 와서는 『봉칙시말奉勅始末』이라고 이름 붙은 한 편의 서책을 궁궐에 봉정하여 거듭 애소탄원哀訴歎願한 적이 있었다.

그 취지는 '이전에 죠슈번이 시모노세키에서 외국선을 포격한 것은[79] 결코 일번一藩의 결단이 아니라 어디까지나 예려叡慮[천황의 뜻]

---

77   오메미에는 주인 혹은 윗사람을 알현하는 것을 가리킨다. 에도 막부에서는 쇼군을 알현하는 자격을 가진 자를 오메미에 이상, 그 자격이 없는 자를 오메미에 이하라고 했다. 대체로 만 석 이하로 오메미에 이상을 하타모토, 오메미에 이하를 고케닌(御家人)이라고 칭했다.

78   1816~1867년. 죠슈번 가로. 가에이 6년(1853) 페리가 내항했을 때 무사시(武蔵) 오모리(大森)를 경비했다. 겐지 원년(1864) 요코하마에서 '4개국 함대 시모노세키(下關) 포격 사건'의 강화를 맺었다. 게이오(慶應) 원년(1865) 죠슈 전쟁의 사후 처리에서 번을 대표했는데 교섭에 앞서 히로시마(廣島)에서 무단 귀국하여 은거를 명받았다.

79   조정의 뜻에 밀려 막부는 본의 아니게 1863년 5월 30일부터 양이를 실행하기로 했다. 그러자 죠

를 받들어 오로지 양이의 성과를 올리고자 한 것이었다, 그런데 그 후 조정의 방침은 애매모호해져 막부는 물론 각 번까지도 천황을 곤혹스럽게 한다며 양이를 불요불급한 것으로 치부하고 게다가 시모노세키 포격을 이유로 죠슈번이 일을 그르쳤다고 하는 데 이르렀다. 이 것은 실로 유감천만한 일로 바라건대 시비곡직是非曲直을 판단해서 진정한, 불변의 예려를 받들어 모시고 싶다'는 내용이었으나, 끝내 애원의 뜻은 받아들여지지 않았다.

그래서 죠슈번은 그 후 여러 가지로 모의를 꾀했는데, 그다음 해 즉 겐지 원년[1864] 여름 무렵부터 교토 근방에 번사가 다수 나와 이곳저곳에 둔집屯集하다가 그해 가을 7월 19일 새벽에 궁궐을 향해 발포하는 매우 과격한 행동에 나섰다[80]. 이때 히토츠바시는 물론 아이즈, 구와나桑名, 히코네彦根, 사쓰마 등의 각 번이 궁궐을 호위하여 방어에 진력했기 때문에 마침내 이를 격퇴할 수 있었다. 우리들은 인선을 위해 간토에 출장 가서 부재중이었던 탓에 자세한 상황은 알 수 없었지만 실로 대단히 드문 비상사태였다. 죠슈번에는 물론 엄청난 전사자가 나왔고, 우리 쪽에도 아이즈번에서 전사자와 부상자가 가장 많이 나왔다고 한다.

슈번은 그에 호응하여 당일 시모노세키를 통과하던 서양 상선들을 포격했다. 이 일로 다음 해인 1864년 미국·영국·프랑스·네덜란드의 4개국 연합 함대가 죠슈를 보복 공격하여 해안과 포대를 초토화시켰다.

80   이른바 '금문(禁門)의 변'. 전해인 1863년 8·18 정변으로 교토에서 축출된 죠슈번은 정치적 지위를 만회하기 위해 여러 가지 시도를 하다 실패하자, 무력으로 어소(御所)를 공격하다 사쓰마와 아이즈번에 의해 격퇴당했다. 궁궐을 향해 발포한 죠슈번은 이후 '조적(朝敵)'으로 커다란 탄압을 받게 된다.

이 폭거가 진압된 후에는 쓰시마도 공무합체설公武合體說[81]에 진력하게 되었고, 자연히 수위총독인 히토츠바시도 위세가 커지게 되어 그 외교 부서인 고요단소의 역인들은 각 번의 외교 담당자들로부터 중시되게 되었다. 그에 따라 교제도 점점 빈번해졌다. 물론 처음에는 각 번의 유지자가 나와서 오로지 교제 장소에서 외교 노력을 했지만, 이 무렵에는 각 번 모두 점점 루스이留守居[82]가 주선 담당을 겸하게 되었다. 이 사람들은 세상에서 말하는 "교제가 능숙한" 사람들로 어느 궁궐 문의 경비를 그만두게 해달라든가, 또는 번주가 상경했으니 천황을 만날 때에 조언을 부탁한다든가 해서 히토츠바시 가신과 친분을 쌓으려고 했다. 누가 상경했으니 하룻밤 기온마치祇園町에 안내하겠다든가, 누가 귀번하여 석별의 연회를 베풀려고 하니 도가노오栂尾로 와달라든가, 혹은 누가 좀 만나고 싶어 하니 하룻저녁 어디 연회에 나와주십사라든가 하는 식으로 교제가 매우 빈번히 행해졌다.

---

81 개국 이후 조정과 막부의 정치적 대립에 의해 야기된 정국의 위기를 극복하고 외압에 대응하기 위해 조정(공)과 막부(무)와의 사이를 조정·협력하여 체제 안정을 도모하고자 하는 정책론

82 에도 막부의 직명이자 에도 시대 다이묘들이 그들의 에도 저택, 오사카 구라야시키(藏屋敷, 일종의 번 직영 상사)에 두었던 직명. 이들은 번의 '외교관'으로서 막부, 혹은 각 번 간의 교제·정보 교류·정치 주선 등을 담당했다. 교토에 저택을 둔 다이묘가에서는 교토 루스이(京都留守居)를 둬서 번의 대표자로서 있었는데 막말기에는 그 역할의 중요성이 높아졌다.

미토 낭사
문제

이해 12월 초에 죠야^{常野}를 탈주한 미토 낭사[83]가 북쪽 지역에서부터 행군하는 소요가 벌어졌다. 히토츠바시공께서는 친히 군대를 이끌고 우선 오츠역^{大津驛}에 출전했는데, 계속되는 보고로 낭사들의 거동을 모조리 파악하고 있었기 때문에 비와호^{琵琶湖} 서쪽으로 길을 잡고 가타다^{堅田}, 이마즈^{今津}를 거쳐 가이즈^{海津}까지 나아갔다. 이때 기사쿠는 다른 공무로 쥬고쿠^{中國}[84] 방면으로 여행하고 있었던 걸로 기억

83　막말기에는 많은 사무라이가 행동의 자유를 얻기 위해, 혹은 자기 번에 해를 끼치지 않기 위해, 혹은 번 당국이 사무라이 신분을 박탈하는 등의 이유로 탈번(脫藩)하여 낭사, 혹은 낭인이 되었다. 미토번 내란으로 쓰쿠바산에 들어갔던 천구당(천구당의 난)들은 이후 교토로 가서 히토츠바시 요시노부를 만나겠다며 북쪽으로 행군하기 시작했다. 그러나 히토츠바시 요시노부는 이들을 반란군으로 규정하고 요구에 응하지 않았다.

84　일본 혼슈(本州) 서부의 5개 현(鳥取県・島根県・岡山県・広島県・山口県)을 아우르는 지역의 명칭

하는데, 나는 출전하여 늘 구로카와를 수행해서 진중의 비서와 서기를 담당하고 있었다.

미토 낭사가 서쪽으로 행군하는 원인은 앞에서 그 일부를 말한 대로 번 내 당쟁의 폭발에 있었다. 그 거두인 다케다 고운사이武田耕雲齋, 후지타 고시로藤田小四郎 등의 사람들은 같은 번이면서도 다른 당파와는 빙탄불상용氷炭不相容으로 항상 원수와 같은 모습이었다. 그러다 이해 가을 다케다파 사람들에게 뭔가 과격한 행동이 있었던 것을 구실로, 다른 당파, 즉 서생파인 이치가와파市川派가 계속 막부에 청원하여 이들에게 역적의 이름을 씌워 토벌하는 소동이 일어났다. 다케다파의 천구당은 양이주의의 장사壯士들이 단결해 있었기 때문에 자연히 근래의 막부 정책에 승복할 수가 없어 마침내 쓰쿠바築波, 오히라大平 등의 험지에 틀어박혀 수차례 막부 토벌군을 괴롭혔다. 결국 중과부적衆寡不敵으로 다케다, 후지타는 그 잔당을 이끌고 나카센도로 길을 잡아 교토로 올라가 당의 억울함을 히토츠바시공에게 호소하고 정사곡직正邪曲直의 판결을 구해야겠다고 생각했던 것이다. 따라서 그 표면적인 행동은 어찌 되었건 그 충정을 살펴보면 동정할 부분이 적지 않은 것으로 생각되었다.

그러나 막부가 이미 이들을 역적으로 규정해 다누마 겐바노가미田沼玄蕃頭의 병력으로 추격군을 파견했기에 연도沿道의 각 번도 모두 군대를 내어서 이들을 저지하는 상황이었다. 그 때문에 히토츠바시공도 방관할 수가 없어 하는 수 없이 조정에 청원을 한 다음 직접 군대를 총지휘하여 출전하게 되었던 것이다. 선봉대장은 그 무렵 교토에 체류 중이었던 미토의 민부공자民部公子[85]가 맡았다. 애초에 이 출전은 낭사가 오는 길을 정탐하여 도중에서 이들을 진압해 결코 궁궐을 소란스럽게 하지 않겠다는 계산이었다. 그러나 공께서 우미즈海津까지 진군한 날에 낭사들은 에치젠越前의 이마쇼今荘에서 가가加賀의 대장隊長 나가하라 진시치로永原甚七郎라는 사람에게 항복의 뜻을 밝혔다. 나가하라는 곧바로 어떻게 할지를 히토츠바시공에게 물어왔다. 공은 항복한 자들의 무기를 몰수하여 가가번加賀藩에서 이들을 감시하고 조만간 다누마 겐바노가미 부대에 넘겨주라고 명했다. 일이 일단락되었기에 12월 말에 교토로 돌아왔다.

그런데 다누마 겐바노가미는 항복한 낭사를 가가번에서 넘겨받고서는, 그 정사곡직을 잘 판단하지도 않고 한꺼번에 적도賊徒라는 죄명을 씌워 수괴首魁인 다케다, 후지타는 물론 도합 130여 명의 무리를 즈루가항敦賀港에서 모조리 참수해버렸다. 그때 겨우 죽음을 면하고 쫓겨난 것은 인부 행색의 비천한 자들뿐이었다고 하니, 정말 처참한 얘기가 아닌가. 그 후에 교토의 유지 중에는 히토츠바시공께서 항복해 온 미토 낭사를 곧바로 막부에 넘겨준 것은 막부를 지나치게 두려워하여 인정을 헤아리지 못한 조치가 아닌가라는 여론도 있었다고 하지만, 이것은 다만 그 어려움을 공에게 덮어씌우려는 것이라고 생각한다.

---

85   머리말 주4 참조

녹주홍등 綠酒紅燈 속에서
마음가짐을 철과 돌처럼 하다

이리하여 그해도 저물어 새해가 밝으니 게이오 원년[1865] 정월이었다. 앞에서도 말한 대로 작년부터 교토의 형세는 약간 소강상태로 히토츠바시공과 각 번과의 교제는 점점 빈번해졌다. 그 무렵에는 구로카와 가헤에가 요닌의 선임으로 고요단소의 업무를 전권으로 지배하고 있었고 또 가와무라 쇼헤이는 우리들보다 한 계급 위의 신분으로 같은 고요단소 겸임직出役이어서 항상 교제 업무로 분주했다. 우리들도 역시 구로카와 등의 부하였기 때문에 연회마다 반드시 수행하여 대체로 매일, 오늘 밤은 지쿠젠번筑前藩의 대접, 내일 저녁은 가가번의 초대, 모레 저녁은 히코네번彦根藩의 오카모토 한스케岡本半助가 기야마치木屋町의 무슨 요정에 초대한다든가 하는 식이었다. 개중에 드물게는 진실로 국가를 걱정하는 유지들도 있어 외국의 형세는 어떻다, 정부의 직분은 이런 것이다 하는 토론을 하는 사람도 없는 것은 아니었으나, 대개는 술잔 사이를 왔다 갔다 하며 화류계를 품평하는 것을 그 이상 없는 유쾌한 일로 여기는 자들뿐이었기 때문에 나는 이게 조금 싫었다.

이것은 번과 번의 교제 연회로 애당초 우리가 주인공일 리도 없고 다만 구로카와 수행원으로 술자리를 차지하고 있을 뿐이었지만 매일 밤마다 기온마치나 기야마치 등의 장소에서 술자리에 배석하는 게 직분인 것처럼 되어서는 자연히 부박浮薄한 풍조에 휩쓸릴 우려가 있었다. 그래서 그 무렵 우리 두 사람은 각별히 검소함을 지키고 정말로 근직하게 살자고 굳게 약속을 했다. 아무리 녹주홍등의 유곽에 빠져 있다고는 해도 내가 솔선하여 유흥을 벌인 적은 한 번도 없었고, 사케를 마시지 않는 건 물론 여자도 일절 접촉하지 않겠다고 굳게 각오를 다졌다. 구로카와는 이미 50에 가까운 나이로 보였지만, 나는 25, 6세의 혈기 왕성할 때로 각 번 사람들이 신나게 노는 가운데 섞여 있으면서 조금도 흐트러지는 기색도 없고, 게이샤藝者 등과는 한 번도 수상쩍은 모습이 없었기 때문에 사람들이 어떻게 그게 가능한가라고 말할 정도였다.

내가 26세이던 해게이오 원년[1865] 정월이었다고 기억하는데, 하여튼 엄청나게 추운 때의 일이었다. 여느 때와 같이 밤 12시 넘어 오토鴨東[86]의 어느 집에 구로카와를 수행했는데, 주연도 파하여 이제 자려고 했다. 그런데 내가 언제나 자던 방이 아니라 그 밤만은 별실로 안내하

---

86   교토의 동부를 남북으로 흐르는 강이 가모가와(鴨川)인데, 오토는 가모가와를 경계로 동쪽 지역을 말한다. 현재 교토 대학, 도시샤(同志社) 대학, 기온(祇園) 거리, 야사카 신사(八阪神社), 기요미즈데라(清水寺) 등이 모두 이 지역에 있다.

길래 따라가 보니 침구가 갖춰져 있고, 여자가 한 명 있었다. 그것참 이상한 일이라고 생각해서 이건 무슨 일인가 하고 하녀에게 물었더니, '대부大夫, 구로카와를 가리켜 하는 말로 히토츠바시의 대부라는 존칭이다님이 손님에게 미안하니 여자를 한 명 안기라고 하셨다'는 것이다. 나는 벌컥 성을 내며 조용히 옷을 갈아입고 여자들이 소란 떨며 붙잡는 것을 뿌리쳤다. 그리고 오늘 밤은 급한 용무가 있어 돌아가지 않으면 안 되니 내일 대부님이 물으면 급한 용무가 생겨 돌아갔다고 해달라고 잘라 말하고는 부리나케 산죠 소교까지 왔다. 그랬더니 뒤에서 구로카와가 "어이, 어이" 하면서 계속 부르기에 기다렸더니 함께 가자고 하여 둘이 같이 슬슬 걸어갔다.

구로카와가 "지금 혼자서 자네 방에 가도 좀 그럴 테니 내 숙소에 머물지 않겠나" 하고 권하기에 그건 감사하다며 머물게 되었다. 그러자 구로카와는 정색을 하며 "오늘 밤은 정말 실례를 범했네. 분명히 화가 났을 걸세"라고 하기에, "아닙니다, 전혀 화나지는 않았습니다만, 2, 3년간은 마음에 맹세한 것이 있기에 대부님이 모처럼 베푸신 후의를 헛되게 하여 정말로 죄송합니다"라고 예를 차렸다. 그러자 구로카와는 "아니 정말로 부끄러운 일이었네. 사람이란 모름지기 그렇게 살아야 하는 법, 실로 이것으로 중요한 일을 부탁할 수 있게 되었네"라며 크게 칭찬받은 적이 있었다. 감동이 오래 간 것도 아니고 애당초 이것은 사소한 일이기는 했지만, 자연히 구로카와를 비롯한 중역의 신뢰를 얻게 되어, 이 사람은 견실하고 쓸모가 있는 자라고 여겨진 것 같았다.

그로부터 소띠해게이오 원년[1865] 2월경에 다시 승진해 고쥬닌小十人

이라는 신분이 되었고, 봉록도 더해져 17석 5인 부지로, 월급이 13냥 2푼이고 오메미에 이상의 몸이 되었다. 지금까지는 고요단소 하급직이었지만, 이제는 하급직을 떼고 겸임직의 지위로 승진한 것이다. 작년 처음 일하고 나서 일 년 정도 사이에 2계급을 승진했지만 이만저만 열심히 일한 게 아니었다. 고요단소에서는 계속해서 겸임직으로 근무했지만 무엇 하나 성과도 없었고, 각 번에서 교토로 나와 있는 놈들도 죄다 속칭 세상을 헤엄치는 자, 교제 잘하는 평범한 자들뿐이어서, 이런 무리와 함께 술을 마시며 겉만 번지르르하게 비분강개 얘기를 해본들 아무런 소용도 없었다. 그래서 조금이라도 일하는 보람이 있으려면 세상에 도움이 되는 일을 해야 할 텐데 뭔가 좋은 방법이 없을까 하고 이리저리 생각하던 차에 방안 하나가 떠올랐다.

군대 모집의
고심

군비軍備에 관한 건의

그 방안이라는 것은 이렇다. 지금까지 히토츠바시가에는 군비라는 것이 전혀 없었다. 다만 오쇼기마와리御床几廻り라는 군공의 친병 같은, 궁마와 창검을 잘하는 장사가 백 명 정도 있었지만, 이들은 전쟁터에서 적진에 진격하는 자들이 아니라, 주군을 호위하는 책임을 갖고 있었다. 그 밖에 오카치오코비토御徒士御小人라는 아시가루足輕라 할 수 있는 자들도 있었지만, 이들도 병사로는 볼 수 없었다. 또 오모치코즈츠구미御持小筒組라는 게 있는데오쿠보(大久保) 등도 당시 그중 한 사람이었다, 소총을 쏘면서 전투를 하는 사람들로 불완전하나마 보병의 자격은 갖추고 있었지만, 이것도 겨우 2개 소대만 있는 소수였고 게다가 제대로 훈련받은 강한 자들은 아니었다. 특히 이 오모치코즈츠구미는 막부에서 보낸 파견 부대이고, 막부의 방침은 가능한 한 병력을 쓰지 않는 것이었다. 원래 히토츠바시는 표면에 나서지 않는 역할을 맡은 곳이어서 따로 병력은 필요 없었지만, 지금의 대임, 즉 교토수위총독의 직무에 비춰 보면, 적은 병력조차 없는 것은 매우 이상하게 생각되었다.

어느 날 구로카와에게 "수위守衛라는 문자는 지킨다는 뜻인데, 적어도 이 직을 명받은 이상 어느 정도 병력도 없다면 수위라는 것은 유명무실하지 않습니까. 지금 같은 2개 소대나 3개 소대의 보병으로는 비상시에 아무 도움도 안 됩니다. 게다가 막부에서 파견된 것이니 그쪽 사정에 따라 언제라도 멋대로 철수해버릴지도 모르는 상황이니, 거의 군대가 없는 맨손과도 같은 모습입니다, 이래서는 결코 교토수위총독의 직책은 수행할 수 없을 것입니다"라고 논했다. 구로카와가 말하길, "과연, 그건 아주 적절한 의견이네. 그러나 지금 어찌할 방법이 없는 것은 다른 게 아니라, 막부에 군대를 더 빌리려고 해도 이미 지금까지 군대 때문에 다달이 금 만 5천 냥씩, 그 밖에 쌀 5천 석씩을 배정받고 있는데, 또다시 더 빌릴 수도 없잖은가. 금은 어떻게 변통할 수 있지만, 군대는 사람을 필요로 하는 것이므로 달리 방도가 없네"라는 것이었다.

내가 말하길, "그렇다면 제게 방안이 하나 있습니다, 영지 내의 농민을 모아 보병을 만들면 천 명 정도는 가능할 겁니다. 말씀대로 금을 변통할 수 있다면 2개 대대의 병력은 곧바로 갖출 수 있습니다"라고 했더니, 구로카와는 "그것참 묘안이긴 한데, 인원수가 좀처럼 쉽게 모이지 않을 것이야. 뭔가 생각해 둔 바라도 있는가. 생각해 둔 게 있으면 먼저 그 방안을 얘기해 보게"라고 했다. "분명히 가능성이 있습니다. 그러나 자세한 방책은 배알을 청하여 어전에서 긴밀히 의견을 말씀드리고 싶습니다"고 했더니, "그게 좋겠네. 내가 곧바로 말씀드리지"라고 답을 주었다.

의견이 받아들여지다

배알이라는 것은 보통의 격식에서 보면 매우 번잡한 것인데, 나는 이미 오리타折田 일을 마치고 돌아왔을 때에 한 번, 그 후에도 한두 번 배알을 청원한 적이 있어서 지금껏 도합 3, 4회 정도 어전에 나아가 친밀히 언상言上한 바가 있었다. 그래서 이번에도 이삼일 거친 후에 배알이 허락되어 언상했다. 그 취지는 교토수위총독의 직무를 충분히 다하기 위해서는 반드시 군비가 필요하다, 군대를 설치하는 데에는 우선 보병대를 편제하는 것이 첫 번째다, 그리고 그 병력은 영지에서 농민을 모으는 것이 가장 좋은 방안이다[87], 그러나 이들을 모집할 때에는 깊이 주의하지 않으면 안 된다, 지방 역인이 대충 모집하는 정도로는 결코 훌륭한 병사를 고를 수 없다, 따라서 교토에서 적임자에게 모집 담당을 명하여 영지에 파견한 다음, 일반 영민을 각지에서 불러 모아 금일의 시세를 잘 이해시키고, 모집의 취지를 납득시켜야 한다, 또한 이 모집에 응하는 것은 전적으로 영민의 의무다라는 식

---

87   원래 도쿠가와 시대에는 병농분리(兵農分離) 정책으로 농민은 병사가 될 수 없었다. 전투는 어디까지나 무사의 일이었다. 그러나 병농분리가 무사를 도시민으로 만들어 상무 정신을 잃게 했다는 비판에서 무사의 농촌 토착화 주장이 꾸준히 제기되었다. 또 막말기에 이르면 병농분리 원칙을 깨고 농민으로 군대를 편성하려는 움직임이 곳곳에서 현실화되었다. 다카스기 신사쿠(高杉晋作)가 만들어 막부의 정벌군을 격파한 조슈번의 기병대(奇兵隊)가 대표적이다. 시부사와의 이 발상도 이런 시대적 흐름에 속하는 것이다.

조슈번 기병대

으로 자발적으로 나오도록 해야만 한다는 것을 자세히 진술했다.

그리고는 "그 임무는 부디 불초 소생에게 분부해 주셨으면 합니다. 반드시 분골쇄신하여 상응하는 사람들을 데리고 와 신속히 군대를 설치하여 여러 번을 능가하는 훌륭한 군대를 만들겠습니다"라고 과감하게 언상했다. 그랬더니 이 건의가 채택되어 그 다음다음 날 내가 보병 징발 담당역步兵取立御用掛으로 임명되었다. 그 무렵에는 군제 담당역軍制御用掛이라는 게 있어서 구로카와가 장長이었고, 모노가시라物頭[88] 등의 출신자로 몇 명의 담당원이 있었다. 이때의 보병 징발 담당역도 마찬가지로 이 군제 담당역 하에 있는 것이었다.

이 명을 받은 것은 2월 28일경으로 기억하고 있다. 물론 내 생각

---

88 사무라이 가신단은 상·중·하급의 계층 구분이 매우 엄격했는데 모노가시라는 대체로 상급 사무라이의 하위, 혹은 중급의 상위 계층을 말한다.

에는 나도 시골 농민 출신이니까 조금만 권유하면 희망자가 속속 있을 것이라고 계산하고 있었다. 원래 히토츠바시가의 영지는 셋슈^{攝州}에 만 5천 석, 센슈^{泉州}에 7, 8천 석, 반슈^{播州}에 2만 석, 빗츄^{備中 89}에 3만 2, 3천 석으로 모두 8만 석이고, 그 외 2만 석은 간토에 있어서 합계 총 석고는 10만 석의 수입이었다. 그런데 빗츄에는 빗츄만의 대관소가 이바라촌^{井原村}에 있었고, 셋슈, 센슈, 반슈 3개 지역은 오사카의 가와구치^{川口}에 대관소가 있었다. 그리하여 교토의 간죠소^{勘定所}가 공식 문서를 내어 이러저러한 이유로 보병 징발 담당역으로 시부사와 도쿠다유^{澀澤篤大夫, 히토츠바시가에 근무할 때 도쿠다유로 개명할 것을 명받아 그 후 이것을 통칭으로 했다}를 파견하니, 모든 일은 이 사람의 지시에 따르라는 통지를 내렸다.

나는 그때 지금은 센고쿠하라^{仙石原}에 있는 스나가^{須永}를 부하로 데리고 먼저 오사카 대관소에 갔다. 대관을 면회하여 임무의 요점을 말하니, 오사카 사람들은 빈틈이 없어 "중요한 임무라는 것은 너무나도 잘 알고 있습니다. 그러나 우선 빗츄를 먼저 하시는 게 좋을 겁니다. 빗츄가 가능하기만 하다면 셋슈, 센슈, 반슈는 쉽게 될 수 있습니다"라고 했다. 너무나 쉽게 될 것처럼 대관을 비롯한 주요 담당관들이 말하기에, 빗츄 쪽이 되기만 한다면 이쪽은 문제없을 거라고 생각해서, 빗츄부터 착수하기로 하고 오사카를 떠났다. 대략 4월 중순경에 빗츄 쪽을 끝내고 와서, 반슈의 촌락부터 먼저 착수를 할 테니까

---

89 율령제에 따른 지명으로 각각 세츠노쿠니(攝津國, 오사카부 중북부 일대) · 이즈미노쿠니(和泉國, 오사카부 남서부) · 하리마노쿠니(播磨國, 고베시 서부) · 빗츄노쿠니(備中國, 오카야마현 일부)

대관소에서도 그때 누군가 출장 와주고, 날짜는 그때그때 통보하겠다고 향후의 일정 등 대강을 상의하고 나서 오사카를 떠난 것이 3월 4일경의 일이었다.

뜻밖의 난관

그로부터 4, 5일 여행하여, 3월 8일경에 빗츄의 이하라촌井原村에 도착했다. 그 전후로 영지의 중요한 쇼야庄屋[90] 10명 정도가 이타쿠라라는 숙역宿驛까지 마중을 나왔는데, 이곳은 후다이 다이묘譜代大名인 이타쿠라후板倉侯의 죠카마치城下町라서, 숙역 내에서는 정중한 대접을 받았다. 시중을 통행할 때에는 '물렀거라'라는 게자부레下座觸까지 하니, 내 주제에 꽤 영광을 누린다고 생각되었다. 물론 교토 출발 때에는 시골에 출장 가는 거니, 조금은 모양도 필요하다고 하여 야리모치·갓빠카고合羽籠[91] 등을 갖고 긴 봉을 갖춘 가마를 타고 갔다. 이 긴 봉의 가마는 막부에서 오메미에 이상의 신분이 아니면 사용할 수 없는 규칙이 있었는데, 히토츠바시가에서도 막부 규칙을 따라 오메미에 이상의 자들에게만 타는 것을 허용하고 있었다. 나는 갑자기 무사가 된 자였기 때문에 이 같은 것은 매우 어울리지 않았을 거라고 생각한다.

그로부터 다음 날 영지인 빗츄의 시츠키군後月郡 이하라촌에 도착하여 대관을 면회하고 또 여러 촌의 쇼야들에게도 취지를 설명했다.

---

90   촌락 지도자. 막부나 번을 대신하여 촌의 행정·치안·징세 등을 담당했다. 1개 촌, 혹은 여러 촌을 담당하기도 했다. 막부나 번의 지방 역인[대관이나 고리부교(郡奉行)]은 촌까지는 들어오지 않고, 쇼야 혹은 촌역인(村役人)이 그 역할을 대신했다.
91   다이묘 행렬 등의 맨 끝에 짊어지고 온 바구니로 수행원들의 우비를 수납한 것이다.

영내 촌의 2, 3남들 중에 뜻 있는 자는 신속히 데리고 오라고 설득했더니[92], 대관 등이 각 촌의 자제를 진야에 호출하여 내가 직접 말하는 것이 좋겠다고 했다. 그래서 매일 촌민을 호출해서 진야의 마당에 나가 이번에 이러저러한 사정이 되었다고 타일러 말했더니 동행한 쇼야가 언젠가 잘 타일러서 응모한다고 하면 곧바로 연락을 드리겠다며 드르륵 문을 열고 나가곤 했다. 매일 이런 상황으로 많은 인원수가 왔지만 한 사람도 모집에 응하여 군대에 가겠다는 자가 없었다. 그래서 나는 '아무래도 불가사의한 일이다. 나 같으면 매우 기쁘게 지원할 텐데, 어째서 지원자가 없는 것인가'라고 생각했다.

한층 더 자세히 반복해서 설득하길, "도대체 여러분은 오늘날의 시세를 뭐라고 생각하고 있는지 모르겠지만, 세상은 언제까지나 풍파 없이 태평 무사하지만은 않을 것이오. 당장이라도 전투가 어디서부터 시작될지 모르오. 그러니 나는 본디 햐쿠쇼니까 하며 안심하고 있을 수는 없잖소. 혈기왕성한 그대들이 지금 신속히 지원을 하여 영주님을 위해 일한다면, 윗분께서도 눈이 있어 능력에 따라서는 입신 공명도 가능한 세상이니, 무지렁이 햐쿠쇼로 생애를 끝내기보다는 한번 분발하여 나가보는 게 좋지 않겠소. 이렇게 말하는 나도 원래는 햐쿠쇼였지만 오늘날 시세에 느낀 바 있어, 마침내 히토츠바시공을 위해 봉직하여 이런 임무까지 명받은 것이오"라고 절실하게 말하기도 하고 엄하게 말하기도 하여, 온갖 수단으로 맘이 움직이도록 여

---

92   도쿠가와 시대에는 장자 단독 상속제였기 때문에, 당주 자리를 계승하지 못한 사람들은 '야카이(厄介, 귀찮은 존재)' 취급을 당했다. 따라서 이들에게 이런 종류의 모집이나 학교에서의 수업 같은 것은 생존과 출세를 위한 큰 기회였다.

러 가지 방법을 짜냈다. 그러나 역시 한 사람도 응하는 사람이 없었기 때문에 점점 의심이 생기기 시작했다. 여기에는 틀림없이 이유가 있을 거라고 생각했지만, 아무래도 그 이유가 찾아지질 않았다. 그렇다고 해서 교토에서 멋있게 떠안은 일을 이제 와서 모집이 안 된다고 빈손으로 귀경할 수도 없었다. '뭐 조금 천천히 생각해 보면 그러다가 또 방안도 생기겠지'라고 생각하고 그 뒤로는 각 촌의 호출을 그만둬 버렸다.

망중한忙中閑의 기간

그리고는 각 촌의 쇼야에게 이 근처에 검술가는 없는가, 또 학자는 없는가 하고 물었더니, 검술 선생으로는 세키네関根 아무개라는 사람이 있고, 학문으로는 사카타니 기하치로阪谷希八郎[93] 선생이 있는데, 이 사카타니 선생은 데라도촌寺戸村에서 홍양관興讓館이라는 학교를 세워 교육을 하고 있다고 했다. "그렇군, 이전에 소문을 들은 적이 있는 선생이오. 그럼 속히 사카타니를 방문하겠소"라고 하고서는 내가 시 한 수를 지어 거기에 술 한통을 더해 내일 찾아가겠다는 편지를 보냈다. 그 시의 전결轉結만을 기억하고 있는데, "홍우紅友=술 모임을 가지려 인사를 드리오. 먼저 당신 집을 찾으리, 무한한 봄날에"라는 구절이었다.

---

93   사카타니 로로(阪谷朗廬, 1822~1881). 에도 후기-메이지기의 한학자. 이름은 시로시(素), 통칭은 기하치로(希八郎). 사카타니 요시로(阪谷芳郎, 메이지기 정치가, 대장성 관료, 시부사와의 사위)의 부친. 오사카에서 오시오 헤이하치로(大塩平八郎), 에도에서 사카야 세이케이(昌谷精渓)에게 배웠다. 고향(備中)으로 돌아가 향교 홍양관 교장이 되었다. 유신 후 육군성, 문부성, 사법성 등에서 근무했다. 메이로쿠샤(明六社) 동인, 도쿄학사(東京學士) 회원이다.

그러고 나서 이튿날은 흥양관을 방문하여 선생은 물론 주요 학생들과도 시사를 논하고 돌아왔다. 그다음에는 사카타니 선생과 서생을 내 숙소로 초대하여 연회를 베풀었는데, 그때 사카타니 선생이 개항론을 주장했다. 나는 이에 반대하여 반드시 양이를 하지 않으면 안 된다고 반박의 화살을 쏘며 열심히 개항과 쇄항의 득실을 토론했다. 그런데 사카타니 선생이 아무리 역인이라도 이 일만큼은 역인을 떠난 입장에서 얘기를 해야겠다고 하기에, "아무렴, 그게 재미있겠습니다. 충분히 토론합시다"고 응하며 서로 흉금을 터놓고 오랫동안 술을 많이 마시면서 난상 토론을 했다. 이른바 타구가 부서지는 것도 모를 정도여서, 실로 유쾌했다.

그 후 또 이케다 단지로池田丹次郎라는 자의 집에 가서 위에서 말한 세키네라는 검술가와 시합을 해봤더니 평판만큼의 달인도 아니어서 내가 친 검도 제대로 받지 못하고 맥없이 졌다. 그랬더니 곧바로 소문이 나서 이번에 온 역인은 평범한 속리俗吏가 아니다, 학문이든 검술이든 탁월한 솜씨라고 한 사람이 얘기하면 두 사람이 응하여 순식간에 허명이 높아지게 되었다. 그러자 근방의 촌들에서 문무에 약간 관심이 있는 소년 자제들이 매일 찾아와 학문 이야기, 검술 시합 등을 하게 되었다. 어느 날 이 근처에 뭐 재미있는 게 없는가라고 물었더니, 빗츄에는 봄에 도미 그물鯛網이라는 게 있다고 하기에 흥양관 서생, 또 근방의 자제들을 데리고 도미 그물잡이를 하러 나갔다. 이것은 바닷속에 그물을 내렸다가 배로 끌어 올리는 장치로 도미가 그물 아래를 헤엄치면 밑이 없는 그물이라 얼마든지 도망갈 길이 있지만, 오직 위쪽으로만 올라오기 때문에 모두 포획되어 버려 도미가 많이 잡혔을 때에는 해면이 붉게 물들 정도로 올라왔다. 거기서 구경하던 사람들이 술통을 던져 축하해 주면 마침내 어부는 도미 두세 마리로 예를 갖추고, 값을 내고 사면 매우 저렴하다. 우리들 일행은 그 도미를 요리해서 술을 마시고 시를 읊으니 매우 유쾌한 기분이 되었다.

쇼야를 상대로 사정없이 담판 짓다

이렇게 유흥으로 5, 7일을 보내고 있자, 진야가 있는 촌에서 두 명, 그 밖의 촌에서 두세 명이 꼭 교토에 데리고 가서 히토츠바시가에서 일할 수 있도록 주선해 달라며 나타났다. "그것참 기특한 일이오. 원한다면 데리고 가겠지만, 그렇게 구두로 말해서는 좋지 않으니 지원하는 취지를 이렇게 서면에 써서 갖고 오시오"라고 서면을 주었더니 그대로 써서 갖고 왔다. 이걸로 본래 목표를 이룰 희망이 생긴 거 같아 좀 안심하고 그 지원서를 받아 두었다. 그리고는 할 얘기가 있어서 그날 밤 쇼야 일동을 불러 모았다.

"내가 그대들에게 특별한 볼 일이 있다고 한 것은 그동안 교토의 상황을 차근차근 들려주고 자제 2, 3남을 교토에 데리고 가 보병으로 삼아 영주님, 즉 히토츠바시가를 수호하는 임무를 맡기려고 사람을 만나기도 하고 공들여 설득하기도 했던 것인데, 한 사람도 희망하는 이가 없기에 오늘까지 허송세월을 했소이다. 그런데 지금 이렇게 지원서를 제출한 자들이 있는데, 이들 중에는 장남도 있고 또 2, 3남도 있어 대략 5명 정도 되오. 같은 빗츄 사람이면서 겨우 며칠간 나를 접한 사람 중에서 4, 5명이나 지원자가 나왔는데, 수십 개 촌의 백 명 가운데서 한 사람도 희망하는 이가 없을 리가 없을 것이오. 그렇다면 이것은 분명히 그대들을 방해하는 자가 있기 때문에, 생각이 있으면서도 진력할 수가 없는 것이라고 추측할 수밖에 없소.

만에 하나 그런 일이 있었다면 나를 이제까지의 히토츠바시 가신처럼 받아먹는 봉록이나 탐하며 늘상 무사안일하게 있을 역인이라고 생각하면 큰 오산이오. 사안에 따라서는 쇼야 10명이나 15명 정도 참살하는 것 정도는 아무것도 아니니, 그대들도 그렇게 우물쭈물하고 있으면 결코 그대로 두지 않겠소. 내가 간파한 것에 틀림이 없을 것이오. 추측건대 진야의 역인이 이래저래 귀찮아질 것을 꺼려 방해하고 있는 듯한데, 지금의 시세를 어떻게 생각하고 있는지, 정말 그런 일이 있다면 대관이든, 쇼야든 추호도 용서하지 않을 것이오. 원래 자신감이 있었기에 스스로 이 모병 건을 건의하고 책임을 맡은 이상에는 성패 모두 이 한 몸으로 감당할 생각이니 이 임무에 대해서는 인순고식因循姑息의 조치는 결코 하지 않을 생각이오. 지금 이렇게 내 적심을 털어놓고 얘기했으니, 그대들도 숨김없이 지금까지 감춰뒀던 것을 얘기하는 게 좋겠소"라고 몰아세우듯 얘기를 했더니 추측한 바와 한 치도 틀림이 없었다.

그 가운데 지도적인 쇼야 한 사람이 나와 말하길 "나으리의 보시는 눈이 높아서 도저히 감출 수 없으니 모두들 있는 그대로 말씀드리는 게 좋겠습니다"고 말을 꺼냈다. 그러자 자리에 있던 쇼야들이 입을 모아 부디 그대가 잘 말씀드려 달라고 했다. 그러자 이 사람이 "실은 실로 황공한 일입니다만, 대관님께서 비밀리에 우리들에게 말씀하시길 '히토츠바시도 근자에는 점점 모험꾼들이 많아져 곤란하다, 지금 집정 가운데 구로카와 등은 원래 비천한 신분에서 출발하여 모험꾼 근성에서 여러 가지 일을 벌여 저 자리에 오른 것이다. 본인이 그런 인물이기 때문에 역시 낭인을 좋아하여, 지금까지 히토츠바시가에 없던 일을 여러 가지 생각해 내서 촌락들에 각종 귀찮은 일을 명령하고 있는데, 일일이 그 명령에 복종하면 결국 영내 민중은 큰 난관에 처할 것이다. 그러니 될 수 있는 대로 존경하는 척하면서 멀리하는 것이 좋다. 이번의 보병 징발 건도 누구라도 싫어한다, 한 사람도 지원하는 자가 없다고 하면 그걸로 끝날 것이다. 그러나 이 얘기는 극비로 하지 않으면 나도 곤란해지니 잘 분별해야 한다'고 신신당부를 하셨습니다. 그 때문에 희망하는 사람은 많이 있었지만, 그런 걸 말해서는 안 된다고 훈계하여 한 사람도 원하는 자가 없다고 말씀드렸던 것입니다. 그런데 나으리가 서생이나 검술가들을 아끼시니 우리들이 눌러도 더 이상 누를 수가 없이 마침내 곧바로 스스로 지원을 하는 자가 나타나 드러나게 되었습니다. 정말 죄송합니다만, 부디 혼자서만 들은 걸로 해 주십시오. 만일 이 일이 드러나게 되면 어떤 일이 일어날지 알 수 없습니다. 또 대관님에 대해서는 쇼야 일동은 장래의 입장도 관계가 있으니 부디 이해를 바랍니다"라고, 과연 성실한 시골 쇼야답게 아무것도 남김없이 죄다 자백했다.

그래서 나도 어투를 부드럽게 하여, "그러했던가, 이걸로 모든 걸 다 알았소. 지원자가 충분히만 나오면 달리 처벌하지는 않겠소. 또 그대들이 곤란해지지 않도록 대관에게도 얘기하겠소. 다시 한번 설유說論를 할 테니 그때에는 충분히 신경을 써 주오. 잘 안 되면 분명코 그냥 있지는 않겠소"라고 했다. 그들은 평신저두平身低頭하며 대관의 비밀 분부만 없으면 우리들 쪽에서는 결코 틀어지게 하지는 않겠다고 대답을 하기에, 이제 방법도 없다고 생각해서 다음 날 대관소에 담판하러 나갔다.

대관을 논파하다

대관을 상대하는 것은 쇼야를 설득하는 것처럼 해서는 안 되기 때문에 조금 방법을 바꿔서 "지난번부터 차근차근 설득했지만 응하는 자가 없는 것은 내가 설득을 잘하지 못했기 때문이라고 생각합니다. 내일부터는 방법을 바꿔 설득할 거요. 일단 알고 있으시라고 얘기를 하자면, 이번 임무는 군공께서도 깊은 뜻이 있어 특별히 분부하신 것입니다. 히토츠바시가에 군대가 없다는 것은 모두가 아는 일이고 현재 맡으신 일이 교토수위총독이라는 것도 다들 아실 것이오. 그렇다면 지금처럼 한 명의 병사도 없어서는 수위총독의 직무를 다할 수 없기 때문에 급히 군대를 갖추려고 하는 것입니다. 이건 이른바 도둑을 보고서 새끼를 꼬는 것과 같지만 그것도 없는 것보다는 나을 것이오. 그래서 적어도 영지 자제의 2, 3남 중에서 지원자를 모집해 군대를 조직하면 만일의 때에 어느 정도 쓸모가 있을 것이라고 생각해 불초 소생을 보병 징발 담당역에 임명하시어 여기에 온 겁니다. 그런데 며칠 전부터 이리저리 설득해 보았지만 한 사람도 지원자가 없다고 쇼야들이 말합니다. 실제로 지원자가 전혀 없는 것인지, 아니면 인선 방법이 나빠서인지, 애초에 대관, 즉 귀하의 평소 훈도가 나빠서 한 사람의 응모자도 없는 것인지, 그 어딘가에 원인이 있을 것이니 귀하도 잘 숙고해 보시오. 또 제 경우, 임무를 완수 못하면 사직하면 그만 아닌가라고 생각하신다면 그건 큰 착각입니다. 이런 중대한 임무를 받잡고 멀리 여기까지 출장 와서 여러 가지 일에 착수한 이상, 만일 가능하지 않게 되는 날에는 그 이유를 명확히 하지 않으면 안 될 터이니 그때에는 귀하께도 어떠한 일이 벌어질지 알 수 없습니다. 또 평소 귀하의 촌에 대한 가르침이 대관이라는 직무에 걸맞지 않았다는 결과가 되지는 않을까 우려됩니다. 그러므로 내일부터 다시 하는 설득에는 귀하도 주요 쇼야와 그 밖의 사람들에게 잘 이해득실을 설명해 주는 게 좋을 것이오. 그렇지 않으면 혹여 신상에 문제가 되는 일이 생기지 않는다고 장담할 수 없습니다. 소생은 최근에 히토츠바시가에 등용되었고 오랫동안 함께 녹을 먹은 것은 아니지만 적어도 하루라도 같은 주군의 녹을 먹고 번적^{藩籍}을 함께 하고 있으니, 어디까지나 성실한 맘으로 얘기를 하려고 합니다. 그래서 혹시 몰라 한마디 해 두는 것이니 잘 생각한 다음에 회답해 주십시오"라고 했다.

대관도 낭패한 모습으로, "다 잘 알았습니다. 대체로 엄중하게 훈시하고 있습니다만, 이번에는 한층 더 엄중하게"라며 변명을 했다.

원하던 바를 훌륭하게 이루다

다음 날부터 재설득에 착수하자 이번에는 속속 지원자가 나와 순식간에 빗츄에서 2백여 명이 모였다. 게다가 "우리 촌에는 이런 신체가 큰 사내가 있으니 특별히 채용해 주시길 바랍니다", "그거 좋군, 기수로 삼으면 좋겠소", 또 "이런 대담한 자가 있습니다", "그것도 좋다. 데리고 가겠다"고 하니 자연히 꾸려진 인원 외에 20명 정도가 더 생겼다. 그 무리에게도 몇 월 며칠경에 출발해서 교토로 오라고 정하고 나니, 이제야 비로소 목적을 달성했다. 응모 인명서 등을 조사하고 다시 자세히 취지를 알아듣게 설명한 다음 빗츄를 출발했다. 그로부터 반슈, 셋슈, 센슈를 돌았는데 이미 빗츄에서 이러이러한 통지가 있었기 때문에 각 촌에서 최대한 만들어 내기로 했는지, 한 번 호출하여 설득하면 신속하게 지망자가 나왔다. 그래서 금방 임무가 달성되어 전체 인원수가 약 4백 56, 57명이 되었기에 5월 중순경에 교토로 돌아와 복명을 했다. 그러자 대임을 신속하게 이뤄 주군께서 만족스럽게 생각하신다는 칭찬의 말씀과 백은 5매, 시복時服 한 벌을 상으로 하사받았다.

그 후 모집 인원이 각지에서 착착 도착했기 때문에 모두 다 무라사키노紫野의 다이토쿠사大德寺에 숙박시키고 그들을 훈련시키기 위해 군제국軍制局에서 여러 가지 논의를 했다. 대대장은 모노가시라 출신 두 명이었는데 양식병제를 어느 정도는 알고 있었다. 그런데 지휘관을 할 사람이 부족했기 때문에 어찌어찌해서 사람을 구해 각각 역할을 정하니 마침내 그해 7월 그나마 군제가 구성되었다. 어느 때는 담당 역인의 부정을 적발하여 그 사람을 퇴출하기도 하고, 군대 보급에 대해서도 여러 가지로 걱정을 한 적도 있었지만, 그것들을 일일이 말하면 너무 길어지므로 생략하겠다.

산업 장려와
번찰藩札[94] 발행

식산흥업殖産興業의 방안

한편 군대 구성 임무로 영지를 순회하고 나서도 두세 가지 아이디어를 더 생각해 내었다. 즉 히토츠바시가도 지금처럼 막부에서 계속 돈과 쌀을 대규모로 받고 있을 수만은 없으니[95], 비록 작은 영지이긴 하지만 경제상의 이치를 살려 조금이라도 수취를 많이 하고 영민들도 부유하게 할 수 있는 일을 생각해 보겠다고 했다. 이거야말로 내 장기 분야라고 생각했던 것이다.

먼저 반슈는 상등급 쌀이 많이 수확되는 곳인데, 이곳에서 수취하는 연공미年貢米는 효고에서 판매하게 되어 있었다. 그런데 그것을 효

---

94   에도 시대에 제번(諸藩)이 재정 궁핍을 덜기 위해 발행한, 그 영내에서만 통용된 지폐
95   머리말 주2 참조

고의 구라가타^{藏方96}라고 칭하는 사람들이 취급하도록 맡겨만 놓고 대관이 관심을 가지지 않아 쌀값이 매우 쌌다. 만약 이것을 나다^{灘}, 니시노미야^{西ノ宮} 쪽의 주조업자에게 팔면 가격이 크게 차이 날 것이다. 또 반슈는 백목면^{白木棉}이 많이 나는 곳으로 이 지역의 대표적인 산물이라고 할 정도인데 이것을 오사카에서 팔 때 어떤 방법을 궁리하고 있다는 것을 듣지 못했다. 여기에 적당한 방법을 쓰면 영지의 산물도 증가하고 그 사이에 이익도 생길 것이다.

또 빗츄에서는 고가^{古家} 밑에서 초석^{硝石}이 많이 산출되어 이것을 제조하여 영업하는 자도 있었다. 이것들도 당시 필요한 물품들이었으므로 뭔가 방안을 낸다면 이익을 얻을 수는 없을까 생각했다. 우선 셋슈, 반슈의 연공미는 겨우 만 석 정도이지만 조금 비싸게 팔면 곧바로 5천 냥 정도의 차이는 있을 것이다. 또 반슈 목면을 오사카에 판매하는 것은 잘만하면 판매량이 늘어나 자연히 세금을 징수할 수가 있다. 게다가 빗츄에서 초석 제조법을 만들면 이익을 올릴 수 있다.

이미 군비에 관한 건은 내 건의로 보병 조직이 이뤄졌지만, 사실 그건 내게 적합한 일은 아니었다. 작은 영지이긴 하지만 여러 가지 방안으로 부를 늘려서 히토츠바시가의 세수^{稅收}를 증가시킬 수 있을 것 같았기 때문에 그쪽에 힘을 들여 일하는 편이 좋지 않을까 하는 생각이 들었다.

얘기가 조금 뒤로 돌아간다. 앞서 보병 징발을 위해 영지를 여행했을 때, 흔히 있는 일이지만 그 지역의 명망가 또는 효자나 의복^{義僕}을

표창하는 것은 지방 행정상 필요하다고 생각하여 순회 중에 조사하여 예의 흥양관 사카타니 선생을 비롯해서 빗츄에서는 효행을 한 부인, 연로해도 정정한 독신자, 또는 셋슈, 센슈, 반슈에서 농업에 열심인 자, 지방에서 특별한 공이 있는 자 등 대략 10여 인의 선행자를 조사했다. 귀경한 후에 요닌에게 포상해 줄 것을 요청했더니 곧바로 받아들여져 각자에게 포상을 행했다. 특히 흥양관의 사카타니 선생은 교토에 불러들여 군공에게 알현시키고 상당한 포상을 하겠다고 했다. 학교에는 금전적 지원을 해 주었기 때문에 지방에서는 히토츠바시의 덕을 칭송했고 또 시부사와가 오고 나서 선정이 많아졌다며 내평판도 크게 좋아졌다.

간죠구미가시라에 임명되다

앞에서 말한 회미廻米의 법을 고칠 것, 반슈 목면을 주요 상품으로 해서 방안을 강구할 것, 빗츄의 초석 제조법을 개발할 것 이 세 가지를 건의했더니 구로카와를 비롯해서 다른 요닌들도 적극 찬성하여 곧바로 그 일은 나에게 맡겨졌다. 그런데 지금 직책으로는 문제가 있어, 회계에 관련된 일이니 회계 담당에 임명한다고 해서 그해게이오 원년[1865] 가을, 간죠구미가시라라는 직책으로 전직하여 식록 25석 7인 부지, 체경滯京 수당 월급 21냥이 되었다. 요단소用談所 직책은 겸임으로 각 번의 용무가 있을 때에는 나가지만 보통 때에는 간죠소에 출근하여 사무를 볼 것을 명받았다.

이 간죠구미가시라라는 역직은, 위에 간죠부교가 있지만 막부의 관례와 마찬가지로 히토츠바시가에서도 간죠소 전체의 중요한 일은 대개 구미가시라組頭가 권한을 갖고 있기 때문에 매우 중요한 역직이었다.

특히 나는 앞에서 말한 영지 개혁의 필요상 요닌으로부터 내담內談에 의해 임명된 구미가시라였으므로 간죠소에서 매우 중요하게 여겨졌을 뿐 아니라, 요닌은 나를 이재理財에 대단히 밝은 사람으로 생각해서 히토츠바시가의 중요한 재정 개혁을 나에게 위임하려는 속뜻을 보였다. 나도 비록 당장의 양법 묘안良法妙案은 없지만 군제보다는 이재 쪽에 그래도 특기가 있다고 자신했기 때문에 그때부터 히토츠바시가의 회계에 대해서 상세히 정리해 보려고 생각했다.

그로부터 재차 영지에 출장하여 우선 효고에서 연공미 판매 방안을 자세히 만들고, 빗츄에 가서는 초석 제조법을 개발했다. 초석 제조법은 개발하기는 했는데 큰 효능을 보기에는 이르지 못했다. 하지만 연공미 판매는 시세보다는 일 석에 50전이나 비싸게 팔아서 어느 정도는 노력한 보람이 있었다. 또한 원래 히토츠바시 영지에서 올라오는 쌀은 대부분 양질이므로 지금까지의 방법을 바꿔 술도가의 재료가 되는 쌀로 파는 방안을 생각해 내었다.

반슈의 목면 옷감에 대해서는 번찰을 발행하여 그걸로 목면을 사들여 오사카에 세운 도매상에 보내면, 도매상은 이것을 팔아 그 매상 대금을 오사카의 회소會所97에 납부하는 체계였다. 회소의 본부元方는 반슈의 이마이치今市라는 곳에 세우고, 인나미군印南郡을 비롯하여 다

---

97   주로 막부나 번 정부가 유력 상인들과 연계하여 운영하는 경제 기관. 민간 산업의 장려, 유통 장악, 집하, 판매 등을 행했다.

후쿠야마번에서 발행했던 번찰(1730)

카多可, 가토加東, 가사이加西 등의 군에서 많이 나오는 목면을 이마이치에서 4리 정도 떨어진 곳에 설치한 물산회소物産會所에 집산하여 거기서부터 오사카에 보내 돈으로 만들었다. 그 매입 원금은 이마이치 회소에서 사람들의 희망에 따라 번찰을 건네고, 그 번찰은 촌민이 신청하면 정금正金으로 태환兌換하는 체계였기 때문에 오사카 출장소에는 항상 상당한 정금이 남아 있었다. 그것을 확실한 곳에 맡겨 두면 한편에서는 돈이 늘어나고, 한편에서는 상품도 유통되니 꽤 효과가 있을 것이라는 생각이었다.

이 번찰이라는 것은 당시 각 번에서 왕왕 행해지고 있었는데 대부분은 태환이 안 좋았기 때문에 거래가 순조롭지 않았다. 하지만 히토츠바시가의 번찰은 그 폐단을 깊이 간파하여, 첫째로 태환 원금에 충분히 주의를 기울여 결코 이것을 다른 곳에 유용하지 않는다는 확고한 기초를 정한 위에 발행한 것이므로 어떤 폐해도 없이 1몬메는 언제나 1몬메, 10몬메는 언제나 10몬메의 가격을 유지해서 매우 편리하게 유통되었다.

나중에는 10만 냥 정도까지 발행할 계획이었으나 우선 3만 냥을 발행하여 유통을 시작했다. 이것을 계획하여 그 절차를 정한 것은 소띠해게이오 원년[1865] 가을이었으나, 실행에 옮겨 마침내 효과를 보게 된 것은 그해 겨울부터 호랑이해게이오 2년[1866]의 봄에 이르러서였다. 이로부터 계속해서 점차 히토츠바시가의 재정에 힘을 다하여 번력藩力을 증진시킬 계획을 세우고 있었지만, 이때 좋지 않은 일을 만나게 되었다.

그것은 호랑이해[1866] 가을 오사카에서 도쿠가와 14대 쇼군 이에모치공家茂公이 훙거薨去하셔서 히토츠바시공이 쇼군가將軍家를 상속하게 된 일이었다. 겉으로 보면 군공을 따라 막부 역인에 오르는 것이므로 아주 잘된 일인 것 같지만, 내 개인적으로는 실로 다시없을 불행한 처지에 빠진 것으로 그로부터 마침내 유럽에 가게 되는 변화를 맞게 되었다. 여기서 다 얘기할 수는 없으므로 이것은 남겨 두고 여기서 마치겠다.

3.

—

유럽에 가다

더 넓은 세계와의 조우

먼저 내 신상에 관한 얘기를 전회에 이어서 하고, 다음에 제3 국면으로 변화한 상황을 얘기하려고 한다. 즉 전회는 히토츠바시가에서 일하기 시작한 데서부터 보병 징병의 임무를 띠고 빗츄 및 셋츠, 하리마, 이즈미 3개 주에 있는 영지를 순회하여 5백 명 정도의 병정을 모집한 후 교토로 돌아와 복명한 것에 관한 얘기다. 각지를 순회하던 중 생각이 떠올라 고안한 경제상의 건의, 즉 연공미 파는 방법, 하리마주 목면 매매, 빗츄의 초석 제조 등 세 건의 개혁 방안이 히토츠바시가 정부에 채용되었다. 또 그 밖에도 널리 재정상의 개혁에 참여하라는 내명을 받아 신분이 상승하여 간죠구미가시라로 재정 업무의 주역이 되었고 종래의 고요단소 근무 및 번사 간의 교제 등의 일도 겸무하게 되었다. 이어서 세 가지 사업의 착수, 번찰 발행, 전 쇼군 훙거에 따른 히토츠바시공의 승계에 관한 것까지 얘기를 했다. 간죠소에 출근한 이후의 일은 조금 더 자세히 얘기를 하려고 하는데, 그 가운데에는 중복되는 것도 왕왕 있을 테지만, 감안해서 들어주기 바란다.

개혁
착수

세 가지 사업의 개혁에 착수하다

어젯밤 얘기한 대로 간죠구미가시라로 전근한 뒤에도 고요단소 근무는 겸무였는데, 간죠소에 들어가 보니 그쪽 일이 너무 많아서 그 일에만 몰두했다. 물론 비교는 안 되지만, 이 간죠구미가시라는 지금의 대장성 차관과 같은 직무였다. 그런데 어떤 번이라도 간죠소에는 전례와 구격舊格이 많아 신입이 갑자기 들어와도 한두 달 사이에 그 격례格例조차 다 외우는 것은 쉽지 않았다. 하물며 이것을 개혁한다는 것은 보통 곤란한 일이 아니라고 생각했다.

원래 히토츠바시가의 간죠소 조직은 간죠부교가 두 명, 간죠구미가시라가가 세 명 있고 그 외에 일반간죠平勘定 및 보조간죠添勘定가 수십 명 정도 있었다. 또 오카네부교御金奉行, 오쿠라부교御藏奉行, 오가네가타御金方, 오쿠라가타御藏方 또는 오간죠소 데츠케御勘定所手付 등 총인원은 백 명 이상이었다. 더욱이 영지 행정을 하는 각 대관소의 역인도 모두 간죠부교 관할이니, 이렇게 큰 기관을 나 한 사람의 힘으로 곧바로 면모를 새롭게 하는 것은 불가능했다. 그러나 원래는 번 재정을 개혁하겠다는 목적을 가지고 들어온 것이므로, 어쨌든 간에 예산에 여분을 만들어 그걸로 군비를 갖추고 또 일반 사무도 힘써 개혁하겠다는 생각이었다. 그래서 간죠부교에게 내 생각을 조용히 말하고 동역同役 또는 휘하 사람들에게도 세세한 것까지 이 일은 이렇게 하면 좋겠다, 저 일은 저렇게 개정하면 좋겠다, 또 갑의 사무는 을의 사무에 합병하여 일국一局으로 통합하고 병의 번잡한 일을 나눠 정의 한직으로 돌리면 집무상 편리하고 또 도리에 비춰도 타당하다는 등, 항상 개혁에 주력했다.

그러던 중 전회에 대강을 말한 세 가지 사업의 개혁을 행하게 되어, 맨 먼저 효고에 출장 가서 하리마, 셋츠 등에서 거두는 연공미 판매 방법을 마련했다. 그때까지는 효고에 구라야도藏宿[98]가 있어 거기에서 적당한 시세로 인수하도록 되어 있었다. 그러나 결정은 오사카 대관이 전권을 갖고 행했기 때문에 심한 경우는 인사치레로 3홉升 싸게 파는 경우도 없지 않았다. 즉 전체 업무도 가격 정하는 일도 모조리 구라야도에 맡기고 있었던 것인데, 내 생각에는 셋츠, 하리마 양 지역의 히토츠바시령은 토지가 좋아서 자연히 연공미도 좋으니, 이 양미良米를 강가의 주조업자에게 입찰하여 술의 재료가 되는 쌀로 팔면 지금보다 분명히 1할 이상은 더 값을 받을 수 있을 것 같았다. 마

---

98   막번(幕藩) 영주의 구라마이(蔵米, 저장미)의 출납을 알선하는 업자와 그 점포

침 구라야도에 도지츠야東實屋 아무개라는 사내가 어느 정도 재주가 있어 개혁 작업에 쓸모가 있을 것 같아 그에게 주조업자의 재료가 되는 쌀로 파는 걸 시도하게 했다. 그랬더니 곧바로 효과가 나타나서 되 기준으로 전년보다 한 냥에 5홉 이상 비싸게 팔렸다. 그러나 이때 시세가 얼마 정도였고, 순이익이 어느 정도였던가는 기억이 나지 않는다.

이어서 빗츄에 가서 초석 제조소를 세웠다. 이전에 보병 징발을 하러 왔을 때에 면식이 있던 검객 세키네라는 사내가 초석 제조에 뜻을 두고 있었기 때문에 그를 등용했다. 또 지역의 유력 농민에게도 그런 뜻을 말하고 장려하기 위해 약간의 원금을 주었다. 마침내 완전한 초석이 만들어지면 이 정도 정가로 사주겠다는 식으로 4곳 정도 제조소를 열게 했다.

그 후 이어서 하리마에 가서 목면 매매의 방법을 강구하는 데 진력했다. 원래 하리마는 목면이 중요한 산물로 오늘날에도 도쿄에 오는 사라시 목면曬木棉은 대개 하리마의 히메지姬路에서 오는 것이다. 물론 히토츠바시의 영지는 겨우 2만 석 정도였기에, 그 촌들에서 나오는 목면도 그에 상응하는 물량이었다. 그리고 이것은 대개 촌민이 그냥 자유로이 오사카에 파는 것이어서 따로 방식도 규제도 없었다.

그런데 히메지번은 번에서 법을 만들어 영내에서 나오는 목면은 모두 히메지에 모아 표백한 후 오사카 및 도쿄에 팔았기 때문에 일반 가격과 비교하면, 매우 비쌌다. 그런데 이웃인 히토츠바시 영지의 것은 값도 싸고 생산량도 적었다. 운 좋게도 목면이 많이 나는 지역이고 또 노동력도 많아 만들면 만드는 만큼 생산할 수 있어, 히메지 쪽은 훌륭하게 하나의 산물이 되어 있는데, 아무리 영지가 좁다고 해도 히토츠바시 목면이 중요한 산물이 되지 못한 것은 매우 유감스러웠다. 따라서 이것을 하나의 산물로 하려면 우선 목면을 생산하는 자에게서 고가로 사들여, 그것을 오사카 또는 에도에 팔 때에는 가능한 한 싸게 파는 길을 강구하면 반드시 번성하게 되어 영지의 부를 증가시킬 것이 틀림없다고 생각했다. 나아가 매매할 때에는 히토츠바시의 번찰을 유통시켜 매매의 편리를 꾀하려고 기획했다.

번찰의 발행

번찰이라는 것은 현재의 태환지폐兌換紙幣 같은 것으로 그 무렵 쥬고쿠, 규슈九州의 번들에서 많이 유행했다. 원래 지폐로 금은을 대신하는 것은 경제상 있을 수 있는 일로 다른 나라에도 지폐가 있다고 들었기 때문에 굳이 이상하다고 생각할 것은 아니라고 봤다. 당시 번찰 중에서 죠슈 및 히고肥後, 히젠肥前의 번찰은 통용이 약간 잘되었지만 히메지와 그 외의 번찰은 대부분 타번他藩에는 통용되지 않았다. 갖고 있어도 한 다발의 번찰로 두부 한 모도 살 수 없는 상황이었다. 영내 통용도 얼마 할인, 얼마 곱하기 등등 해서, 예를 들면 백 몬메의 번찰에 3을 곱하여 30몬메로 거래하는 상황이었다. 번찰의 표면에 쓰여 있는 가격은 거의 허가虛價이고 실가는 당시의 시세에 따랐다. 실제로 내가 빗츄를 오가는 중에 비젠備前의 오카야마岡山를 통행하다가 번찰을 약간 갖게 되었는데, 번경藩境을 넘어서면 통용되지 않으니 영내에서 써버려야 한다고 하여 필요도 없는 물건을 산 적이 있다.

원래 번찰 가격이 이와 같이 하락한 원인은 정금 태환이 불충분하기 때문이다. 말하자면 각 번의 거래소가 때때로 문을 닫거나 혹은 교환을 중지하거나, 심한 경우에는 타 영지에 가서 번찰을 사용하면 그만큼의 이득이 있다고 생각하는 재정 관계 역인이 많았다. 그 때문에 번찰의 신용이 완전히 땅에 떨어져 앞서 말한 지경에 이르렀던 것이다. 나는 꼼꼼히 이런 상황을 챙겨 보고, '정말 어리석은 일이다. 금은보다 지폐가 편리한 것은 틀림없으니, 교환을 위해 정금을 준비하여 지폐를 사용하는 것이 편리하다. 그런데 이 지폐가 소각되면 좋다든가, 잃어버리면 좋다든가 하는 도둑 근성으로 사용한다면 정말 가소로운 일로, 국가의 통화로 사리를 탐하는 것이다. 그런 생각을 하지 말고 정직하게 번찰을 유통시킨다면 결국 히토츠바시의 지폐는 잘 통용될 것'이라고 생각했다. 원래 나는 이런 것에 대해서 당시에는 따로 지식이나 경험이 없었고, 또 외국 지폐 운용에 대해서 들은 적도 없어 말하자면 어림짐작으로 낸 아이디어였다. 하지만 지금 생각해 보면 이때의 아이디어는 경제의 원리에 우연히 맞아떨어졌다. 즉 지폐는 이러한 효과가 있고 또 저러한 폐단이 생기기 쉬우므로 그 효과를 취하고 폐단을 피할 수 있다면 지폐 사용의 진정한 실익을 얻을 수 있었다.

하리마의 영지에서 목면이 많이 나오는 곳은 인나미군인데 그 군 가운데 이마이치촌이라는 곳에 번찰 교환소를 설립했다. 물론 목면이 많이 나오는 곳은 이마이치로부터 2, 3리 북쪽에 있는 촌이었지만, 이마이치촌에는 지역 재산가도 많고 적당한 가옥도 있었다. 또 교환 정금을 저장할 창고나 그 밖의 조건도 갖춰져 있고 각지로 운반하기 편리한 최상의 곳이었기 때문에 여기에 회소를 정한 것이다. 이 이마이치 근방에 다카사고^{高砂}라는 곳이 있는데, 저 유명한 오노에^{尾上}의 소나무가 있는 명소이고, 또 근처에 소네촌^{曾根村}이 있어 소네의 다마쿠라^{手枕}라는 이름 높은 소나무가 있었다.

번찰 발행 방법은 목면 매입을 위해 자본을 원하는 상인에게는 목면과 교환함으로써 적절하게 지폐를 주고 곧바로 니가와세 대금^{荷爲替貸金}의 수속을 한다. 만약 이 목면을 본인의 손으로 오사카에 매각하려고 할 때에는 처음에 자본으로 빌린 번찰의 금액을 정금으로 오사카에서 지불하면 목면을 받을 수가 있다. 또 회소가 매각해 주길 바라는 자가 있을 때에는 회소에서 판매 절차를 만들어 취급하고, 그 매상 대금 가운데에서 대부해 준 번찰 대금을 수취하여 상호 결산을 한다. 그리고 그 사이에서 약간의 수수료를 취하는 것이었다.

새로운 계획의
성공

또 번찰의 교환 장소는 이마이치촌의 회소로 정하여 준비금은 이마이치와 오사카에 두기로 하고 오사카에 둔 돈은 오사카의 호상에게 맡겨 이자를 취하는 구조였다. 말하자면 만 냥의 번찰을 발행하면 그 가운데 5천 냥은 이마이치에 비축하지만, 나머지 5천 냥은 30일 전에 통지하면 반납한다는 약속으로 오사카의 금주金主에게 예치했다. 금주는 이마보리今堀, 도노무라外村, 츠다津田 그 외 두 곳 정도였는데 22곳의 환전상爲替組 중에서도 유력한 부호 다섯 곳이 담당했다. 최초의 번찰을 발행한 자금에서부터 그 외 일체의 비용에 이르기까지 모두 이 다섯 곳에서 조달하여 간죠소는 일절 출자하지 않고 다만 이 일을 허가하는 것만 했다.

번찰 발행고는 최초에는 우선 3만 냥으로 하고 실시해 본 후에 10만 냥으로 할 예정이었지만, 사정을 봐서 20만 냥 또는 30만 냥까지도 발행할 계획이었다. 계획은 정해졌지만 번찰의 종이 제조 및 판목 조각을 명하는 일, 또 이마이치의 회소를 수선하고 오사카 출장소를 정하는 일 등에 꽤 시일이 걸렸기 때문에 나도 소띠해^{게이오 원년}[1865] 가을부터 겨울까지 반년을 하리마와 오사카에서 지냈다. 마침내 실시된 것은 소띠해[1865]의 12월에서 호랑이해[1866] 초에 걸친 때였다고 기억한다. 다행히 일이 잘 진행되어 발행고가 3, 4개월 만에 딱 3만 냥 정도 되었고 교환도 매우 적었다. 목면 매매가 매우 편리해졌기 때문에 처음에는 신법, 신법 하며 걱정했던 영내 촌민들도 이에 이르러 모두 안심하고 기뻐하는 기색을 보였다.

그러는 사이에 교토에서 명령서가 왔는데 번찰 업무는 어느 정도 절차가 마무리되었으니 다른 사람에게 맡기고 나는 귀경하라는 명령이 부교奉行에게서 왔다. 그래서 사람들에게 절차를 알려 주고서 호랑이해[1866] 3, 4월경에 교토로 돌아와 매일 간죠소에 출근하여 회계 업무를 보았다.

막부
근무

죠슈 정벌 문제

이보다 앞서 도쿠가와 14대 쇼군 이에모치공은 교토로 가게 되어 호랑이해[1866] 여름경에는 오사카성에 체류하고 있었다. 그런데 쥐해겐지 원년[1864] 가을 죠슈의 모리毛利[99]가 조정 명령을 어기고 무엄하게도 궁궐에 발포하고 막부를 멸시했기에 선제先帝, 즉 고메이 천황孝明天皇은 매우 노하시어 죠슈 정벌 칙명을 막부에 내렸다. 그래서 막부는 대대적으로 각 번에 군령을 내려 오와리 다이나곤尾張代納言이 총독이 되어 죠슈 정벌을 시작했지만, 쇼군의 군령도 행해지지 않고 각 번의 전투 의욕도 한결같지 않았다. 결국 대군을 피로하게 했을

---

99   죠슈번의 번주 가문. 1591년 도요토미 히데요시로부터 8개국 112만 석을 영지로 받아 히로시마 성으로 본거지를 옮겼는데, 세키가하라 전투에서 패하여 스오(周防), 나가토(長門) 2개국으로 영지가 삭감되었고 하기(萩)에 성을 두었다. 죠슈번은 공칭 36만 9,000여 석.

뿐 조그만 공도 거두지 못하고 끝났다.

그래서 금년에는 막부 친병에 후다이譜代 제후의 군대, 즉 막부 측만의 군을 편성하여 재정벌에 나섰지만, 역시 죠슈 세력이 강해서 병력 파병이 적었던 게이슈藝州 방면의 전투는 연전연패하여 막병幕兵은 쫓겨나기 일쑤였다. 계속해서 신통한 전과를 거두지 못하자 조정은 막부에 속히 정벌하도록 재촉하는 명령을 내렸다. 이에 마침내 우리 히토츠바시공이 죠슈 정벌의 대임을 맡게 되었다. 이 죠슈 정벌은 막부에는 실로 중대사여서 만일 실패할 때에는 안 그래도 쇠퇴하고 있던 권세가 점점 위축되어 도쿠가와 천하도 운명을 다할 것은 필연적이었다. 그 때문에 히토츠바시공은 분연히 자임하여 이 거사에 성패를 걸고 스스로 정토의 대임을 맡았던 것이다.

이것이 게이오 2년[1866] 호랑이해 여름경이었는데, 이렇게 되자 비록 아직 미숙하더라도 작년 봄에 병제를 만들어 보병대를 편성한 것은 때마침 큰 쓰임이 있게 되었다고 요닌 등이 말했다. 이때 나도 죠슈 정벌 수행을 명받아 간죠구미가시라에서 오츠카이방격御使番格으로 영전榮轉했다. 앞에서 말한 대로 나는 간죠구미가시라직을 명받고 나서는 오로지 히토츠바시가의 재정 정리에 힘을 쏟아 간죠소의 각종 개선을 추진해 왔었다. 그런데 이처럼 주군 출진이라는 상황이 되고 보니 겁쟁이 무사로 남들에 뒤처지는 것은 달가워하지 않는 성격 탓에 억지로 종군을 자원하여 주군의 말 옆에서 한목숨 버릴 각오를 했다. 그런데 그때 오사카에 체류 중이던 쇼군 이에모치공이 갑자기 훙거하는 대변大變이 일어났다. 그로 인해 히토츠바시공의 죠슈 정벌도 중지되었고, 대신에 로쥬 이타쿠라 스오노가미板倉周防守, 오메츠케

나가이 겐바노가미永井玄蕃頭 등이 교토에 와서 히토츠바시공에게 쇼
군가 상속을 권하게 되었다.

요시노부공慶喜公 15대 쇼군에 추대되다

이 상속 문제에 대해서는 갖가지 논의가 있었다. 원래 히토츠바시
공이 쇼군가의 후계자가 되는 것에 대해서는 지난 안세이 초에 13대
쇼군 온공공溫恭公=이에사다 생전에 교토로부터 히토츠바시를 꼭 후계
자로 해달라는 내유가 있었다. 그런데 그 당시 원로[大老]였던 이이
가몬노가미井伊掃部頭가 히토츠바시공이 현명한 것을 꺼려 조정의 명
을 따르지 않았다. 그뿐 아니라, 심지어는 히토츠바시공을 유폐시키
고 마침내 이에모치공이 기슈紀州에서 들어와 온공공의 뒤를 잇게 되
었다. 그런 경위도 있고 시세도 점점 급박해져 도쿠가와 막부는 흡사
누란의 위기에 있었기 때문에 이 상황에서 쇼군이 되기에 적당한 인
물은 가문 중에는 없다고 해서 이 같이 히토츠바시공을 고르는 데 일
치하여 마침내 히토츠바시공에게 쇼군가 상속의 얘기가 들어왔던 것
이다.

반대 의견의 개진

이때 나와 기사쿠는 그 소문을 듣자마자 불가하다고 강하게 주장
했다. 그러나 당시에는 구로카와 가헤에의 권세가 쇠퇴하고 하라 이
치노신原市之進[100]이 요닌의 필두였다. 이 하라라는 사람은 미토 출신으

---

100   1830~1867년. 미토 번사. 아이자와 세이시사이(會沢正志斎), 후지타 도코에게 배웠고 이후 막

로 홍도관 교수를 지내 한학도 꽤 잘했다. 구로카와와는 달리 상당한 인재라는 평판도 있고, 또 사리 분별도 잘하는 사람이었다. 나도 이 사람과는 이전부터 두텁게 교제하고 있던 터라 이번 일에 대해서도 그에게 상속이 불가함을 여러 번 주장했다.

그 주장의 요지는 아래와 같다. 지금 도쿠가와 씨는 이를 가옥에 비유해서 말하자면 토대도 기둥도 썩고, 지붕도 2층도 삭은 큰 집과 같다. 만일 이것을 수리하려고 한다면 가장 큰 기둥 하나를 바꾼다고 되지 않는다. 즉 개조하는 것 외에 혁신의 길은 없다. 어설프게 수선을 꾀하여 기둥을 바꾼다거나 건물을 고친다면 오히려 붕괴를 앞당길 뿐이기 때문에 차라리 그대로 방치하고 옆에 보조 기둥을 세우는 고식책으로 유지하는 게 낫다. 그러나 그래도 유지가 불가능할 때에는 붕괴될 수밖에 없다. 설령 어떠한 명군 양주名君良主가 상속하더라도 도저히 이런 상태로 중흥은 불가능하다. 설령 지금 히토츠바시공을 현군의 재능이 있다고 후계 쇼군으로 받들더라도 황공하오나 군공 한 분으로는 어떻게 할 수가 없다. 어쩌면 오히려 멸망을 앞당기는 것이 될지도 모른다.

그 이유는 지금은 천하 사람들이 모두 막부 역인이 나쁘다고만 하고 있기에 거기에 이목이 집중되어 원성이 덜하지만, 향후 현명한 군주가 상속했다고 하면 모든 일에 기대감이 두드러지게 높아질 것이다. 예를 들어 집안일에 비교해 보아도 주인이 부재, 혹은 병중이라

부 관학 기관인 쇼헤이코(昌平黌)에 들어갔다. 번에 돌아간 후 홍도관 훈도(弘道館訓導)가 되었다. 히토츠바시 요시노부를 섬겨 그가 쇼군이 되자, 메츠케가 되었다. 효고 개항을 주장하다 막신에게 암살되었다.

면 사소한 실수는 용서하는 마음이 생기지만, 만약 주인이 엄연히 집에 있을 때에는 조그만 실수라도 신경을 안 썼다거나 실례되는 대우를 한다면 용납하지 않는 것과 마찬가지다. 따라서 지금 히토츠바시공이 대통을 이어 쇼군가를 상속하는 것은 마치 사지에 뛰어드는 것으로 실로 최악의 실책, 위험천만한 일이다. 그러니 부디 상속은 그만두실 것을 바란다.

내 생각은 이러했다. 누란의 위기에 있는 막부를 하루라도 길게 유지하기 위해서는 히토츠바시공이 상속을 사양하고 다른 신빤親藩[101]에서 사람을 골라 쇼군가를 잇게 한 다음, 히토츠바시공은 이전처럼 보좌를 하며 교토수어총독의 직에 계속해서 전념하는 것이 쌍방에게 득책이다. 그러나 이 총독의 대임을 완수하기 위해서는 병력이든 재정이든 지금의 상태로는 아무것도 할 수 없으니 부디 이 기회를 살려 기나이 혹은 그 근방에 50만 혹은 백 만 석의 봉토를 가증加增받는 것을 도모해야 한다고 구체적인 예를 들어가며 재삼재사 설득했다.

그런데 하라 이치노신도 원래 천하 형세는 잘 알고 있었기에 내 의견이 당연하다고 생각하여 "그대가 얘기하는 것은 다 맞는다고 생각하오. 그 정도까지 생각한다면 어전에 나아가 그 취지를 언상해 주시오"라고 해서 곧바로 군공에게 배알을 청하여 직접 의견을 개진하기로 했다. 그러나 이튿날 군공께서는 이타쿠라, 나가이 등

---

[101] 도쿠가와 이에야스 이래 도쿠가와 자제로 다이묘가 된 자의 번. 오와리, 기이(紀伊), 미토의 고산케를 비롯하여 아이즈, 에치젠의 마쓰다이라가 등의 번의 총칭. 도쿠가와 종가와 친척에 해당되는 번들로 문벌은 매우 높았으나, 막정 간여에는 엄격한 제한이 있었다.

의 간청을 받아들여 갑자기 오사카에 내려가는 바람에 유감스럽게도 배알은 실현되지 못했다.

다시 전직하여 막부의 신하가 되다

이런 경위를 거쳐 마침내 히토츠바시공이 쇼군가를 상속하기로 결정하고 번 전체에 포고하셨기에 우리들도 그 일을 받아들였지만 실로 탄식이랄까 아쉬움이랄까, 그때의 심중은 지금 생각해도 참으로 실망의 극치였다. 보통 사람의 생각으로 보자면 자기가 모시는 군공이 쇼군가를 상속했으니 어쩌면 막부에 등용되어 높은 역인이 될지도 모른다, 그렇다면 출셋길이 열릴 것이니 큰 행운이라 여기고 기뻐했을 것이다. 그러나 우리 두 사람은 '이제 큰일은 벌어졌다. 앞으로는 어떻게 하면 좋을꼬. 원래대로 낭인이 될까. 아니야 기다려봐. 낭인이 되어도 갈 곳이 없어. 그렇다고 언제까지나 이렇게 있을 수는 없다. 이미 히토츠바시가에서 일한 지도 2, 3년이 지났으니 이제부터 다시 죽을 궁리를 해 보자. 히토츠바시공도 지금 쇼군가를 상속하셔서는 이미 희망이 없다. 현명하다 뭐다 해도 역시 다이묘는 다이묘라 어쩔 수 없다. 우리들의 건의를 받아들여 주지 않을 거다. 건의가 행해지지 않는 이상에는 할 수 없으니 떠날 수밖에 없다'는 등 수시로 상의했다.

8월에 이르러 드디어 쇼군가를 상속하고 우리들도 막부에 등용되어 막신의 말석에 앉게 되었다. 히토츠바가의 중신 중에서도 하라 이치노신, 우메자와 마고타로梅澤孫太郎, 에노모토 쿄조榎本亨藏 등은 오메츠케 혹은 오츠카이방 등 등급에 따라 각각 전직했다. 하지만 우리들은 원래 지위가 낮았기 때문에 육군부교陸軍奉行 관할 시라베야쿠調役라는 오메미에 이하御目見以下의 역직에 임명되어 막부에서 일하게 되었다. 앞에서도 말한 대로 크게 실망하고 있었기 때문에 일이 손에 잡히지 않아 아침에도 일찍 출근하지 않고 책이나 읽으면서 옛날의 영웅호걸을 벗 삼아 허풍이나 떠는 생활이었다.

회상해 보면 히토츠바시가에 등용되고서 이미 2년 반의 세월이 지났지만, 군제와 재정 등의 일은 내 주장이 채용되어, 고생고생해서 조금은 발판을 마련했지만, 이것들이 모두 수포로 돌아간 것은 실로 유감이었다. 그러나 간죠소의 업무만은 신중하게 후임자에게 인계하고 그중에서도 번찰 처리는 이렇게 해야 한다, 연공미는 이렇게 하는 게 좋다 등의 의견을 남기고 히토츠바시가를 떠났던 것이다. 우리들은 오사카에서 막부 역인이 되어 여인숙에서 뻐기기만 하고 있었는데, 신임 쇼군이 교토로 올라가게 되어 우리들도 수행하게 되었다. 교토에서는 매일 육군부교 근무지 옆에 있는 우리 근무처에 출근했는데, 동료는 약 14, 5명이고 구미가시라라고 하는 자도 한 명 있었다. 이 구미가시라는 모리 신쥬로森新十郎라는 사람으로 잔재주가 있는 에도코江戸っ子[102]풍의 사내였다. 나는 원래 불만도 있고 즐겁지도 않아서 직무에 힘쓰지 않았는데, 그러는 사이 뜻하지 않은 일을 만나게 되었다.

---

102   에도에서 나고 에도에서 자란 에도 토박이

오사와 겐지로大澤源次郎의 체포

그 무렵 오사와 겐지로라는 고쇼인방御書院番의 사무라이가 금리禁裏를 경비하는 방가시라番頭 부대에 속해 교토에 체류하고 있었다. 그런데 그에게 국사범의 혐의가 있다며 교토 마치부교京都町奉行[103]로부터 육군부교에 문의를 해왔다오사와의 신분은 고쇼인방이지만 금리어경위방(禁裏御警衛番) 무사는 육군부교 관할이었으므로 이런 문의가 있었던 것이다. 그런데 오사와에게는 다수의 공모자가 있고 병기와 총포 준비까지도 했다는 소문이 있었기 때문에 육군부교 역소에서 함부로 손을 댈 수 없다고 해서 큰 소동이 벌어졌다.

이 사건을 보더라도 이 무렵 막리의 비겁함을 알 수 있지만, 결국 오사와를 포박하는 걸 신센구미新選組[104]에 의뢰하게 되었다. 그러나 오사와는 육군부교 관할의 사람이므로 부교 대리로 시라베야쿠 구미가시라調役組頭 혹은 시라베야쿠 중 한 사람이 신센구미에 동행하기로 했는데 구미가시라는 방금 말한 대로 유약하고 잔재주나 부리는 인물이었기 때문에 그런 곳에 가는 것을 좋아하지 않았다. 그렇다면 '누가 가라 네가 가라' 하는 사이에 시부사와는 원래 낭인으로 강한 일을 두려워하지 않는 사나이이므로 그에게 명하면 좋을 것이다라고 해서, 이 불운이 나에게 떨어졌다. 그러나 나는 그런 게 좋았으므로 얼씨구나 하고 "좋습니다, 가겠습니다, 어떻게 하면 되겠습니까" 하고 구미가시라에 물어보니 그가 말하길 "원래 오사와는 육군부교 소속이니

103　막부가 설치해서 교토 시정(市政)을 담당한 기관
104　교토에서 암살·방화 등 존양파의 폭력이 난무하자, 막부가 낭인들을 모아 만든 경찰 조직. 아이즈번이 지휘를 담당했다. 반막부 인사들의 체포·처단 등 큰 활약을 했다.

당신은 신센구미 장사들을 데리고 가서 부교 대리로서 오사와에게 수상쩍은 점이 있어 포박하여 심문할 테니 그리 알라고만 하면 그걸로 임무는 끝나오. 그러고 나서 곧바로 신센구미에 넘겨주어 포박시켜 에도에 보내기만 하면 되오"라고 했다. 그것은 손쉬운 일이었다.

이어 교토 마치부교소에 가서 신센구미 대장 곤도 이사무^{近藤勇}를 소개시켜주겠다고 해서 곧바로 교토 마치부교소에서 곤도와 면담했다. 그리고 신센구미 장사 6, 7명의 호위를 받으며 그날 밤 기타노^{北野} 부근의 어떤 집에 휴식하면서 오사와의 동정을 정탐했다. 오사와는 기타노 근처 사원에 숙박하고 있었는데 때마침 외출 중이었지만 곧 돌아온다고 했다. 얼마 안 있어 다시 정탐원이 오사와가 사원에 돌아왔다고 알려왔기에 신센구미의 장사들은 자기들이 곧바로 쳐들어가 포박할 테니 그다음에 내 임무를 수행하도록 하라고 했으나, 나는 이를 거부했다.

"그건 안 되오."

"전에 그렇게 하기로 마치부교소에서 얘기했지 않은가."

"아니오, 그렇게 하면 내 임무를 다할 수 없소이다. 설령 구미가시라와 합의를 했더라도 내가 명을 받은 이상 내 생각에 맞지 않는 것은 받아들일 수 없소. 말하자면 나는 정사^{正使}이니 부교의 명을 전하기 전까지는 오사와는 아직 죄인이 아니오. 죄인이 되기도 전에 당신들이 포박할 수는 없으니 내가 부교의 대리로 오사와를 만난 후에 수상한 점이 있어 포박하여 심문할 테니 그리 알라고 말한 후에 신속하게 포박하면 될 것이오."

"포박하고 나서 언도해도 되지 않은가."

"포박하고 나서 언도하는 것은 안 되오."

"하지만 만일 오사와가 대비를 하고 있다 언도하는 순간에 베려고 덤벼들면 어쩔 셈인가."

"그런 것은 빈틈없이 할 테니 걱정할 필요 없소. 베러 달려들면 나도 거기에 맞게 상대하겠소."

"당신이 그런 걸 할 수 있는가."

"바보 같은 말하지 마시오. 나는 얼치기 무사와는 다르오."

이렇듯 반 농담으로 문답을 하고는 함께 한바탕 웃었다. 이윽고 경비하는 무사를 문 앞에 기다리게 하고 나는 곤도 이사무와 함께 사원 안으로 들어가 "겐지로는 집에 있는가"라고 하니 지금까지 이러쿵저러쿵 한 논의가 무색하게 겐지로는 벌써 자고 있었는지 잠옷을 입은 채 졸린 눈으로 나왔다. 나는 부교의 명령을 전하고 칼 두 자루를 뺏은 후에 곧바로 포박했다. 이걸로 내 임무는 끝났다. 오사와 겐지로를 신센구미의 손으로 마치부교에 넘기고 그날 밤 3시경에 부교의 숙소에 가서 보고를 했다. 그때 부교였던 사람은 지금의 미조구치 가츠유키溝口勝如 씨로 그 무렵은 이세노가미伊勢守였고 매우 영특하다는 풍문이 있던 사람이었다. 태평한 시절의 역인이었기 때문에 이런 작은 일에도 깊이 걱정하여 나의 복명을 자지도 않고 기다리고 있었다. 오사와 포박의 경위를 하나하나 말했더니 부교도 크게 기뻐하여 "정말로 쓸모가 있구나, 쓸모가 있어"하며 나사羅紗로 된 하오리羽織를 즉석에서 포상으로 받은 적이 있었다.

앙앙불락快快不樂하다

그러나 이건 그때 잠깐의 일이었고, 끝나고 보면 그뿐인 것이었다. 앞에서도 말한 대로 날이 갈수록 상태가 좋지 않아져, 왠지 모르게 세상에 대한 희망이 옅어지게 되었다. 곰곰이 생각해 보면 요 1, 2년 사이에 도쿠가와 막부는 분명히 무너질 게 틀림없다. 어리석게 이대로 막부 신하로 있으면 등용되지도 못하고 그렇다고 굳이 미움도 받지 않고, 말하자면 가可도 아니고 불가도 아니면서 마침내 망국의 신하가 될 것임이 틀림없었다. 그러니 여길 떠나는 거 말고 방법이 없는데 떠나려면 어떻게 하면 좋을까 하고 그저 이래저래 싫증만 내고 있었다. 하지만 아무래도 방법이 생각나지 않았기 때문에 갑자기 떠나지도 못했다. 히토츠바시 시절에는 때때로 군공도 배알할 수 있었는데 쇼군가를 상속한 후에는 배알 요청을 해도 만날 수 없었다. 하라 이치노신조차도 비밀 경로로 상의를 하는 모양으로, 충분히 보좌할 수 없는 상황인 것 같았다. 거의 품은 옥을 빼앗긴 듯한 심정이어서 이러저러하게 푸념이 생겨났다. 그렇다고 언제까지나 그대로 있으면 망국의 신하가 될 것은 필연적이었기 때문에 더 이상은 정말 어쩔 수가 없어 마침내 원래대로 낭인이 될 각오를 정한 것이 그해게이오 2년[1866] 11월경이었다.

외국행

프랑스행의 밀명과 그 준비

그런데 그달 29일 하라 이치노신에게서 급히 얘기할 것이 있으니 와달라는 사자가 왔다. 곧바로 가보았더니 다음과 같은 일이었다. 오는 1867년에 프랑스 박람회[105]가 있는데, 각국의 제왕도 모두 프랑스에 모이니 일본도 다이쿤大君[106]의 친척을 파견하면 좋겠다고 프랑스 공사

---

105   파리 만국 박람회는 1855, 1867, 1878, 1889, 1900, 1925, 1931, 1937년 8회 열렸다. 1867년의 파리 박람회에는 일본에서 막부·사쓰마번(薩摩藩)·사가번(佐賀藩)이 참가했다. 막부는 대량의 농업·공업관계 물산, 공예품, 니시키에(錦画, 우키요에 판화의 발전된 형태), 출판물 등을 출품했고 사쓰마·사가번도 각각 특산품을 전시했다. 막부 사절로 민부공자, 즉 도쿠가와 아키타케(德川昭武)가 박람회에 파견되었고 유럽 각국을 돌면서 일본의 실정을 널리 소개했다.

106   외국에 대하여 사용한 도쿠가와 쇼군의 칭호이다. 다이쿤은 『역경(易経)』에서 따온 것이다. 이 칭호는 3대 쇼군 이에미쓰(家光) 시기부터 조선과의 외교 문서에서 쓰게 되었다. 이것을 6대 쇼군 시기에 아라이 하쿠세키(新井白石)가 '일본 국왕(日本國王)'으로 바꾸었으나 다시 8대 쇼군 요시무네(吉宗)가 되돌렸고 막부 멸망까지 이 칭호를 사용했다.

가 제안을 하여 여러 상의 끝에 미토의 민부공자를 보내기로 결정했다. 외국부교外國奉行[107]도 수행을 하지만, 박람회가 끝나면 프랑스에 머물러 학문을 시키라는 것이 군공의 생각으로 우선 5년이나 7년은 그 나라에 유학할 계획이다. 따라서 수행원도 많은 인원은 데리고 갈 수 없을 것이다.

민부공자 도쿠가와 아키타케(1867)

그러나 지금까지 민부공자를 모시던 미토 사람들이 공자를 혼자 외국에 보내는 것은 받아들일 수 없다고 해서 하는 수 없이 7명만 데리고 가기로 했다. 그런데 이 7명은 원래 양학 등은 할 마음도 없고, 옛날처럼 외국인을 이적 금수夷狄禽獸라고 생각하는 융통성 없는 완고한 자들이어서 이런 사람들만 붙여 놔서는 장래가 불안하다. 물론 민부공자의 오모리역御傅役[108]으로는 막신 야마다카 이와미노가미山高石見守라는 사람이 임명되었지만, 미토의 7명과 같이 보좌하면서 민부공자에게 학문을 시키는 것은 매우 곤란한 일이라고 생각된다. 그런데 군공께서는 도쿠다유篤太夫[시부사와]야말로 이 임무에 적당하고 미래에 기대도 많이 할 수 있을 것이

---

107   1858년 신설된 외교 전담 장관
108   곁을 지키며 기르고 가르치는 직책. 또 그 직책을 맡은 사람

라고 분부하셨다. 하라 이치노신도 군공의 발탁에 감복하여 도쿠다유에게 충분히 그 뜻을 전하겠다고 말씀드렸다는 것이었다.

　나는 "당장에 받잡겠습니다"고 했다. 기대하지도 않았던 갑작스러운 얘기에 기쁨은 실로 뭐에도 비유할 수가 없었다. 사람에게는 뜻하지 않게 요행이 찾아오는 구나라고 맘속으로 생각하고 "당장 받아드릴 테니 꼭 파견해 주십시오. 어떠한 어려움도 결코 마다하지 않겠습니다"라고 하라 이치노신에게 대답했다. 그러고 나서 출발 일자 등을 물어보니 아마 금년 중일 것인데 1개월 내에 준비해야 할 것이고, 외국부교 무코야마^{向山=隼人正}는 에도에서 직접 출발할 것이며, 오모리 역인 야마다카는 여기에 와 있으니 만사를 상의하는 게 좋을 것이라고 했다. 한편 미토에서 수행하는 사람들은 기쿠치 헤하치로^{菊池平八郎}, 이사카 센타로^{井阪泉太郎}, 가지 곤자부로^{加地權三郎}, 미와 단조^{三輪端藏}, 오이 로쿠로자에몽^{大井六郎左衛門}, 미나카와 모^{皆川某[源吾]}, 핫토리 쥰지로^{服部潤次郎} 등 7명인데 이들과도 접촉해서 준비를 하는 게 좋을 것이라고 했다.

　나는 이 양행^{洋行} 명령이 너무 좋아서 고향 아버지에게는 편지로 알렸지만, 기사쿠는 이때 오사와 겐지로를 에도로 압송하는 호송 임무를 명령받아 부재중이어서 언제 돌아올지 알 수가 없었다. 그러나 처음부터 생사를 함께 하자고 약속한 친한 친구였기에 해외로 떠나기 전에 꼭 한 번 만나고 싶어서 이번에 명받은 일에 대해 경위를 일부 적어서 이러한 사정이니 가능한 한 빨리 돌아왔으면 좋겠다, 만일 돌아오는 게 늦어지게 되면 어쩌면 서로 엇갈려 만나지 못할지도 모르겠다고 급히 편지를 보내고 그로부터 오로지 외국행 준비를 시작했다.

그러나 독신 서생獨身書生이라 검은 저고리와 여행용 하카마袴 한 벌 등 가벼운 옷차림만 준비했다. 또 오늘날 보면 아무리 가난한 마부라도 신을 거 같지 않은 신발을 사고 이전에 오쿠보 겐조大久保源藏가 요코하마에서 사 온 호텔 급사가 입은 듯 보이는 낡은 연미복 한 벌을 받았다. 물론 바지도 조끼도 없는 것이었다. 지금 생각하면 정말 우습다. 그때는 아무런 물정도 모르고 또 지도를 받을 사람도 없었기 때문에 내 맘대로 여장을 꾸리고 교토 셋집 정리를 하고 의류, 물품 등 처분도 대충 끝내고 났더니 기사쿠가 에도에서 돌아왔다.

만나서 상세히 지금까지의 경위를 말하고 "나는 다행히 이런 명을 받아서 큰 행운이지만 너는 걱정이야. 다시 낭인이 될 수도 없으니 오히려 운명을 하늘에 맡기고 요시노부공을 가까이서 모실 수 있는 자리를 찾아봐. 하지만 도쿠가와 정부는 더 이상 오래 유지될 수 없을 테니 망국의 신하가 될 각오를 하고 있지 않으면 안 돼. 물론 이건 해외에 있더라도 마찬가지겠지. 둘 다 처음에는 도쿠가와 막부를 멸망시킬 일념으로 고향까지 떠난 몸이지만, 지금 이런 입장이 된 이상에는 갑자기 변절할 수도 없으니 망국의 신하가 되는 것을 감수할 수밖에 없지만, 그렇더라도 말로에 꼴사나운 일은 없었으면 한다. 나는 해외에 있고 너는 이 나라에 있어 있는 곳은 떨어지게 되지만, 말로에 임해서는 서로 잘 주의하여 부끄럽지 않은 행동을 하자. 정말로 뜻을 품은 장부답게 죽을 때는 수치를 남기지 않도록 하자"고 서로 훗날을 기약하며 이별했다. 그 외 붕우 고구朋友故舊들에게도 각각 작별을 고했지만 별로 중요하지 않으니 생략하겠다.

일행의 출발

민부공자 일행이 교토를 출발한 것은 12월 29일이었으므로 게이오 3년 토끼해[1867] 정월 초하루는 죠게마루^{長鯨丸}라는 배 위에서 맞았고, 요코하마에 도착한 것이 4일인가 5일경이었다. 요코하마에 체류한 것은 5, 6일 정도였고, 그사이에 제반 준비를 마치고 간죠부교 오구리 고즈노스케^{小栗上野介109}, 외국부교 가와카츠 오미노카미^{川勝近江守} 등의 사람들과도 만났다. 또 어학 교사였던 프랑스인 비랑이라는 사람이 초대해 연회를 베풀어 주었는데, 이때 처음 오찬으로 양식을 먹었다. 모든 준비가 다 되어 마침내 정월 11일 프랑스 우편선 아르헤호에 올라 일본 땅을 떠났는데, 이것이 수만 리나 되는 서양 각국 순회 여행의 시작이었다. 나는 물론 미토에서 와서 수행하고 있는 7명의 호종도 외국 여행은 조금도 알지 못했기 때문에 선중에서 매우 이상한 일들도 있었지만 중요한 얘기는 아니니 생략한다. 특히 이 여행의 일기는 나와 스기우라 아이잔^{杉浦靄山110}이 함께 집필하여 『항서일기^{航西日記111}』라는 책을 전에 편술한 적이 있다. 상세한 것은 그 책에 기록되어 있으니 거기에 미루기로 한다.

109　　오구리 다다마사(小栗忠順, 1827~1868). 막신. 만엔(万延) 원년(1860) 미일수호통상조약비준서를 교환할 때 사절의 일원으로 미국에 갔다. 외국·간죠·군함 등의 각 부교를 맡아 재정 개혁, 군제 개혁을 실행했다. 대정봉환에 반대하여 보신(戊辰) 전쟁에서 쇼군 도쿠가와 요시노부에게 철저히 항전할 것을 주장했다. 게이오 4년(1868) 신정부군에게 사로잡혀서 처형되었다.

110　　스기우라 유즈루(杉浦譲, 1835~1877) 막말-메이지기의 사무라이, 관료. 가이(甲斐) 출신의 막신. 통칭은 아이조(愛蔵). 아호(雅號)는 아이잔(靄山)이다. 메이지 3년(1870) 민부성에 들어가, 마에지마 히소카(前島密)가 외유 중일 때 그 후임으로 우편 제도의 확립에 힘써 다음 해 근대 우편 사업을 개시했다. 초대 역체정(駅逓正), 이후 내무대서기관(内務大書記官), 지리국장(地理局長)을 역임했다.

111　　시부사와가 도쿠가와 아키타케를 수행하여 유럽을 견문한 기록. 1867년 2월 15일부터 같은 해 12월 17일까지의 기록으로 일기 형식으로 되어 있고 전 6권이다.

외국행을 결심한 이상, 이제까지 양이론을 주장하며 외국은 모두 이적 금수라고 경멸했지만 앞으로는 빨리 외국어를 배워 외국책을 읽을 수 있어야겠다고 생각했다. 게다가 나는 교토에서 보병 편성 일을 생각해 내어 그에 관계하고 하고 나서는 군제라든가 의학이라든가 또는 선박, 기계 같은 것은 도저히 외국에 상대가 되지 않는다는 걸 알게 되어 뭐라도 그들의 좋은 점을 취해야겠다고 생각하고 있었다. 그래서 선중에서부터 전력으로 프랑스어 공부를 시작하고 문법서 등의 수업을 받았다. 하지만 원래 배에 약하고 또 선중에서 규칙적인 수업도 할 수 없었기 때문에 자연히 게을러져서 시작詩作 따위나 하며 시간을 보내게 되었다.

일행 가운데에도 외국부교인 무코야마 하야토노쇼向山隼人正[112]와 동 구미가시라 다나베 타이치田邊太一[113], 동 시라베야쿠 스기우라 아이잔은 학문도 꽤 하고 특히 무코야마는 시인라고 불릴 정도로 능숙했기 때문에 선중에서 날마다 투시鬪詩 등을 하며 무료함을 달랬다. 일행의 인원수는 모두 28명 정도로, 배 전체가 일본인으로 가득 찬 상황이었다. 긴 항해는 매우 평온무사했고 각지의 기항지에서는 하루 이틀 체류하는 일도 있었다. 요코하마를 출발한 지 꼭 59일째, 즉 2월

112　무코야마 고손(向山黃村, 1826~1897) 막말-메이지기의 막신, 외교관, 한시인(漢詩人). 본래 성은 잇시키(一色). 무코야마 세이사이(向山誠斎)의 양자. 게이오 2년(1866) 외국부교가 되었다. 다음 해 파리 만국 박람회 사절단을 수행했고 주불공사가 되었다. 유신 후 시즈오카번(靜岡藩)의 학문소 학두(學頭)를 맡았고 이후 도쿄에서 한시인으로 알려졌다.

113　1831~1915년. 막말-메이지기 막신, 외교관. 다나베 세키안(田辺石庵)의 차남. 고후 휘전관(甲府徽典館) 교수를 거쳐 외국관계 기관에 소속되었고 두 차례 유럽을 방문했다. 유신 후 외무소승(外務少丞)이 되었고 메이지 4년(1871) 이와쿠라(岩倉) 사절단을 수행했다. 이후 청국 임시대리공사가 되었다. 저작으로 『막말외교담(幕末外交談)』이 있다.

29일에 프랑스 마르세유Marseille 항구에 도착했다.

파리 도착 후의 갈등

그로부터 프랑스 수도 파리에 가서 당시 프랑스 황제 나폴레옹 3세Napoleon Ⅲ에게 대박람회에 참가하러 왔다는 취지의 국서를 봉정하고 답서를 받아 공식적인 의식을 마쳤다. 물론 이 의식에 관한 것은 외국부교 관할로 시라베야쿠 등이 담당했기 때문에 나는 공자 신변의 일을 살피거나 혹은 일본에 공적인 문서를 발송할 때에 그것을 집필하거나 했다. 또는 야마다카山高를 비롯하여 공자 직속의 사람들에게 월급을 지급하거나 공자를 위해 잡화를 매입하거나 하는 일도 했다. 마치 서기와 회계를 겸한 거 같은 직책이었지만 평소에는 매우 한가했기 때문에 그사이에 프랑스어를 공부할 생각을 했다. 그래서 일행 중의 두세 사람과 상의하여 교사를 고용하기로 했다. 공자와 외국부교 등은 파리에서 유명한 그랜드 호텔에 숙박했지만 우리들 두세 명은 따로 세를 내어 살고 있었다. 이곳에 매일 교사를 불러 친절하게 수업을 받았기 때문에 1개월 정도 지나자 간단한 일상회화 정도는 단편적이기는 했지만 할 수 있게 되어서 쇼핑가서도 반은 손짓을 해가며 용무를 볼 수 있을 정도가 되었다.

박람회 공식 행사가 끝난 후에는 공자가 유럽 각국을 순회하기로 이전부터 계획되어 있어서 먼저 스위스, 네덜란드, 벨기에를 둘러보고, 이어서 이탈리아, 영국, 그리고 상황에 따라 독일, 러시아도 둘러볼 계획이었다. 그런데 이것은 다음번에 하기로 하고, 그해의 순방은 스위스로부터 네덜란드, 벨기에를 거쳐 일단 프랑스에 돌아오고, 다

Les exercices de l'échelle.

1867년 파리 만국 박람회에 참가한 일본인

시 이탈리아, 영국에 가기로 결정되어 8월 초순에 드디어 스위스로 출발할 때가 되었다.

그런데 공자 수행의 건에 대하여 외국 담당 막리와 공자 측근 사람들 사이에 갈등이 벌어졌다. 그 이유는 이번 공자의 순방에 외국부교나 오모리역, 그 밖의 사람들 모두가 수행하게 되면 인원이 너무 많아지기 때문이었다. 외국은 귀인의 여행이라도 아주 적은 인원수로 만사에 간편함을 중시하는 풍습이기 때문에, 이렇게 수행원이 많은 것은 눈에 띄어 좋지 않다, 특히 공자는 아직 유년의 어린이인데 7, 8명이나 되는 호종을 데리고 다니는 것은 불필요하다, 하물며 일행이 모두 상투를 튼 머리에 히메지 가죽으로 된 칼집이 붙어 있는 긴 칼을 차고 다닐 텐데 외국인이 보면 실로 이상한 차림일 것이고 모양이 안 좋다는 것이었다.

그래서 오모리역인 야마다카가 수행 인원을 줄이려고 일행 중의 고쇼도토리小姓頭取 기쿠치菊地에게 말하자 이사카, 가지, 핫토리 등이 화를 내며, "그것참 희한한 말을 하시는군. 우리들이 공자를 수행하여 프랑스에 온 것은 외이外夷의 언어를 배워 흉내 내려는 게 아니오. 황공하옵게도 쇼군가의 분부로 공자를 보내려고 하니 수행을 하고 각국의 상황도 보고 오라는 명령을 받았기 때문에 어디까지나 수행을 하면서 각국 상황을 보는 것이 목표요. 그런데도 프랑스에 머물러 공부나 하고 있으라는 것은 심히 기괴한 일이오. 그럴 거면 우리들은 처음부터 오지 않았소. 끝내 그리하겠다면 민부공자는 한 발짝도 움직일 수 없소이다"라고 일언지하에 거절당했다. 외국에 관한 일이기는 하나 외국부교나 오모리역이 호종하는 사람을 파면할 수는 없고,

또 파면한다고 해서 그 명을 받아들일 것 같지도 않았기에 야마다카도 매우 곤란해했다. 그로부터 무코야마, 다나베, 스기우라 등과 만나 머리를 맞대고 상의했지만 그다지 묘안도 떠오르지 않자 마침내 "아, 시부사와!"라며 나에게 상담이 왔다.

분규 중재

그 무렵 공자와 외국부교 등은 모두 이전의 그랜드 호텔에서 철수하여 개선문 옆에 있는 아크데트리욘프^{Arc De Triomphe}에 러시아인 소유의 가옥을 한 채 빌려 이사를 한 후였다. 가구나 기타 물품 등을 매입한 후 실내 장식을 했다. 나는 상담을 의뢰받고 곧바로 외국부교 사무실로 가서 모인 사람들로부터 그간의 경위를 듣고 대답했다.

시부사와 "이 일은 쉽게 처리할 방법이 있습니다. 이미 그들이 호종을 시켜주지 않으면 귀국하겠다고 한 것은 매우 잘된 일입니다. 야마다카 씨가 속히 오모리역의 직권으로 그들에게 귀국을 명령하는 게 좋을 거 같습니다."

야마다카 "그렇군. 그렇다면 두말할 것 없이 그리하겠지만, 그런 걸 명령했다가 무슨 일이 일어날지 모르니 대충 할 수는 없소."

시부사와 "만일 난동을 부린다면 진압하면 그뿐 아니겠습니까. 완력으로 부교나 오모리역에게 해를 가하는 일이 있다면, 귀국을 명하는 데에 더 명분이 설 겁니다. 또 귀국을 명받은 다음에는 제가 그들과 동행하여 일본까지 데리고 가는 걸 떠맡겠습니다. 그런데 부교와 오모리역께서는 공자 수행원을 대략 몇 명 정도로 할 생각이십니까."

부교   "3명은 데리고 가려고 생각하고 있네."

시부사와 "그렇다면 그리 복잡하지 않게 얘기가 마무리될 거라고 생각합니다. 만일 끝까지 받아들이지 않으면 그때는 가차 없이 곧바로 귀국을 명하는 게 좋겠습니다."

부교   "그렇군. 자네에게 뭔가 묘안이 있다면 신경을 좀 써서 가능한 한 무사히 승낙하도록 얘기 좀 해 주게."

시부사와 "잘 알겠습니다."

그 일을 부탁받고서는 그날 밤 곧바로 기쿠치, 이사카 등의 방에 가서 "이번에 공자가 순방을 하시는데 외국부교와 오모리역이 여러분이 다 같이 수행하는 것은 우선 모양이 좋지 않고 또 경비도 쓸데 없이 많이 드니 몇 명만 대신해서 가고 나머지는 여기서 유학하는 게 좋겠다고 했더니 여러분이 거절했다고 들었습니다. 꼭 모두가 수행하지 않으면 안 되겠습니까"라고 물어봤더니 가지라는 사람이 대답했다.

가지 　　"참 기괴한 얘기오. 정말로 부교 등의 조치를 이해하지 못하겠소. 그대도 아는 것처럼 우리는 미토를 떠난 이래 줄곧 민부공자를 호종하여 지켜드려 왔습니다. 그렇기 때문에 뽑혀서 외국까지도 호종하게 된 것인데, 이 땅에 와서 유학 때문에 프랑스에 머물러 있고, 중요한 순방에는 수행원 2명으로 충분하다고 하다니 너무나도 생각이 없는 얘기오. 또 경비 문제를 이러쿵저러쿵하는데 물론 우리들이 같이 가면 경비는 얼마간 더 들지도 모르나, 그렇게 경비가 아깝다면 만사에 그대로 해야 하오. 그런데 자기들이 하는 일에는 하찮은 것에도 사람을 보내거나 안 해도 될 사치를 하면서 그런 건 문제 삼지 않고 거꾸로 우리에게만 검약을 주장하는 것은 실로 우리들을 경멸하는 것이외다. 그런 명령에는 결코 복종할 수 없소이다."

시부사와 　　"그렇군요. 들어보니 옳은 말씀이나 무릇 일을 하는 데에는 무슨 일이든지 주도자가 있어서 일의 정도와 상태를 살펴 이렇게 하지 않으면 안 된다든가 이렇게 하라든가 하는 명령을 하는 법입니다. 그에 따르지 않으면 결국 일은 잘 이뤄지지 않는 법입니다. 지금 여기서 그대들이 아무리 받아들이지 않는다고 해도 도저히 방법이 없지 않소이까. 또 끝까지 호종을 하겠다는 것도 정의상情誼上 생각하면 그럴 수 있겠지만, 외국 풍습으로 봐서는 대규모 행렬은 매우 모양새가 안 좋습니다. 어느 나라 제왕이라도 대규모 행렬을 이끌고 다니는 일은 결코 없소. 그렇다면 이번에 공자의 호종을 2명으로 축소한다는 부교의 생각도 이른바 마을에 들어가면 그 마을에 따른다는 취지이니 그저 무리라고만 생각되지는 않소. 그러한 것을 그대들이 억지로 전원 호종을 주장하여 명령에 따르지 않을 결심을 한 이상에는 귀국시킬 수밖에 다른 방법이 없소이다."

가지　　"그러니까 우리도 할 수 없이 귀국시켜달라고 한 것이오."

시부사와　"글쎄, 그 얘기는 이미 들었소. 끝내 귀국하는 걸로 결정된 다음에는 내가 동행하여 돌아가려고 합니다."

가지　　"그렇다면 그대가 외국부교에게 얘기를 해 주시오."

시부사와　"좋소, 부교가 그렇게 명령하면 동행하여 귀국합시다. 그대들도 스스로의 마음에 내키지 않는 일에 억지로 복종할 수는 없을 것이오."

이렇게 담판하는 사이에 기쿠치가 옆에서 끼어들어 말했다.

기쿠치　"지금에 와서 헛되이 귀국하는 건 유감천만이오."

시부사와　"귀국이 유감스럽다면 명령에 따르는 것 외에 방법이 없을 것이오."

172

기쿠치　　“하지만 부교가 무리한 말을 하니까….”

시부사와　　“그건 그대들이 잘 알지 못하고 있는 것이오. 부교의 말이 정말 무리라면 따르지 않고 귀국하든가, 혹은 귀국이 유감 스럽다면 명령에 따르든가 결국 둘 중 하나를 택해야 하는 것이 니 굳이 이리저리 구애될 것은 없겠지요.”

기쿠치　　“그렇다면 방법이 없으니 상의해서 3명은 남고 나머 지는 돌아갈까요?”

시부사와　　“그것참 묘안입니다. 얼른 상의를 해서 돌아갈 사람 과 남을 사람을 정하시오.”

하지만 권유에도 불구하고 좀처럼 결론이 나지 않았다. 이어서 내 가 “그렇다면 3명씩 수행을 하는 걸로 해서 지금부터 스위스, 네덜란 드, 벨기에, 다음에 이탈리아, 그다음에 영국 하는 식으로 순차적으로 교대하여 수행하는 걸로 하면 그대들의 바람도 이뤄지고, 또 부교 쪽 도 3명씩이라면 허락할 거라고 생각하오. 그러면 그대들도 귀국하지 않아도 될 테니 이렇게 정하면 어떠하오”라고 했더니 모두들 동의하 여 협상이 마무리되었다. 그 내용을 하나하나 부교와 오모리역에게 말하고 승낙을 얻어 무사히 이 갈등은 풀렸다.

유럽 체류 중의 업무

스위스 순방은 8월 초순부터였고 이어서 네덜란드, 벨기에 양국을 둘러보고 9월 중순에 프랑스로 돌아와, 월말에 다시 이탈리아를 여행했다. 이때는 외국부교와 그 부서의 역인들은 수행하지 않았다. 이탈리아 방문은 10월 말에 끝나 23일에 프랑스로 돌아왔고, 다시 11월 초부

시부사와 에이이치
(왼쪽 1866년, 오른쪽 1867년)

터 영국을 방문했다. 파리로 돌아온 것은 그달 하순이었다.

올봄 프랑스에 도착할 무렵에는 외국부교 일행과 섞여서 박람회는 물론 각지 견학, 또는 공식 행사에 참가하는 등 거의 여가가 없이 보냈다. 또 8월경부터는 각국 순방으로 명소와 유적을 유람하거나, 국왕에 대한 자문응답 등을 하며 바쁘게 날을 보냈으나, 외교 관계의 사람들은 각국 순방을 전후하여 모두 귀국해 버려서 마침내 한가하게 되었다. 그래서 11월 말에 이르러 공부를 시작할 수 있었다. '자, 이제부터는 애초 목적대로 공부 일변도로 가자'며 어학 교사를 고용하여 수업을 시작하게 되었다. 수업 인원은 공자, 야마다카와 나, 그리고 7명의 호종원으로 도합 10명이었다. 수행원 중에 야마우치 분지로山內文二郎라는 사람이 일본어로 프랑스어 통역을 했는데, 이 야마우치도 얼마 안 있어 귀국했다.

그 후에는 당시 프랑스 유학생 중에서 고이데 유노스케小出湧之助라
는 소년이 가장 프랑스어를 잘했기 때문에 이 학생에게 공자를 상대
해 줄 것을 명했다. 공자의 수학 과정은 매일 아침 7시부터 승마 연
습을 하고 9시에 돌아와 아침 식사를 드시면 9시 반에 교사가 왔다.
그때부터 오후 3시까지 어학과 문법 등 수업을 하고, 3시에 과정이
끝나면 다음 날 예습, 작문, 암송식으로 해서 좀처럼 휴식이 없었다.
나는 일본에 서신을 보내거나 일지를 쓰거나 했다. 그 밖에도 숙소
내의 생활에 관련된 일을 한 몸에 다 떠안아 처리했기 때문에 정말
조금의 여유도 없을 정도로 매우 바빴다.

이국에서 들은 고국의 정변

각국 순방이 끝난 후 유학 일정이 정해지고 나서 한두 달 지나 고
국에서 명령이 왔다. 야마다카를 오모리역에서 면직하고 공자에 속
하는 사무관은 내 독임獨任으로 한다는 것이었다. 또 호종 중에서도
병이나 근무를 견딜 수 없는 사람이 생겨서 두 명을 귀국시켰기 때문
에 숙소 내에도 점점 사람이 적어지게 되었다.

그런데 이해 10월에 일본의 교토에서 다이쿤이 정권을 반환한다[114]
는 소식이 프랑스 신문에 나오고 이어 여러 가지 사건이 속속 게재되
는 것을 봤다. 숙소 내외의 일본인은 물론, 공자를 시중드는 프랑스

---

114   '대정봉환'을 말한다. 게이오 3년(1867) 10월 14일, 에도 막부의 15대 쇼군 도쿠가와 요시노부
가 정권을 조정에 반환할 것을 선언하고 조정은 다음 날 15일 그것을 받아들였다. 이에 따라 가마쿠라
막부 이래 약 700년간 이어진 무가 정치는 종료되었다. 요시노부의 의도는 대정봉환 후 천황 밑에서
새로운 형태의 정부를 조직하고 나서 그 실권자가 되려는 것이었다. 이 의도를 간파한 사쓰마·죠슈는
그로부터 약 두 달 후 왕정복고 쿠데타를 일으켜 요시노부를 신정부에서 완전히 배제시켰다.

^{사관}코로넬 비켓이라고 하는 공자를 위해 프랑스 황제가 보좌관으로 보내준 사람으로 항상 숙소에 머무르며 공부를 도와주었다까지도 모두 낭설일 거라며 전혀 믿지 않았다.

그러나 나는 이전부터 교토의 상황이 매우 어려움에 처해 있었기 때문에 조만간 틀림없이 대정변이 있을 거라고 자주 주장했다. 그래서 신문을 믿고 다른 사람에게도 그렇게 주장했는데, 이윽고 다음 해 1월경이 되자 고국에서부터 계속 소식이 와서 작년 10월 12일[대정봉환은 10월 14일에 이뤄졌으나 소식이 잘못 전해진 듯함] 쇼군이 정권을 조정에 반환했고 조정도 이것을 받아들였으며, 사쓰마와 죠슈도 한 몸이 되어 막부에 대항할 것이라고 했다. 이에 앞으로는 한층 더 급변이 있을 거라고 우려하고 있었는데, 3, 4월이 되자 정월 초에 도바^{鳥羽}에서 막부군과 삿쵸군^{薩長軍}이 전투를 시작해서 막부군이 패배했다는 소식이 왔다[115]. 쇼군은 오사카성으로 물러나 해로를 통해 에도로 돌아가서 근신 공순^{謹愼恭順}의 뜻을 막부 가신들에게 표명한 다음 미토에 은거하게 되었다는 것이었다.

실로 수천 리 떨어진 해외에서 이런 대사변에 대해 들었을 때의 심정은 좀처럼 말로 표현할 수 없는 것이었다. 그 무렵 파리 체류 중인 외국부교는 구리모토 아키노가미^{栗本安芸守}[116]라는 사람이었는데 이 사

---

115 '도바·후시미(鳥羽·伏見) 전투'(메이지 원년 1월 3~6일)를 말한다. 왕정복고 쿠데타 후, 쇼군 도쿠가 요시노부는 교토를 떠나 오사카성에 진을 치고 있었다. 이때 교토와 오사카 사이에 있는 도바·후시미 지역에서 대치하고 있던 막부군과 사쓰마군이 충돌하여 전투가 벌어졌다. 막부는 우세한 병력에도 패전을 거듭했다. 요시노부는 6일 밤 오사카성을 탈출하여 막부 군함 가이요마루(開陽丸)로 에도에 귀환했다. 신정부는 이를 구실로 요시노부를 '조적'으로 규정하고 토벌령을 내렸다.

116 구리모토 죠운(栗本鋤雲, 1822~1897). 막부-메이지기 막신, 신문기자. 본래 성은 기타무라(喜多村)인데 막부 의사인 구리모토 즈이켄(栗本瑞見)을 계승했다. 분큐 2년(1862)에 무사 신분이 되어 하코다테부교 구미가시라(箱館奉行組頭)에 임명되었다. 이후 메츠케, 외국부교 등을 맡았고 막말 외

176

대정봉환

람도 작년에 정권을 반환했다는 소식이 들려왔을 때는 계속 낭설이라고 주장했었다. 나는 이에 반대하여 틀림없이 사실일 거라며 대토론이 벌어진 적이 있었다. 그 후 착착 흉보가 들어오자 구리모토 씨는 실색하여 나를 향해 "그대는 어떻게 처음부터 이 소식이 사실이라는 것을 알면서도 조금도 놀라는 모습이 없었는가"고 물었다.

실은 나도 1월의 도바 전쟁은 예상 밖이었고 막부의 전략이 해도 해도 너무할 정도로 서툴고 졸렬한 것에 비분강개했다. 물론 내가 군사 전략 등을 평가할 처지는 아니지만 이미 싸우기로 한 이상에는 효고, 고베 등 인후지지咽喉之地를 확보해야 하는데, 그저 오사카만 방어하고, 그 상태에서 군사를 교토에 보내어 앞뒤 보지 않고 일을 일으켜 끝내 조적의 이름을 뒤집어쓴 것은 졸책이라고 할지 우매하다고 할지 말도 안 되는 것이라고 통론痛論한 적이 있다. 하지만 이미 일은 끝난 뒤이고 또 강 건너 논쟁으로 이를 갈고 주먹을 쥐어도 아무런 보람도 없었다.

공자 유학의 건의

앞에서 말한 대로 막부가 망했다고 한다면 향후 민부공자의 유학은 어떻게 하면 좋은가. 지금 갑자기 귀국한다고 해도 쇼군은 근신 공순하여 조정의 명에 따른다는 방침이고 보면 딱히 공자가 진력해야만 하는 일도 없을 터이므로 오히려 이대로 장기간 유학하여 적어도 한 분야의 학문이라도 다 마친 후에 귀국하는 게 득책일 것이라고

교 교섭을 담당했다. 유신 후 『호치신문(報知新聞)』의 주필로서 활약했다.

생각을 굳혔다. 그렇다면 맨 먼저 신경을 써야 하는 것은 경비 절감이었다. 앞서 면직한 오모리역 야마다카가 그 후에도 계속 유학하고 있었기에 그와 자세히 상의하여 5명의 호종 중에 3명을 더 귀국시켜 2명만 남기고, 공자 외에 나와 신변을 돌봐주는 소년까지 총 5명으로 하면 특별히 거금 없이도 유학을 유지할 수 있을 것이라고 결정했다.

원래 민부공자의 프랑스행은 처음에 외국부교 일행이 수행할 때에는 박람회 공식 행사에 관계된 것이었기 때문에 그 경비도 마찬가지로 외국부교 쪽에서 부담했다. 그 후 각국 순방이 끝나고 파리에 유학하기로 정한 다음부터는 매월 5천 달러씩을 고국에서 송금해 주었다. 그래서 열심히 절약하여 여분도 많이 생겼는데 이후에도 한층 절약하여 약 2만 냥 정도를 예비금으로 그해 2월경에 프랑스 공채증서와 철도채권을 사 두었다.

그 후 일본의 상황을 자세히 알 수 있게 된 것은 같은 해 3월이었다. 신정부의 외무장관 다테 무네나리伊達宗城[117], 히가시쿠제 미치토미東久世通禧[118] 두 명의 이름으로 민부공자에게 이번에 왕정복고가 이뤄졌으니 그대도 귀국하라는 공문이 도착했다. 그때 내가 구리모토에게 말하길 "어차피 이런 상황에서 민부공자가 귀국한다고 해도 할

---

117   1818~1892년. 막말기 유지다이묘(有志大名)의 한 명. 하타모토 야마구치 나오카쓰(山口直勝)의 차남이었는데, 다테 무네타다(伊達宗紀)의 양자가 되어 덴포 15년(1834) 우와지마(宇和島) 번주가 되었다. 쇼군 후계자 문제가 있었을 때 히토쓰바시 요시노부를 옹립하려고 했기에 안세이 대옥으로 은거에 처해졌다. 이후 시마즈 히사미쓰 등과 공무합체파로 활약했다. 유신 후 민부경, 대장경 등을 역임했고 메이지 4년(1871) 전권대신으로 청일수호조약을 조인했다.

118   1834~1912년. 막말-메이지기 공경, 화족. 분큐 3년(1863) 교토에서 죠슈로 달아난 7경 중 한 명. 신정부에서 군사참모, 효고 · 요코하마 재판소 총독, 가나가와부(神奈川府) 지사, 개척장관 등을 맡았고 이후 귀족원 부의장, 추밀원 부의장이 되었다. 백작.

일이 없습니다. 더욱이 지난번에 공자가 전 쇼군에게 여러 차례 서한으로 다음과 같이 건의하신 적이 있습니다. 그 요지는 '전하[쇼군]가 지난번에 오사카를 물러나 간토에 귀성歸城하신 것은 실로 미덥지 못한 생각이셨다, 또 설령 귀동歸東하셨더라도 어째서 속히 거병하여 교토로 향할 준비를 하지 않는가. 지금 조정이라는 것은 즉 삿쵸薩長 두 번이므로 이것을 토벌하는 데 큰 어려움은 없을 것이다, 만약 처음부터 진실로 조정의 뜻을 받들어 공순恭順할 생각이셨다면 어째서 후시미·도바 전쟁을 벌였는가, 이미 전쟁을 벌인 이상 할 수 없으므로 이른바 '강자의 변명은 언제나 옳게 된다'는 프랑스 속담에 따라 과감히 움직인다면 이기지 못할 것도 없을 것'이라는 내용이었습니다.

하지만 이 건백建白의 수용 여부는 당연히 예상할 수 없으므로 민부공자를 귀국시켜 이 대혼란 속에 방황하게 하는 것은 아무래도 득책이 아닐 듯합니다. 적어도 지금부터 4, 5년 유학하여 일기一技를 터득하고 일예一藝에 능숙하게 된 다음에 귀국하시면 제 몫을 하실 겁니다. 외국에 와 있어 다행히 난리를 피해 학문 수련을 할 수 있게 된 것은 실로 하늘이 주신 요행이니 반드시 그리했으면 합니다. 그런데 가장 걱정하지 않을 수 없는 것은 돈입니다. 경비 조달에 따로 좋은 방법도 없으니 먼저 그대를 괴롭히지 않을 수가 없습니다. 무슨 말인가 하면 지금은 막부도 이미 와해되었으니 그대가 이 땅에 체류한다고 한들 외국부교 임무의 보람도 없을 것이니, 속히 귀국하여 그대가 직접 재정 담당의 유력자들에게 상담한다면 아무리 혼란스러운 막부라도 4만이나 5만의 금액을 얻는 것은 그리 어려운 일은 아닐 것입니다.

현재 영국과 프랑스에 유학하고 있는 20여 명의 학생도 향후 경비가 송금된다는 보장이 없으므로 조속히 귀국을 명령하는 게 득책일 것이고, 이들을 귀국시키는 데에도 그 경비 준비가 필요하므로 일시적으로 민부공자의 예비금에서 지출해 두는 걸로 하겠습니다. 그러니 그대는 하루라도 빨리 귀국하여 송금 계획을 부탁합니다"라고 간절히 거듭 얘기를 했더니 구리모토도 이에 크게 동의를 표했다.

유학 중지

구리모토가 귀국한 후 프랑스 유학생은 리더 격인 구리모토 데이지로栗本貞次郎에게 상의하여 민부공자 예비금에서 여비를 내어 남김없이 귀국시켰다. 또 영국의 수도 런던 유학생은 가와지 다로川路太郎, 나카무라 마사나오中村正直 두 사람에게 연락하여 귀국 건을 상의했더니, 이들은 이전부터 송금이 전혀 없었기 때문에 하는 수 없이 영국 정부에 귀국 여비를 청구했다고 한다. 그랬더니 영국 정부는 이 유학생들을 대형 범선에 태워 희망봉을 거쳐 일본으로 돌려보낼 생각이라는 회신이 왔다. 그래서 나는 얼른 런던에 출장을 가서 가와지, 나카무라를 만나 이 청원을 취소하여 범선 귀국 건을 거절하게 했다. 이들도 마찬가지로 공자 예비금에서 여비를 지급하여 프랑스 우편선에 태워 귀국시켰던 것이다. 지금의 청국공사 하야시 다다스林董[119], 문학박사

---

119   1850~1913년. 외교관, 정치가. 시모우사(下総) 사쿠라(佐倉) 출신. 막부 유학생으로 영국 유학 후 하코다테(箱館) 전쟁에서 에노모토 다케아키(榎本武揚)군에 가담했다. 이후 신정부에 들어가 가가와현(香川県) 지사를 거쳐 외무차관이 되었다. 주영공사로서 영일동맹 체결에 힘썼다. 제1차 사이온지(西園寺) 내각의 외상, 제2차 사이온지 내각 체신상. 백작.

도야마 마사카즈外山正一[120] 씨 등도 이 영국 유학생 가운데 있었다.

구리모토가 귀국한 것은 그해 3월경이었는데 언제 약속한 돈을 보내줄까 하고 걱정스러운 마음으로 기다리고 있었지만 6, 7월경이 되어도 편지조차 도착하지 않았다. 그러나 막부 간죠소에서 이전에 송금해 주었던 월 5천 달러씩의 경비는 4, 5월경까지는 수취할 수 있었다. 계산해 보았더니 영국, 프랑스 유학생에게 귀국 여비를 지급해도 아직 공자 유학비는 2년 정도는 충분히 버틸 만큼 있었다. 만에 하나 이걸로 일본으로부터의 송금이 끝날 때에는 속히 숙소를 매각하여 아주 좁은 곳에 칩거하고 또 한층 인원수를 줄여 공자와 나 그 밖에 두 명 정도로 하면 4, 5년은 유지할 수 있고 어느 정도 수학도 가능하다는 생각이었다.

그래도 얼마간의 유학비를 준비해 둘 생각으로 고향의 아버지에게 편지를 보내 송금을 청구했지만, 얼마 안 있어 미토의 군공[121]이 돌아가시어 민부공자가 세습하게 되었다. 그래서 지난번에 귀국한 호종 이사카와 핫토리 두 사람이 공자를 맞이하기 위해 그해 9월 프랑스에 왔다.

더 이상 공자 유학의 희망이 없어졌기 때문에 하는 수 없이 귀국 준

---

120   1848~1900년. 사회학자, 교육자, 시인. 영국, 미국에서 유학 후, 가이세이 학교(開成學校) 교수를 거쳐 메이지 30년(1897) 도쿄제대(東京帝大) 총장이 되었다. 다음 해 문부대신이 되었다. 그사이 이노우에 데츠지로(井上哲次郎) 등과 『신체시초(新体詩抄)』를 간행했다. 또 허버트 스펜서(Herbert Spencer)의 진화론을 소개, 로마자회(羅馬字会)의 창설 등 다방면으로 계몽 활동을 전개했다.

121   미토번 10대 번주 도쿠가와 요시아쓰이다. 도쿠가와 나리아키의 장남으로 1844년 나리아키가 막부로부터 은거 처분을 받을 때 번주를 계승했다. 범용한 인물로 막말 정국에서 존재감을 발휘하지는 못했다. 도쿠가와 요시노부의 친형이고 도쿠가와 아키타케의 이복형이다.

비에 들어가 프랑스 황제에게 고별, 외무성과의 상의에서부터 숙소 정리, 각종 집기 가구 등의 매각에 이르기까지 당시 파리에서 막부로부터 명예영사 의뢰에 위촉되어 있던 폴 플뢰리 에라르$^{Paul\ Fleury\ Hérard}$ [122]라는 사람에게 부탁하여 모두 정리했다. 어쨌든 귀국하여 막부 쇠망의 상황도 직접 보고 또 내 앞길도 정하자고 생각하여 9월 말에 프랑스를 출발, 항해 끝에 무사히 요코하마에 입항한 것이 12월 3일이었다. 이 얘기는 일단 여기서 멈추겠다.

---

122   프랑스의 은행가. 막말 주일 프랑스 공사 레옹 로슈(Leon Roches)는 친막부 정책을 전개하고 프랑스 정부도 일본 시장을 지배하기 위해 수출입 상사를 결성하여 막부에 제철 사업과 무기 등의 원조를 하려고 했다. 플뢰리 에라르는 그 알선 임무를 띠고 게이오 2년(1866) 1월 막부의 프랑스 주재 대표로 임명되어 일본 정부의 명예총영사로 불렸고 막부 원조 정책에 적극적으로 협조했다. 그러나 본국 정부의 방침 전환에 따라 다음 해 파견된 막부 사절에 대한 협력은 소극적이었다.

망국의 신하에서
신정부의 관리로

국가 건설을 위한 결심

전회에서는 프랑스에서 하는 수 없이 귀국하기로 결심하고 메이지 원년[1868] 12월 초에 일본에 돌아온 데까지 얘기했다. 원래 내가 프랑스에 가게 된 것은 히토츠바시공이 쇼군 가문을 세습하고 나서의 일이다. 나는 히토츠바시가에 등용되어 잠시 일할 기회를 얻기 시작했던 것인데, 히토츠바시공이 쇼군 가문을 상속하게 되었다[123]. 이것은 겉으로 보면 커다란 행운이지만 실제로는 매우 위험한 위치에 놓인 것이었다. 또 내 일신상으로도 막부에 등용되어 직참直參이 된 것은 영달임에 틀림없지만, 평범한 소역인小役人이어서는 아무런 일도 할 수 있는 게 없고 그렇다고 앞으로 막부에서 요직을 얻는다는 것은 바라기 어려운 일이었다. 내 한 몸은 제쳐두더라도 조만간 막부의 명맥은 계속되지 않을 것이라고 실로 깊은 실망에 빠져 있었다.

그러나 운 좋게도 민부공자의 수행역을 명령 받아 프랑스에 가서 한편으로는 국가의 난을 피하고, 한편으로는 외국의 형세를 알 수 있고, 겸하여 수학의 길도 얻어 이 이상 없

123　막부군이 죠슈 정벌전을 벌이던 게이오 2년(1866) 여름 쇼군 도쿠가와 이에모치(德川家茂)가 오사카성에서 사망했다. 위기에 빠진 막각(幕閣, 막부 수뇌부)은 히토츠바시 요시노부에게 쇼군직 계승을 요청했다. 요시노부는 1858년 쇼군 계승 분쟁에서 이에모치에 밀려났었고, 또 그 아버지 도쿠가와 나리아키는 존왕양이론을 부르짖어 막각과 오랫동안 앙숙 관계에 있었다. 그럼에도 불구하고 이때 막각이 요시노부에게 쇼군 계승을 요청하지 않을 수 없을 정도로 막부는 위기에 빠져 있었던 것이다. 요시노부는 쇼군 취임을 거절하면서 도쿠가와가의 당주 계승만 받아들였다. 이는 취임을 미루면서 자신에게 유리한 정치 환경을 만들기 위한 전략이었다. 결국 그해 말 요시노부는 제15대이자 마지막 쇼군에 취임하고 히토츠바시 요시노부에서 도쿠가와 요시노부가 되었다.

는 좋은 운이 찾아왔다고 매우 기쁘게 생각했다. 하지만 그 무렵 늘 우려하고 있었던 것은 국가의 상황으로 이처럼 막정의 쇠퇴를 초래한 이상 언젠가 가까운 장래에 일대 정변이 생길 것은 분명했다. 그런데 정체政體가 어떻게 변할 것인가는 알 수 없는 일이었지만, 어쨌거나 정체가 변화함에 따라서 점점 관계가 깊어질 분야는 외국과의 교제일 거라는 것은 그때 대체로 눈치챘다. 그렇다면 향후 외국에 관한 학문은 점점 필수적으로 될 것이 틀림없는데, 이번 외국행은 때마침 그 첨단을 걷는 기회를 얻은 것이었다.

따라서 지금부터 방향을 정하여 충분히 공부를 해 두고 마침내 외국학이 필요해질 때가 되어 귀국한다면 국가에 매우 요긴하게 쓰일 것이라고 다짐했다. 그래서 프랑스 유학을 간 날부터 공자에게도 면학을 권하고 나도 오로지 정진했다. 하지만 아직 언어도 충분히 가능하지 않고 겨우 문법서 일부를 읽을 수 있는 정도가 되었을 때 일찍이도 고국의 정변이 일어나 조정으로부터 귀국 명령이 왔다. 속히 귀국하는 것은 당연한 일이지만 유학을 위해서 그대로 체류하여 학업을 하고 계신다고 해서 별달리 공자에게 견책도 있을 거 같지 않아 각종 경비 절감 등을 강구하며 장기 유학의 계획을 세웠다. 그러나 공자가 미토가를 상속하시게 되자 모든 일이 그림의 떡이되어 이제 유학 의욕도 사라졌다. 하는 수 없이 귀국 준비를 간단하게 하고 일본에 돌아온 것이 메이지 원년[1868] 12월 3일이었다.

귀국과
형세 일변

귀국

단기간이지만 막부 사람이 되어 해외여행으로 부재중에 주군 가문이 무너진 것이었는데, 일본에 도착해서 보니 에도가 도쿄로 변한 것뿐 아니라 만사의 변혁은 실로 뜻밖이었다. 막신은 흡사 상갓집 개와 같아서 요코하마에 도착했을 때에도 단속 관리에게서 여러 가지로 신분에 관해 심문당했다. 보는 것도 듣는 것도 불쾌감을 불러일으키는 게 아닌 것이 없는 상황이었다. 마침내 상륙해서 보니 스기우라 아이조杉浦愛藏가 영접하러 와서 각별히 도와주었다. 그 밖에 미토번에서 공자를 마중하러 온 사람들도 있어서 공자는 곧바로 도쿄로 이동하게 되었다. 나는 공적, 사적인 짐들을 배에서 수취하는 등 처리할 일이 있었기에 그날 밤은 요코하마에서 1박 하게 되었다. 스기우라와 함께 요코하마에 거주하는 친구를 찾아가 오랜만에 일본 집에 앉아 일본식 식사를 하고 그간의 일본에 대한 얘기를 하니, 불우한 처지이긴 하지만 역시 조금은 유쾌함을 느꼈다.

항해 중에 들은 일본의 풍문

얘기가 조금 뒤로 돌아가지만, 공자 일행이 프랑스를 출발한 이래 항해 중에는 별다른 일도 없어서 각각의 정박지에서 승선하는 사람들에게서 고국의 풍설을 듣는 것을 제일 중요한 일로 삼고 있었다. 홍콩에 도착했을 때 처음으로 아이즈번 낙성落城에 대해 들었고, 막부 해군은 에노모토榎本 씨의 지휘로 군함을 모조리 빼내어 하코다테로 갔다는 얘기를 들었다. 또 그 이전에 아이즈가 맹주가 되어 오우奧羽의 각 번이 합종연횡하여 관군 토벌에 저항한다는 말을 들었다[124]. 하지만 나는 이것은 필경 충분한 결속이 이뤄지지 않을 것이고 그 군대라는 것도 규율이 엄정할 정도는 아니며, 특히 쇼군은 근신하여 조정의 명령을 기다리고 있으므로, 말하자면 수령 없는 병사로 아무리 수가 많더라도 삿쵸의 기세등등한 군대와 대적할 수는 없을 것이라고 추측하고 있었다. 과연 홍콩에 도착했을 때에 아이즈 낙성의 소식을 들었다.

그때 해군 전권을 갖고 있던 에노모토 다케아키榎本武揚[125]라는 사람

---

124   막부 토벌군의 실세인 사이고 다카모리와 막부 측 총책임자 가쓰 가이슈(勝海舟)가 에도 무혈개성을 합의한 후에도 일부 막부군은 저항을 계속했다. 막부군과 막부를 지지하는 번 병력은 도호쿠(東北) 지역에서 오우에쓰 열번 동맹(奧羽越列藩同盟)을 결성하여 토벌군과 전투를 계속했다. 특히 아이즈와 나가오카번(長岡藩)이 강력히 저항했다. 한편 막부 해군은 에도가 함락되자 하코다테로 이동하여 에노모토 다케아키를 지도자로 하여 1869년 5월경까지 항전을 계속했다. 이를 '보신 전쟁(戊辰戰爭)'이라고 한다.
125   1836~1908. 막말-메이지기 막신, 정치가. 나가사키의 해군 전습소에서 공부하다 분큐 2년

은 하타모토 중에서는 제일급의 인걸이라고 이전에 그의 친구에게서 들고 있었다. 또 그 무렵 네덜란드에서 제조한 가이요마루開陽丸라는 군함은 당시 제일급의 견함堅艦으로 그 외 가이텐回天, 죠요朝陽, 죠게이長鯨, 미카호三ヶ保 등의 여러 함선도 각 번의 군함에 비하면 상당히 뛰어난 것이었다. 그래서 명망도 경험도 있는 에노모토가 이것을 지휘하고 있으니 허무하게 항복할 것 같지는 않고 분명히 뭔가 일을 이루리라 생각하고 있었다. 그러나 이번에 홍콩에 와서 들어보니, 해군은 이미 하코다테로 갔다고 하여 이것은 무슨 군략에 의거한 것인지 도무지 알 수 없었다.

이어 상하이上海에 와보니 이곳의 숙소에 독일인 스넬Schnell[126]과 나가노 케이지로長野慶次郎가 숙박하고 있었다. 이 스넬이라는 사람은 전쟁 중에 아이즈번에 초빙되었지만 함락 전에 무기가 부족해서 총을 사러 온 것이고, 나가노는 그 통역으로 동행하고 있다는 것을 알았다. 나와 나가노와 이전부터 아는 사이였기 때문에 나가노는 민부공자가 상하이에 도착했고 나도 호종하고 있다는 것을 듣고 곧바로 스넬과 함께 면회를 청해 와서 만났다.

나가노가 말하기를 "삿쵸 등이 관군이라고 칭하고 무력을 휘둘러

(1862) 네덜란드로 유학 갔다. 귀국 후 해군 부총재가 되었다. 왕정복고 쿠데타에 반발해 메이지 원년(1868) 에조치(蝦夷地, 홋카이도) 하코다테에 독립 정권을 세웠다가 이듬해 항복했다. 메이지 5년(1872)에 특사로 방면되어 메이지 8년(1875) 특명전권공사로서 러시아와 사할린·지시마(千島) 교환 조약을 체결했다. 이후 메이지 정부에서 체신, 문부, 외무, 농상부의 각 대신을 역임했다.

126 헨리 스넬(Henry Schnell). 무역상. 일본명은 히라마쓰 부헤이(平松武兵衛). 프로이센 공사관 서기관 이후 아이즈번 군사고문이 되었다. 보신 전쟁 때에는 니가타(新潟)에서 동생과 함께 오우에쓰 열번 동맹의 무기 구입을 알선했다. 메이지 2년(1869) 아이즈의 이민자 십수 명을 이끌고 캘리포니아로 건너갔다.

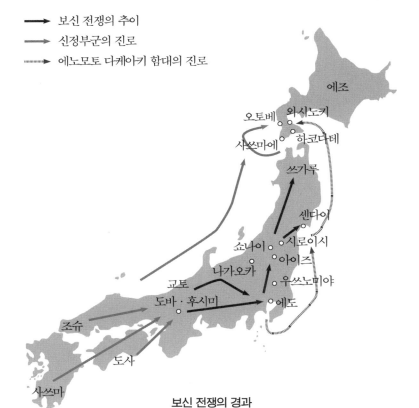

보신 전쟁의 추이

신정부군의 진로

에노모토 다케아키 함대의 진로

에조

오토베　　와시노키

사쓰마에　　하코다테

쓰가루

센다이

쇼나이　　시로이시

나가오카　아이즈

교토　　　　　우쓰노미야

도바 · 후시미　　에도

조슈

도사

사쓰마

보신 전쟁의 경과

막부에 덤비기에 아이즈가 맹주가 되어 오우 제후奧羽諸侯와 합종하여 이에 대적했소. 무기가 부족하여 충분히 싸울 수 없었기 때문에 총 매입을 위해 여기에 온 것이오"라고 했다. 내가 나가노에게 "아이즈 는 이미 함락되었다고 홍콩에서 들었는데 사실인가"라고 물어보니 나가노는 "확실한 것은 아직 모르오. 그러나 설령 함락되었더라도 잔 당이 많이 있으므로 반드시 만회하지 않으면 안 되오. 스넬 씨는 외 국인이기는 하지만 실로 힘을 쓰고 있소이다. 또 한 가지 상의할 게 있는데 즉 민부공자의 진퇴 문제로, 지금 바로 요코하마로 돌아가지 마시고 여기서 직접 하코다테로 가시어 그곳에 웅거하고 있는 해군 의 수령이 되어주시면 조금 처져 있는 군기도 크게 일어날 것이니, 제발 이 일에 동의해 주시오"라고 열심히 부탁했다. 나는 "그건 말도 안 되오. 그런 일은 할 수 없소. 내가 공자를 그런 위험한 땅에 가시 게 할 수는 없소이다"라고 단호히 거절한 적이 있다.

의견서를 하코다테 군중軍中의 시부사와 기사쿠에게 보내다

일본으로 돌아와서 그다음 날 요코하마의 친구와 만나 하코다테의 상황을 들어보니, 동성同姓인 기사쿠도 거기에 있다는 것, 그리고 에노 모토를 비롯해서 오토리 게이스케大鳥圭介, 마쓰다이라 타로松平太郎, 나가 이 겐바노가미, 오가사하라 이키노가미小笠原壱岐守 등 막신의 중요한 사 람들도 모두 하코다테에 모여 그곳 정치를 크게 개선하고 점점 무비武備 를 갖춰 병량을 충실하게 하여 후에 내지까지 쳐들어올 전략이라는 풍 문이 있었다. 풍문이라고는 하나 요코하마에는 외국선이 통지를 해 주 기 때문에 대개는 모두 손에 잡힐 듯이 알 수 있다고 했다.

그때 나는 '그렇다면 도무지 가망이 없다. 정말 풍문으로 들은 것과 같은 전략이라면 하코다테에 모인 사람들은 앉아서 멸망을 기다리는 것과 같으니 실로 유감천만이다. 예로부터 망국의 유신이 모여 회복을 꾀한 일은 곧잘 있었지만 언제나 이루지 못했다. 그러나 돌연히 번개가 쳐서 귀를 막을 틈도 없을 정도로 선제 기습하여 적의 요소를 습격하든가 또는 엉뚱한 곳을 쳐서 적의 태세를 동요시켜 형세에 변화가 일어나는 기회를 틈타 진퇴를 잘한다면, 혹시 만일의 요행도 있을 수 있을 것이다. 하지만 지금 들은 대로의 전략이라면 결국 기대할 수가 없다. 특히 모인 사람들을 보니 그 가운데에는 군신의 대의가 있는 것도 아니고, 말하자면 오합지졸이니 설령 이것을 통솔하는 사람이 아무리 인걸이라 하더라도 잠시 동안은 모르겠지만 결국에 가서는 그 명령에 잘 복종할 자들이 아니다. 마치 힘이 모자란 스모 선수가 씨름판 끝에 밀려 버티는 것과 같으니 결코 승리를 얻을 수는 없을 것이다. 지금 하코다테 사람들에게는 다행히 해군력이 있으니 불시에 교토, 오사카를 습격하든가 혹은 도쿄, 요코하마를 치든가 하는 식으로 여기저기 출몰하여 요소요소를 요격하는, 이른바 천둥 벼락은 예측할 수도 없다는 말처럼 아주 예민하게 움직인다면 얘기는 다르다. 각 번의 병력이 방어와 응전에 지쳐 인심은 절로 교란되게 될 것이 틀림없으므로, 천하의 일도 혹시 또 알 수 없다. 그러나 그런 빠른 다리를 갖고 있으면서도 헛되이 앉아서 지구전을 강구하며 패배를 자초하고 있으니 정말 졸책이라고 하지 않을 수 없다'고 생각했기 때문에 얼른 한 통의 편지를 써서 하코다테에 있는 기사쿠에게 송달해 줄 것을 요코하마의 친구에게 부탁했다.

편지에는 이런 내용을 자세히 말하면서, '모처럼 오랜만에 만날 것을 기대하고 귀국했는데 자네가 하코다테에 갔다고 하여 정말 실망했고 유감천만이다. 또 하코다테에 모인 사람들의 미래는 앞에서 말한 대로의 결과가 될 것이라고 생각하므로, 그 뜻을 에노모토 씨에게 전해줬으면 한다. 또 금일의 형세로는 이미 생전에 서로 보기는 어려울 것이므로 이렇게 된 이상에는 깨끗하게 전사하라'라고 간절한 마음으로 말을 전했다.

6년 만에 아버지와 재회

그로부터 2, 3일은 짐 정리와 다른 볼일을 보고 스기우라와 함께 가나가와神奈川 숙소에 체류하다가 12월 6, 7일경에 도쿄로 돌아왔다. 차근차근 상황을 살펴보니 유신의 소동으로 어떤 친구는 탈주했다든가 어떤 친척은 죽었다든가 하는 여러 가지 변화가 있었다. 또 고향에 있을 때 함께 대사를 도모했던 오다카 죠시치로는 어떻게 되었냐고 물어보니, 그해 여름 다행히 출옥은 했지만 내가 일본에 도착하기 전에 죽었다는 것이다. 그 동생 헤이큐로平九郎는 내가 작년 프랑스에 갈 때 미타테 양자見立養子[127]라는 명의로 내 상속인이 되겠다는 양자 신청서를 냈었다. 막부 제도에서는 외국에 가는 자가 만에 하나 외국에서 사망하는 경우가 있을지 모르므로 미타테 양자를 둘 것을 요구했던 것이다.

그런데 헤이큐로도 이번 난리에서 친형인 오다카 아츠타다와 기사

---

127   자기의 장래가 어찌 될지 가늠할 수 없을 때, 만일의 경우를 대비하여 세운 양자

쿠 등을 따라 각지에서 전투를 하다가 마침내 한노숙^{飯能宿} 부근의 구로야마^{黑山}라는 곳에서 전사했다는 것이다. 실로 보는 것도 듣는 것도 모두 단장의 아픔이 아닌 것이 없는 상황이었다. 나 자신을 되돌아보니 해외 만 리 여러 나라를 돌아다녔지만, 뭐 하나 배운 것도 없이 목표를 잃고 헛되이 귀국했을 뿐이었다. 또 기사쿠는 하코다테에 가서 생사도 알 수 없고 그 밖의 친구들도 대부분은 죽거나 또는 이산^{離散}한 상태가 되었으니 실로 변하고 변하는 덧없는 세상이라고 탄식할 수밖에 없었다.

원래 막부를 토벌한다는 것은 우리들이 먼저 하려고 했던 것이었는데, 한 번 기회가 어긋나고 나서 지금은 거꾸로 막리의 말석에 처하여 망국의 신하가 되었으니 실로 아쉽기 그지없었다. 그렇다고 내 잘못과 실수만이라고도 하기 어려운 일이었기에 세상의 흐름이라고 포기하고 스스로의 불행을 위로할 수밖에 없었다. 어쨌든 지난 돼지해^{분큐 3년}[1868] 겨울 고향을 떠난 후 6년의 성상^{星霜}을 지나 올해 마침내 도쿄로 돌아온 것이었으니 오랜만에 양친도 만나고 고향 모습도 보고 싶었다. 그래서 그달 중순에 고향에 간다고 미리 아버지 쪽에 문통하여 두었는데 아버지가 그 전에 도쿄로 찾아오셨다.

아버지가 오신 곳은 야나기하라^{柳原}의 우메다^{梅田}라는 검술 장비를 만드는 집인데, 전부터 친하게 지내왔기 때문에 이 집에서 아버지와 상면했다. 아버지는 내가 불운하여 세상에 쓰이지는 못했지만 우선 무사히 돌아온 것을 매우 기뻐하시는 모습이었다. 그러나 시세의 변천에 따라 내 신세가 영락한 꼴을 보고 기쁜 중에서도 왠지 걱정을 품고 계셨다. 그러나 역시 엄격한 성품이라서 끝까지 근엄한 말투로 말씀하시길, "너는 이미 내 자식이 아니니 굳이 지시하지도 않겠지만 장차 네가 어떻게 살아나갈 것인지에 대해서는 지금까지의 애정도 있으니 좀 물어보고 싶다. 이제부터 어떻게 처신할 각오냐." 실로 진정이 담긴 질문이었기 때문에 나는 눈물을 삼키며 대답했다.

"하코다테로 가서 탈주병에 가담할 생각도 없고, 그렇다고 신정부에 아첨하여 벼슬길을 구할 생각도 없습니다. 그저 지금부터 스루가駿河로 이주하여 전 쇼군이 은거하시는 옆에서 생애를 보내려고 생각합니다. 그렇다고 말로는 무록 이주無禄移住라고 해놓고는 시즈오카번의 자비를 구걸하는 구하타모토舊旗本 무리의 흉내는 결코 내지 않을 겁니다. 뭔가 따로 생계 방도를 찾아서 그 직업에 안주하며 곁에서나마 옛 주군의 전도를 지켜볼 마음뿐입니다"라고 고했다. 그랬더니 아버지도 조금 안심하는 것 같았지만 또 말씀하시길 "해외 만 리 땅에서 국가의 변고를 만났으니 귀국할 때도 여러 가지로 곤궁했을 것이다. 이후로도 일신이 안정될 때까지는 의식에 어려움도 있을 터이니 조금이지만 돈을 가지고 왔다"며 보여 주셨다.

나는 자애롭고 두터운 정에 깊이 감사드리며, "실로 이 은혜는 너무도 감사한 일이지만, 지금 저는 그렇게 궁핍하다고 할 정도는 아니니 이 성의는 받을 수가 없습니다. 실은 교토에서 히토츠바시가에 벼슬할 때부터 철저히 절약을 하여 소액이지만 재산도 여분이 있습니다. 또 프랑스 체류 중에도 공자의 수행원이었기에 제 비용은 따로 들지 않았고 매월 급료에서 의복 이외의 비용은 힘써 절약하여 남겨두어 지금 당장은 그리 궁핍하지 않습니다. 지난번 프랑스에서 편지로 송금을 부탁드린 것은 공자를 장기간 그곳에 유학시키기에는 경비가 조금 모자랄까 걱정했기 때문이었습니다. 이미 그것도 과거의 일이 되었으니 이제는 아무 필요 없습니다"라고 현 상황을 자세히 얘기했다. 그랬더니 이것으로 아버지도 완전히 안심하셨다. 세상사 얘기를 좀 더 하다가 가까운 시일 내에 나도 고향에 돌아갈 것을 약속하고 아버지는 귀향하셨다.

그 후 2, 3일 지나 고향에 돌아가 오랜만에 부모 처자를 만나고 마을과 근방의 사람들도 만나 서로 무사함을 기뻐했지만 2, 3일간 체류하고 15일경에는 다시 도쿄로 돌아왔다.

몸 둘 곳 없는 망국의 신

나는 해외 항해 때부터 프랑스 체류 중은 물론 2년 가까이 민부공자를 가까이서 모시며 항상 옆에서 모든 일을 처리했다. 전 쇼군 또는 다른 사람에게 보내는 서한 등도 모두 내가 초안을 쓸 정도였다. 수업은 말할 것도 없고 옷에서 음식, 또는 유흥에 이르기까지 어느 하나 내가 다루지 않은 일이 없었다. 또 항상 고래의 현군 양장賢君良將의 가언 선행嘉言善行의 예를 들고, 가깝게는 부군父君이신 미토 열공이 남긴 언행 등도 섞어 가며 아침저녁으로 가르침을 드렸기 때문에 매우 친밀한 관계가 되었다. 그래서 공자께서도 나를 좋아하시어 무엇 하나도 내게 얘기하지 않고서는 생각이 결정되지 않을 정도가 되었다. 프랑스에서 돌아오는 도중에서도 "미토번은 이전부터 소동이 많은 번이니 내가 돌아가 상속을 하더라도 앞으로가 걱정되오. 게다가 지금은 내가 의지할 만한 번사도 적으니 그대는 일본에 귀국하고 나서도 꼭 미토에 와주오"라고 실로 간절한 속마음을 들은 적이 있다.

귀국 후에도 고이시카와의 번저藩邸에서 공자가 같은 말씀을 하셨다. 그래서 나도 잘 생각해 보니 앞으로 어떻게 이 한 몸 살아갈까 매우 궁한 상태였다. 다른 사람보다 뛰어난 재주가 따로 있는 것도 아니고 또 은혜를 입은 군공은 현재 스루가에서 근신의 신분이다. 그리고 동지인 친구는 하코다테에서 적도의 오명을 뒤집어쓰고 관군의 토벌을 받아 줄곧 전쟁을 하고 있다. 지금 조정에서 뻐기고 있는 사람들은 모두 보지도 알지도 못하는 공가나 번사, 또는 초망草莽에서 출세한 사람들뿐으로 지기이거나 구면인 사람은 하나도 없다.

과거의 일을 곰곰이 돌아다보니 막부를 타도하려고 여러 가지로 궁리하던 몸이 반대로 망국의 사람이 되어, 할 수 있는 일을 거의 잃어버린 것이니 아쉽기도 했지만 또 곤궁하기도 했다. 그렇다고 지금 위세 좋은 당로當路의 사람들에게 복종하여 신정부의 관리가 되기를 구하는 것도 마음에 부끄러움이 있었다. 그래서 설령 원래의 뜻은 아니지만 일단은 전 군공의 은혜를 입은 몸임에는 틀림없으므로 차라리 스루가에 가서 일생을 보내자, 또 스루가에 가보면 혹시 일거리가 있을지도 모른다, 만약 아무것도 할 게 없다면 농업이라도 하면 그만이라고 비로소 결심을 했다.

●

시즈오카번[128] 출사와
상평창常平倉

스루오카행과 귀국의 복명

이렇게 결심한 이상 하루라도 빨리 출발해야겠다 하고 고향에서 도쿄로 돌아오자마자 스루가를 향해 출발했다. 출발 전에 프랑스 체류 중의 여러 가지 계산을 끝마쳤다. 짐이나 그 밖의 것들을 정리하여 미토에 속하는 것은 미토번에 넘기고, 스루오카번의 정청政廳에 신청해서 허가를 얻어 프랑스에서 가지고 온 잔금 중에서 약 8천 냥 정도의 금액으로 총을 사서 민부공자가 미토에 가실 때 선물로 드렸다. 그래도 아직 잔금이 있었기 때문에 계산을 명료하게 장부에 기입하고 물품을 정리하여 스루가에 갔을 때 이것을 스루오

---

128   도쿠가와 요시노부가 쇼군직에서 물러나고 막부가 폐지되자, 조정은 도쿠가와를 도쿠가와 이에사토(德川家達)에게 잇게 하고, 스루가 일대 70만 석 시즈오카 번주로 봉했다. 참고로 막부의 석고는 400만 석 정도였다.

카 번청藩廳의 간죠소에 인도했다.

그때 민부공자가 말씀하시길, "전 군공에게 내 직서直書를 갖고 가서 배알하게 되면 지금까지의 경위와 그 밖의 일들을 자세히 말씀드리게. 이 서한에는 '지난날 교토에서 유학하라는 간절한 명을 받았으나 그 목적을 달성하지 못한 채 예기치 않게 고국의 대변을 만나 하는 수 없이 귀국은 했지만, 지금의 처지로는 배알조차도 마음처럼 되지 않으므로 상세한 것은 시부사와를 통해 말씀드리겠다'는 등의 내용을 써 두었으니 무사하신 모습을 뵈옵고 분부가 있으면 다시 미토에 와서 그것을 전해 주게"라고 신신당부를 하셨다.

오쿠보 이치오

도쿄와 시즈오카는 잠깐의 여행길이었기 때문에 그달 20일 지나 시즈오카에 도착했다. 그때 시즈오카번에서 전권을 갖고 있던 역인은 쥬로직中老職의 오쿠보 이치오大久保一翁[129]라는 사람으로, 그 위에 히라오카 단바平岡丹波라는 가로가 있었지만 이 사람은 그저 이름뿐이고 실제 정치 권력은 오쿠보 한 사람의 장중에 들어가 있었다. 또 전공前公의 보좌역에는 우메사와 마고

129　1818~1888년. 막말-메이지기 막신, 정치가. 이름은 다다히로(忠寬). 로쥬 아베 마사히로에게 중용되었으나 다이로 이이 나오스케에게 배척당했다. 이이 사후, 외국부교, 오메츠케 등이 되었다. 막말 정국에서 시종일관 막부 바깥 세력과의 협조 노선을 주장했다. 유신 후 도쿄부(東京府) 지사, 원로원 의관(元老院議官) 등을 역임했다.

타로梅澤孫太郎라는 사람이 있었다. 이 우메사와는 하라 이치노신과 마찬가지로 미토 출신으로 하라와 함께 히토츠바시가의 요닌이 되었었는데 전공께서 쇼군가를 상속할 때 막부의 메츠케로 영전하여 막부 멸망 후에도 지금까지 계속 호종하고 있었다. 한편 시즈오카 도착 후, 곧바로 오쿠보와 면담하여 프랑스 체류 중의 일을 개략적으로 설명하고 민부공자의 서한을 전공에게 전달해 달라고 부탁했다. 또 공자의 전언도 얘기했더니 오쿠보는 이것을 모두 승낙하고 곧바로 전공께 전달해 주었다.

간죠구미가시라 임명에 대한 분노

그 무렵 전공께서는 호다이원寶臺院에서 근신 중이어서 이곳에서 만날 테니 출두하라는 통지가 왔다. 그래서 시즈오카에 도착한 다음 날 저녁 호다이원으로 가서 조심스레 전공을 배알했다. 각국 순회 중의 상황에서부터 공자가 프랑스 유학할 때의 모습 및 도쿄에서 말씀이 있으셨던 것까지 빠짐없이 언상하고 그대로 숙소에 체류하고 있었다. 달리 할일이 없었으므로 하릴없이 시중 구경 등을 하면서 놀고 있는 사이에 하루가 지나고 이틀이 지나 사흘째가 되었다. 그런데 아무런 분부가 없어 어떻게 된 일인가 하고 우메사와에게 아직 회답은 없었는가 하고 물어보니 곧 추후에 분부가 있을 것이라고 해서 그렇게 알고 기다렸다.

그런데 나흘째가 되어 갑자기 번청에서 내게 출두하라는 명령이 왔다. 곧바로 출두해 보니 간죠소로 가라고 했다. 뭐가 뭔지 몰랐지만 일단 가서 보니 하카마, 하오리 차림으로는 곤란하니 예복을 입고 오라고 했다. 여행 중이라서 예복이 없다고 대답했더니 공무로 부른 것이니 예복이 아니면 안 된다고 했다. 하는 수 없이 마침 다른 사람이 갖고 있던 것을 빌려 입고 쥬로의 근무소로 가보니 시즈오카번의 간죠구미가시라에 임명한다는 사령장을 주었다. 참, 나는 간죠구미가시라와 인연이 깊은 거 같다.

그로부터 간죠소에 가서 간죠가시라勘定頭의 히라오카 쥰조平岡準藏, 오구리 쇼조小栗尙三 두 사람과 만나, "제가 생각지도 않게 간죠구미가시라에 임명되었군요. 원래 프랑스에서 돌아와 곧바로 민부공자의 직서를 전공에게 올리고 그 답신을 기다리다가 우메사와에게 어떻게 된 거냐고 물어보았지만 그 분부는 없고 갑자기 이렇게 임명되었습니다. 감사하기는 하지만 전공께서 공자에게 답신을 하실 것이므로 그것을 받아 일단 복명한 후라면 모를까 그 일을 완수하지 못한 채 이렇게 임명된 것은 매우 당혹스러우니 받잡기 어렵습니다. 속히 회신을 받아 미토에 갔으면 하니 그 일을 주선해 주시길 바랍니다"라고 했다.

히라오카는 "잘 알았소. 속히 물어보겠소"라고 하더니 곧바로 쥬로 방으로 물으러 갔다가 돌아와서 하는 말이, "미토에 보내는 답신은 따로 편지로 보낼 테니 그대는 복명하지 않아도 되겠소. 번청에서 꼭 필요하여 간죠구미가시라에 임명한 것이니 속히 받잡고 근무하는 게 좋겠소. 이는 오쿠보의 말이니 그렇게 알고 계시오"라는 것이었다.

그 대답을 듣고 나는 발끈하여 분노한 나머지 사령장을 히라오카 앞에 내던지며, "그렇다면 저는 명을 받잡을 수가 없으니 면직시켜 주십시오"라고 말하고 그대로 숙소로 돌아와 버렸다. 그러자 히라오카가 오츠보大坪 아무개라는 간죠소에 근무하는 내 지인을 숙소에 보내 이래저래 물어왔다.

나는 오츠보에게 대답하길, "쥬로나 간죠가시라나 관직명은 훌륭해도 세상일이 보이지 않으니 참 안 되었네그려. 나는 지금 겨우 70만 석에 봉해진 궁핍한 번록藩禄을 탐할 요량으로 온 사람이 아니네. 해외에 돌아다닌 것을 위로한다는 심산에서 백표百俵나 70표의 녹을 주겠지만 내가 그걸 받을 수는 없어. 아무리 고귀한 사람은 인정이 메말랐다고는 하지만 이래서는 전공께도 감사한 마음이 들지 않아. 작년 민부공자가 유럽에 가실 때 박람회 공식 행사를 끝마친 후에는 프랑스에 머물러 학문을 하라는 직명直命이 있었네. 그 때문에 공자는 물론 우리들까지 각고의 각오로 제대로 공부의 성과를 쌓은 뒤 귀국할 각오였어. 그런데 뜻하지 않게 나라의 대변동을 만나 하는 수 없이 귀국하게 되었네.

이런 지경에 이르렀으니 실로 말로 표현할 수 없는 허무한 마음이 드셨겠지. 그래서 공자께서 스스로 이곳에 오시어 친히 배알하고 유폐되신 심정을 위로하실 생각이었지만 그렇게 할 수도 없었기 때문에 하는 수 없이 직서로 자세히 말씀 올리고 그러고도 빠진 부분은 도쿠다유[시부사와 본인]를 통해 설명하셨던 것이네. 하루라도 빨리 회신을 주시면 그것을 읽어 보시고 또 건강하신 모습을 내게서 자세히 들을 것을 기다리고 계신 것이야. 이는 친동생으로서 실로 당연한 정이라고 생각하네. 그러한데도 답신은 우리가 낼 테니 당신은 번청에서 그대로 근무하라니, 실로 정을 생각하지 않는 조치가 아닌가. 설령 전공께서 이런 명령을 내리셨다 해도 옆에 있는 자가 인정과 도리를 분별하는 자들이라면 이런 조치는 나오지 않을 걸세. 그것을 모르는 사람들만 즐비하니 이런 상황이 된 것일세. 그래서 주군을 욕되게 하고 나라는 감봉당하고 그 신하라는 자들은 여전히 생을 이어가고 동정을 구걸하여 앞으로 백만 석으로 되는 것에만 번 전체가 머리를 짜내고 있는 상황인 거야. 그런 썩어빠진 사람들로 가득 찬 시즈오카에서는 앞으로 살 수도 없고 또 간죠구미가시라 건은 사표 내기도 화가 나니 임명장을 바로 돌려줘도 되겠지?" 하고 닥치는 대로 논박했더니 오츠보도 당황해하며 그렇게 험한 얘기를 하면 안 된다고 했다.

나는 삐기느라 험한 얘기를 하는 게 전혀 아니니 오쿠보든 히라오카든 내가 토로한 대로 명확하게 말해 주고, 만일 시즈오카에 그대로 둘 수 없다면 어디라도 가겠다며 내키는 대로 욕을 해 버렸더니 오츠보는 돌아갔다. 그날 밤 오츠보가 다시 와서 아까 얘기에 대해 그대가 화난 이유를 오쿠보에게 말했더니 이건 좀 문제가 있는 일이라고 하면서 조만간 오쿠보가 직접 얘기를 하겠다고 했다고 전했다.

의심이 풀리다
과연 그다음 날 오쿠보가 부른다길래 가 봤더니 그가 말하길, "그대가 화내는 것은 어쩌면 당연하지만 내부 사정을 잘 모르기 때문에 그런 것이오. 우리 쪽에도 어쩔 수 없는 이유가 있지만, 그 얘기는 차라리 안 하는 게 좋겠다고 생각했는데, 변명을 위해서라도 대강을 얘기하겠소. 민부공자가 올린 직서에 대한 회신은 어떻게 하실 생각이신가 하고 내가 전공에게 여쭤봤더니 전공께서는 '구태여 도쿠다유

[시부사와]가 갈 건 없다. 추후 내가 회신을 하면 될 것이다. 도쿠다유는 번청에서 뭔가 직무를 명할 방도를 찾아보라'고 하셨기 때문에 어느 분야에 채용하면 좋겠는가를 생각하다, 히라오카가 교토 시절부터 지인이라고 해서 결국 간죠구미가시라로 얘기가 된 것이오. 결국 모든 건 전공이 직접 결정한 것인데, 이에 대해 그대가 화를 낸다면 정말로 유감천만이오"라는 것이었다.

그래도 다시 곧바로 회신을 하지 않으시는 이유와 내가 미토에 가는 걸 말리시는 이유를 물어봤더니 오쿠보가 말하길, "그대의 신상에 대해서는 미토에서 반드시 자기 쪽에 달라는 얘기가 이전부터 있었소. 그러나 전공의 생각으로는 그대가 미토에 가게 되면 민부공자가 너무 총애하시니 중용될 게 틀림없고, 그렇게 되면 미토 사람들이 질투를 하게 되어 결국 그대 신상에 해가 될 우려가 있다는 것이었소. 그 정도는 아니라도 그대가 미토번에 유용한 사람이 되는 것은 불가능하기 때문에, 그보다는 시즈오카번에서 쓸 데가 있으니 보내지 않는 것이 좋겠다는 말씀이었소. 또 그대가 민부공자에 보내는 회신을 갖고 가면 잠깐이라도 머물 것이고, 머물게 되면 자연히 정이 두터워지는 게 이치이니, 회신은 따로 이쪽에서 내자고 했던 것이오. 이런 사정을 알지 못하기 때문에 너무 인정머리 없는 처사라고 불만을 갖게 되었겠지만, 실은 지금 말한 대로의 사정이 있었으니 그 점을 잘 이해하면 좋겠소"라고 했다. 자세한 경위를 처음으로 알게 되어 내 자신이 성급했던 것과 지금까지의 실언이 정말 부끄러웠다.

이런 사정을 알게 된 다음에 다시 오쿠보에게 말하길, "저는 원래 미토에서 관직을 얻을 생각이 없었습니다. 이제 회신을 받는 것도 기대하기 어렵게 되었습니다. 그렇지만 나는 간죠구미가시라의 직을 맡는 것은 사양합니다. 일부러 생각해 준 뜻은 실로 감사하지만, 마음에 좀 생각하는 것이 있기 때문에 간죠소 근무는 받아들일 수 없습니다. 이것만은 반드시 사퇴하겠습니다"라고 재삼재사 우겨서 마침내 그 직을 면했다. 내가 왜 시즈오카에서 관직을 맡는 것을 거부했는가 하면 이런 이유에서다. 이번에 시즈오카에 이주할 각오를 한 것은 세상을 버리고 전공 곁에서 조용히 살려고 했기 때문이었다. 그런데 지금 이 관직을 받고 일에 매진한다고 해도 성과는 매우 부진할 것이고, 또 설령 이번에 등용되어 요로의 인물이 된다고 해도 그것이 원래 뜻에 맞는다고도 하기 어려워 차라리 농업이나 상업에 종사하여 평온하게 여생을 보내는 편이 편안하겠다고 생각했기 때문이다.

새로운 사업의 발안

나는 이와 같은 뜻으로 간죠구미가시라 직을 사퇴했지만, 앞으로 시즈오카에 거주하기 위해서 농업과 상업 중 어느 쪽에 종사하면 좋을까 고민했다. 그 무렵 신정부에서 각 번에 석고 배차石高拜借라는 것을 허용했다. 어일신御一新[維新] 이후 금융이 매우 궁박했기 때문에 약 5천만여 냥의 지폐를 제조하여 군비와 그 외 경비를 감당해 왔는데, 그 지폐가 민간 유통이 잘 안 되었기 때문에 전국에 유통하기 위해 각 번의 석고에 따라 신지폐를 대부하여 연 3보步의 이자를 13년부로 상환하는 방법이었다.

이 방법은 앞에서도 말한 대로 신지폐 유통을 원활하게 하려는 뜻에서 취해진 것으로 말하자면 정부의 재정 전략이었다. 시즈오카번에 준 할부 총액은 70만 냥 정도였다. 그해 말까지 신정부로부터 교부된 액수는 53만 냥이라고 스루가에 가자마자 곧바로 지인에게서 들었다. 그래서 나는 상업에 조금이나마 성과를 내고 싶다고 이리저리 궁리를 하고 있었던 때였기 때문에 이 석고 배차의 건에 대해서 새로운 안을 한 가지 냈다.

그 무렵 시즈오카번의 간죠가시라인 히라오카 쥰조는 내가 몇 년 전 교토에서 육군봉행지배 시라베야쿠陸軍奉行支配調役로 근무했을 때 보병두步兵頭의 요직에 있었는데 그때 몇 차례 면식이 있었다. 그래서 그를 만나 새로운 방안을 상담하기 위해 방문했다. 곧바로 면담이 가능하여 그간에 지내온 경위를 자세히 말하고, 지난번에 간죠구미가시라에 임명되었을 때에는 본의 아니게 어쩔 수 없는 사정이 있어 크게 실례를 했다고 했다. 이어서 '나는 시즈오카번에 눌러앉아 봉록으로 살아갈 생각이 없고, 다만 전공의 두터운 은혜 때문에 이 땅에 온 것이다. 게다가 지금까지 뜻을 같이 해왔던 친구들도 대부분 헤어지거나 사망하여 홀로 여생을 살아가야 하는 입장이라 지금부터는 관직 말고 뭐든 사업을 일으켜서 거기에 종사하며 조금이나마 국익을 꾀하려고 생각했기 때문에 그랬던 것이다. 새로운 안이 하나 떠올랐기 때문에 참고하시라고 말씀드리려 오늘 찾아왔다'고 말했다.

그리고는 신안新案에 대해 대략 다음과 같이 말했다. '석고 배차금石高拜借金과 관련하여 시즈오카번의 지폐 배차액은 50만 냥 이상이라고 들었는데, 만약 이 돈을 어설프게 번청 경비 등으로 소진할 때에는 시즈오카번은 그 반환 방법을 어떻게 할 생각인가. 이미 막부가 폐지되고 왕정복고가 된 이상, 결국 진정한 군현 정치[130]가 될 것은 당연하다. 만약 정말 군현 정치가 된다면 시즈오카번은 새롭게 설치된 번이므로 따로 여분의 재산이 있을 턱이 없다. 게다가 현재 봉토는 좁고 세입은 적고 또 모든 일은 새롭게 해야 해서 비용은 더 많이 드는 형편이므로 결국 이 배차금을 반환할 여유는 생기지 않을 것이다. 그때는 정치상 파산을 한 번 했던 이 번이 다시 재정상 파산을 당할 것이므로 지금부터 예방하는 것이 중요하다고 생각한다.'

또 '시즈오카는 작은 도회이기는 하지만 괜찮은 상인이 제법 있으므로 자금을 대여하여 상업을 한층 더 번창하게 하는 것은 그다지 어려운 일은 아닐 것이다. 원래 상인이란 게 한 사람의 힘으로 상업을 번창하게 하는 것은 가능하지 않은 법이므로 서양에서 행해지는 주식회사 제도를 채용하는 것이 가장 필요한 급무라고 생각한다. 이 주식회사 제도가 얼마나 편리하고 유익한지 유력 상인에게 이해시킨다면 이 지방에서도 얼마간의 합자는 틀림없이 가능할 것이다. 그러므로 석고 배차금을 기반으로 여기에 지방 자본을 합한 후 상회를 조직하여 매매 대차에 관련한 일을 취급하게 한다면, 지방의 상업 상황을 일변시켜 크게 발전되는 효과를 얻을 수 있을 것이다. 지금 시즈오카번에서부터 시작을 한다면 각지에 전파되어 일본의 상업도 조금은 체면을 회복하는 계기가 될 것이라고 생각하므로 꼭 이 방법을 채용했으면 좋겠다. 또 상회의 감독은 원래 간죠가시라의 임무이니 제

---

130   도쿠가와 시대 일본은 중국이나 조선과 달리 봉건제였는데, 당시 사람들은 메이지 유신 과정을 봉건제에서 군현제로 이행하는 것으로 이해했다.

반 사항을 시찰하고, 다만 그 운영의 핵심은 내게 일임해 주었으면
한다. 그렇게 되면 지방 상인 중에서 마땅한 인재를 발탁하여 각 부
분의 사무를 분담시켜 협력 동심하여 발전의 성과를 올리도록 할 생
각이다. 그러니 속히 이 상회 설립 건을 허가하도록 진력해 주셨으면
한다'고 상세하게 얘기를 했다.

히라오카는 전체 얘기를 듣고서는 "음, 잘 알았소. 매우 재미있는
신안이오. 앞으로 정체는 군현제가 될지도 모르오. 설령 군현제로 되
지 않더라도 석고 배차를 써버리고 훗날 반환에 지장이 있어서는 곤
란하니 제도야 어찌 되든 깊이 주의하지 않으면 안 되겠지요, 지금
조목조목 얘기를 들은 그대의 신안을 숙고해 볼 테니 그 방안을 서면
으로 자세히 제출하도록 하시오"라고 지시했다. 그래서 상세한 방안
을 써서 계산서까지 첨부하여 히라오카 측에 제출한 것이 메이지 원
년[1868] 연말이었다.

합본 사업의 효시, 상평창

해가 바뀌어 메이지 2년[1869] 봄 히라오카는 이 방법에 의거하
여 마침내 번청의 방침을 결정했다. 시즈오카의 코야마치^{紺屋町}라는
곳에 적당한 가옥을 사무소로 삼아 상법회소라는 명의로 상회를 설
립하고, 지역의 유력 상인 12명에게 운영을 명해 흡사 은행과 상업
을 혼합한 듯한 것이 생겼다. 이 상업회소 전체 경영은 간죠가시라가
맡고 나는 도도리^{頭取}라는 이름으로 운영상의 주임이 되어 간죠소 역
인 몇 명을 각 부의 부원으로 하고, 여기에 상인 몇 명을 부속시켜 업
무를 행하게 되었다. 중요한 업무는 상품 저당의 대부금, 정기당좌의

예금, 혹은 지역 농업 장려책으로 교토와 오사카 그 밖의 지역에서 미곡, 비료 등을 매입하여 이걸 시즈오카와 그 외 시가지에 매각하거나 지방 마을들에 대여하는 등의 일이었다. 그리고 그 원자금은 모두 신정부의 지폐, 즉 태정관찰太政官札 뿐이었다.

당시 정금 거래는 시세에 의하여 행해졌는데, 일반의 인심이 지폐에 익숙하지 않았고, 또 신정부에 대한 신뢰가 낮은 상황에서 가격은 크게 하락했다. 장래를 예상해 보니 결국에는 이 지폐 유통 때문에 오히려 물가는 반드시 등귀할 것이므로, 그러기 전에 먼저 지폐를 정금으로 교환하여 물품을 매입해 두는 게 이익이 많을 것이라고 생각했다. 그래서 부원, 상인들과 협의하여 도쿄에서는 비료를 사고 오사카에서는 미곡을 매입했다. 그때가 꼭 메이지 2년[1869] 2월이었는데 나는 이달에 지폐를 갖고 도쿄에 가서 깻묵, 말린 정어리, 유박油粕, 쌀겨 등을 매입했고, 그 김에 고향의 처자를 불러들여 스루가에 돌아온 것이 3월 중이었다.

이때 오사카에는 부원인 야무라 고시로矢村小四郎, 히라시마 나오이치로平島直一郎 두 명과, 고요다시御用達인 시미즈항清水港의 마쓰모토 헤이하치松本平八를 보내 미곡을 매입하게 했다. 비료도 미곡도 점차 값이 등귀했기 때문에 미곡은 이익이 날 것 같으면 그때그때 매각하고 비료는 스루가, 도토미遠江 영내 마을들에 대부하여 그에 해당하는 이익을 거둬들이게 되었다. 그런데 그해 5월경 번청에서 상법회소라는 이름으로 번의 자본으로 상업을 하는 것은 조지朝旨에 어긋나는 것이므로 실제가 어떻든 간에 이름을 개정하라는 비공식 지시가 있었다. 그래서 여러 가지 논의를 한 끝에 상평창으로 명칭을 바꿨다.

이것은 오쿠보가 한나라 시대에 행했던 고례를 끌어와 명명한 것인데, 비료 대부나 미곡 매매를 하는 것이므로 진정한 상평이라는 취지에 적합한 것은 아니었고 그저 이름을 변경했을 뿐이었다.

그해 6월경 신정부의 외무성으로부터, 작년 프랑스에서 출발할 때 그곳의 명예영사 폴 플뢰리 에라르에게 맡겨 두었던 민부공자의 숙박 대여료를 회수하고, 또 가구와 그 밖의 집기를 매각했다며 그 대금을 첨부하여 서한이 왔다. 그 때문에 나는 외무성에 호출되어 약 1개월 반 정도 도쿄에 체류했다. 나는 프랑스에서 매각을 위탁했던 숙소의 대여료와 가구, 집기류는 모두 민부공자의 사유물로 구정부와는 조금도 관계가 없다고 설명했다. 그러나 그 과정이 매우 번거로워서 서면을 제출하라든가 증명서를 쓰라든가 하는 여러 가지 주문이 있었다. 결국 내가 말한 대로 사유물 인가를 얻어 대금을 수령했는데, 금액은 만 5천 냥 정도였다고 기억한다. 한편 용무가 끝났으니 나는 다시 스루가로 돌아와 오로지 상평창 업무에 진력했는데, 여러 사무가 착착 진척되었기 때문에 2, 3년 더 지나면 단단하고 이익을 내는 상업회사가 될 것이라고 희망하며 열심히 마음을 썼다.

메이지 정부
출사 出仕

대장성大藏省 조세사정租稅司正에 임명되다

당시 태정관太政官에는 변관弁官이라고 해서 대변大弁, 중변中弁, 소변小弁이라는 관직이 있었는데, 그해 10월 21일 변관이 조정의 공무가 있다며 출석서를 번청에 보내왔다. 속히 도쿄로 오라고 한다는 통지였다. 하지만 나는 이제까지 맡아 왔던 업무도 많으니 갑자기 상경할 수는 없고, 부디 반개 월만 유예를 달라고 했다. 그런데 오쿠보 이치오는 그렇게는 안 되니 곧바로 상경하라고 엄하게 명령해서 나는 크게 낙담했다. 왜냐하면 신규 사업이지만 지금까지 상회를 맡아 열성을 다해서 이제 좀 궤도에 올려놓고, 여러 가지로 앞길에 희망도 가지고 있었기 때문에 나는 이걸로 생애를 마칠 생각이었다. 그러니 이제 와서 조정에 사관仕官하는 것은 마뜩잖았다.

가능하다면 번청이 면직을 요청해 줘서 상경을 사양할 수 있도록 해줬으면 좋겠다고 오쿠보에게 비공식적으로 요청했다. 오쿠보는 그건 결코 안 된다며, 만약 번청이 이런 청원을 했다가는 그거야말로 시즈오카번이 조정의 뜻을 배신하여 유용한 인재를 은폐한다는 혐의를 받아 결국 번주에게 해가 될 것이니, 어찌 되었든 조명朝命을 받들어 근무하라고 했다. 그래서 하는 수 없이 일단 상경하여 등용에 응하기로 결심했다.

대장성 관리를 지내던 시기의
시부사와 에이이치

　상평창의 업무에 대해서는 내 부재중에는 이렇게 저렇게 처리했으면 한다고 부원 일동에게 자세히 말해 두고 시즈오카를 출발했다. 그해 12월 초순 도쿄에 도착하여 태정관에 나가보니 생각지도 않게 대장성 조세사租稅司의 정正이라는 직에 임명되었다. 곧바로 대장성에 출두하여 배명拜命의 건을 보고했다. 당시 대장성에는 한 사람의 지인도 없고 또 직무에 대해서도 실제 경험이 전혀 없었기에 어떻게 하면 좋을까 도대체 상황 파악이 안 되었다.

　나는 혼자서 도대체 누가 나를 추천했는가, 누가 내 이름을 알렸는가 정말 엉뚱한 짓을 했다며 이상하게 생각했다. 그래서 일찌감치 면직을 청하여 시즈오카에 돌아갈 결심을 했지만 4, 5일간은 감기 기운이 있어 고쿠쵸石町의 도리야鳥屋라는 여인숙에 드러누워 12월 7일에 처음으로 출근했다. 원래 경험도 없는 직무였기에 묘안도, 기발한 안도 나올 리가 없었다. 우선 대장성에서 권세가 있는 사람은 누구누구인가 하고 물어보니 장관卿은 다테 무네나리伊達宗城로 이 사람은 문벌에 의해 그 지위에 있는 것으로 짐작되었다.

그다음은 대보大輔, 소보少輔로 각 한 명씩인데, 오쿠마 시게노부大隈重信와 이토 히로부미伊藤博文라는 사람이었다. 오쿠마는 히젠 출신, 이토는 죠슈번 출신이고, 대장성의 모든 업무는 대개 이 두 사람의 관할로 행해진다고 했다. 하루는 오쿠마 대보 댁을 방문하여 내 약력을 말하고, 실은 스루가에서 이러이러한 계획을 하고 열심히 일하고 있었기 때문에 경험이 전혀 없는 이 직책에 있는 것은 정말 곤란하니 속히 면직해 주었으면 좋겠다, 물론 사표를 제출할 결심이지만 일단 사정을 말씀드리는 것이니 속히 허락해 주셨으면 한다고 말했다.

오쿠마 대보의 말에 감복하여 결심하다

그런데 그날은 오쿠마 대보의 용무가 많아 천천히 얘기할 시간이 없으니 18일에 다시 오라고 해서 돌아왔다. 이어 18일에 재차 오쿠마 댁에 가서 여러 가지 대화를 나눴다. 오쿠마가 말하길, "사직 같은 것은 말하지 말고 스루가 업무를 정리하고 대장성에서 열심히 일하는 게 좋겠소. 그대가 일을 잘 모른다고 하지만 잘 모르는 것으로 말하면 누구라도 실제 경험이 있는 자는 한 사람도 없소. 지금 그대의 이력을 들어보니 역시 우리와 함께 신정부를 만들려는 희망을 품고 고생한 사람인 듯하오. 그렇다면 출신 성분이 어쨌든 간에 원래는 동지의 한 사람이오. 유신 정부는 지금부터 우리들이 지식과 열심과 인내를 갖고 만들어 내야 하는 것이고, 특히 재정 업무에 대해서는 내게도 조금 생각이 있으니 꼭 힘을 합쳐 일해 주오"라고 간곡하게 설득했다. 그래서 더 이상 무리하게 사직할 수도 없었기 때문에 "그렇다면 제게도 우설이 있으니, 그것을 채택해 주었으면 합니다"라고 하고는 그제야 비로소 대장성에 봉직할 마음을 먹었다. 이것이 프랑스에서 귀국하고 조정 관직에 나아갈 때까지의 경위이다.

이로부터 대장성 재직 중에도 아주 여러 가지 변화가 있어, 재미있던 일도 괴로웠던 일도 있었다. 관직의 일은 설령 과거의 일이라 하더라도 자세히 말하면 문제가 되겠지만, 대강만 얘기한다면 그다지 길게는 되지 않을 터이니 그것은 다음으로 미루겠다.

5.

일본의 제도를 개혁하다

부강한 나라를 위한 분투

전회까지 얘기한 것은 처음에 농상의 신분에서 갑자기 낭인이 되고 낭인에서 히토츠바시가에 사관하여 마침내 유럽에 갔다가 하는 수 없이 돌아와 시즈오카에서 조용히 살 생각이었는데, 조정의 명령을 거절할 수 없어 현 정부에 봉직할 때까지의 경력이었다. 이것은 내 신상에 가장 변화가 많을 때의 얘기였다. 특히 그 무렵은 이른바 소장 객기少壯客氣가 격심할 때이고 또 시세 변천도 매우 급격하여 의외의 일도 많았다. 때문에 듣는 사람도 재미있다고 느낄 수 있겠지만, 지금부터 하는 얘기는 변화도 적고 용장 활발勇壯活潑한 것도 없으므로 잘 참고 들어주기 바란다.

전회 얘기의 결말 부분은 이러했다. 나는 조명에 응하여 시즈오카에서 도쿄로 나가서 대장성의 조세사정에 임명되었으나 그 업무에는 전혀 경험이 없었다. 특히 시즈오카에서 열심히 일해 왔던 상회의 계획을 포기하는 것도 유감스러웠기 때문에 속히 사직하고 귀국하려고 오쿠마 대보에게까지 내 뜻을 토로했다. 그러나 조목조목 진심 어린 충고를 듣고 잠시 조정에 봉사하기로 결정했다는 것까지 얘기했다. 그런데 아무래도 이해가 되지 않는 것이 누가 나를 추천하여 이런 상황이 되었는가라는 점이었다.

사실 막부를 폐지하고 신정부를 세우려는 것이 내 처음 뜻이었고 그를 위해 심한 고생도 했지만, 그 폐립의 기회를 얻을 틈도 없이 급작스럽게 액을 당하여 하는 수 없이 일시적 방편으로 히토츠바시가에 사관을 했다. 그런데 그것이 인연이 되어 마침내 막부의 녹을 먹게 되었고 마음속에 찜찜함이 있던 차에 유럽으로 가게 되었는데, 겨우 2년 정도 부재중에 막부는 보기 좋게 전복되어 신정부가 수립되었다. 내 처음 뜻은 이렇게 두세 개 강력한 번의 힘으로 이뤄졌지만 이 몸은 엄연히 망국의 신하가 되어버렸으므로 생각하던 것과 반대로 된 것은 실로 몽환적인 느낌이 들었다. 이런 지경에 빠진 처지였기에 설령 처음 품은 뜻이 어떠했든 간에 표면상은 엄연히 구막신舊幕臣으로 신정부에서 보면 정반대 쪽에 있는 사람이었다. 특히 지금의 조정에는 친구 한 사람도 없는 형편이었기 때문에 도대체 이번에 임명된 것이 누구의 추천에 의한 것인가 알 수가 없었다.

　　　　나중에 들어보니 대장경大藏卿 다테 정이위伊達正二位[다테 무네나리]가 이전부터 내 이름을 듣고 있었고, 그 무렵 별로 면식도 없던 고 준조鄕純造라는 사람도 어디서 나에 대해서 듣고 있었던 것이 이번 임명으로 이어졌다는 것이었다. 이런 까닭에 추천되었다 하더라도 충분히 신뢰 받고 있는 것 같지도 않았기 때문에 오쿠마와 면담하여 간절히 사직을 요청했던 것이다.

　　　　그런데 오쿠마가 말하길, "이처럼 유신의 세상이 되어 완성된 국가를 창립하기 위해서는 당대의 유능한 사람들이 비상한 분투와 노력을 해야 하오. 먼저 제일 먼저 재정, 법률, 군무, 교육, 그 외 공업, 상업이라든가 또는 토지 개척, 식민이라든가 또 대장성의 업무로 말하자면 화폐 제도, 조세 개정, 공채 방법, 합본법 조직, 역체驛遞, 도량 제도 등 급무는 좀처럼 열거할 수 없을 정도요. 그런데 지금 대장성에 종사하고 있는 사람들은 그대도 나도 모두 마찬가지로, 이 새로운 일에 공부도 경험도 전혀 있을 리 없으니, 협력 동심하여 미래의 성공을 기할 수밖에 없소. 지금 그대가 말하는 스루가에서 일으킨 신사업은 일본 전체 경제에서 보면 실로 사소한 것이므로 작은 것을 버리고 큰 쪽에 힘을 다하는 것이 일본 인민의 입장에서 봐도 적절할 것이오"라고 온갖 논리와 말을 다하여 설득했다. 나는 더 이상 고집부리기도 좀 그랬고, 또 그의 말이 하나하나 급소를 찌르는 지당한 것이라고 생각하여 획 하고 생각을 바꿨다. "그렇다면 사직하여 스루가로 돌아갈 생각은 단념하고 조정에 미력이나마 다 하겠습니다"고 하고는 그날은 그걸로 작별을 고했다.

●

재임在任 중의
사업

개정국改正局을 건의하여 신설하다

그 후 다시 오쿠마를 방문하여, "지난번 설득으로 저도 마음을 굳히고 열심히 일할 각오를 했지만 본디 저는 히토츠바시가에 겨우 2, 3년 사관한 것뿐이고, 그 후에는 해외에 나가 2년 정도 세월을 보내어 아무런 실제 경험이 없는데, 지금 갑자기 조관朝官이 되었습니다. 그러니 당장 대장성의 조직을 봐도 그 좋고 나쁨도 모르겠습니다. 지금 살펴본 상태로는 지난번 말씀하신 제반 개혁은 도저히 이룰 수 없다고 생각합니다. 왜냐하면 대장성 내부는 그저 극히 혼란할 뿐이어서 장관도 속리도 그날그날의 용무에 쫓겨 무슨 생각을 할 시간도 없이 하루를 보내고 저녁이 되면 '자, 퇴청이다'라는 상황입니다. 지금 큰 방침을 세워서 진정으로 업무의 개혁을 꾀하려면 제일 먼저 조직을 마련하는 것이 필요하고 이런 것들을 조사할 때에도 유능한 인재를 천거하여 연구를 하지 않으면 안 됩니다. 따라서 지금 성에 새로운 국을 하나 설치하여 구제도의 개혁, 또는 새롭게 시행하려고 하는 방법, 규칙 등은 모두 이 국의 조사를 거친 후에 시의적절하게 실시했으면 합니다"고 말했다.

그랬더니 오쿠마도 내 주장에 크게 동의하며 말하기를, "실은 나도 매일 같은 잡무에 분주할 뿐이어서는 제대로 개혁하는 건 불가능하다 여겨 개정국을 둬야겠다는 생각을 하고 있었는데, 다행히 그대의 조언도 있으니 속히 이것을 설치하도록 하겠소"라고 명언하고 곧바로 태정관에 신청하여 그해 12월 말에 이에 관한 명령이 내려왔다.

그런데 이 개정국의 역인은 대부분 겸임하는 사람들로, 조세사에서는 내가 임명되고 감독사에서 두 명, 역체사에서도 몇 명 하는 식으로 각각 임명되었다. 나는 국장에 임명되어 개정국 사무를 담당하게 되었다. 얼마 있어 그해도 지나 메이지 3년[1870] 봄이 되었는데 이 개정국의 임무를 완수하기 위해서는 유능한 인재가 필요하다고 오쿠마에게 신청하여 시즈오카 번사 중에서 마에지마 히소카前島密[131], 아카마츠 노리요시赤松則良[132], 스기우라 아이조, 시오다 사부로鹽田三郎[133] 등을

---

131   1835~1919년. 메이지 시대 관료. 에치고(越後) 출신. 메이지 4년(1871) 영국에서 귀국하여 역체두(驛遞頭)가 되어 근대 우편 제도의 확립에 진력했다. 메이지 15년(1882)에 오쿠마 시게노부의 입헌개진당에 참여했다. 메이지 19년(1886) 도쿄 전문학교(현재 와세다대) 교장, 메이지 21년(1888) 체신차관. 귀족원 의원. 일본어 개량론자(國字改良論者)로 알려져 있다.

132   1841~1920년. 군인, 조선기술자. 나가사키 해군 전습소에서 배웠다. 간린마루(咸臨丸)를 타고 도미했다. 분큐 2년(1862) 네덜란드에 유학하여 조선학을 익혔다. 메이지 9년(1876) 요코스카(横須賀) 조선소장, 이후 사세보(佐世保), 요코스카의 진수부(鎮守府) 사령장관 등을 역임했다. 메이지 20년(1887)에 해군 중장, 메이지 30년(1897)에 귀족원 의원이 되었다.

133   1843~1889년. 외교관. 에도 출신. 하코다테에서 한학, 양학을 배웠다. 막부의 통역원이 되어 영국, 프랑스로 가는 사절을 수행했다. 유신 후 민부성, 외무성에서 근무했다. 각종 국제회의에 출석했고 외

연이어서 개정국에 등용했다. 그 밖에도 문필을 잘하는 자, 기예에 뛰어난 자, 양서洋書를 읽을 수 있는 자 등도 각각 추천받아 개정국 인원수는 도합 12, 3명이 되었다. 그 가운데에는 각자 득의의 주장도 있고 업무도 무난히 진행되어 갔기 때문에 매우 유쾌했다.

제반 업무의 개혁에 착수하다

우선 먼저 전국 측량을 계획하여 도량형의 개정안을 만들었고, 또 조세 개정과 역전법驛傳法 개혁은 가장 긴급한 문제였기 때문에 그 법안 조사에 힘을 썼다. 그 외 화폐 제도, 녹제祿制 개혁 또는 철도 설치안, 제관청諸官廳 건축 등까지 그 필요한 정도에 따라 토의와 심의를 다해 차근차근 방안을 만들었다. 그중에서도 전국 측량에 대해서는 착수 순서에서 경비 마련 방법까지 상세하게 조사를 끝냈다. 이 모든 긴요한 업무에 대해서는 실행안을 갖춰 각 계통에 건의 또는 조회했기 때문에 대장성의 업무는 갑자기 많아지게 되었다.

그 무렵 철도 문제는 한 시기를 뒤흔들었는데 반대론은 주장하길 오쿠마, 이토 두 사람이 대장성에서 힘을 합쳐 외국인에게 빚을 내어 무리하게 철도를 부설하려고 하는데, 이것은 실로 국가 대계를 그르치는 것이라고 했다. 이론 백출異論百出하여 관직에 있는 사람들조차도 이를 비방하는 상황이었기 때문에 개정국에서는 힘을 다해 논박하여 열성적으로 철도 부설을 촉구했다. 또 조세 문제는 반드시 개정

무소보(外務少輔)로 승진했다. 이노우에 가오루(井上馨) 외무경의 조약 개정 교섭에서 각국과의 교섭을 맡았다.

이 필요했기 때문에 충분히 조사할 것을 오쿠마, 이토도 원했고, 나도 조세정의 직무상 여러 차례 머리를 짜내었지만 꽤 복잡한 문제여서 모두가 어렵다, 어렵다고 할 뿐이었다. 결국 물건으로 납세하던 것을 통화로 걷는 것을 목표로 하여 조사에 착수했다.

역체법의 개정

또 그 무렵 난제로 누구나 고심했던 것이 역체법이었다. 지금의 젊은 사람들은 모르겠지만 구 막부 제도에는 전마傳馬[134], 스케고助鄉[135]라는 것이 있었는데, 이 때문에 촌락들은 아주 어려움을 겪었다. 그 개략을 얘기하자면 예를 들어 어떤 제후가 국도를 통행할 때에는 그 통로의 숙역에서 상응하는 인마人馬를 내어 역전驛傳하는 체제로, 나카센도의 후카야숙에는 그 근방의 몇 개 촌, 또 다음의 혼죠숙本庄宿에도 마찬가지로 근처의 몇 개 촌이 죠스케고定助鄕와 가스케고加助鄕라는 이름으로 각각 상응하는 인마를 마련해야 했다. 시험 삼아 일례를 들자면 가가 재상加賀宰相[가가 번주]이 나카센도를 거쳐 에도에 참근參勤할 때 후카야숙에서 인부 천 명, 말 백 필을 필요로 한다고 하면 혼스케고本助鄕 10개 촌락이 7백 명과 70필, 가스케고 10개 촌락이 3백 명과 30필의 비율로 내는 것이다.

통행이 있을 때에는 갓빠카고를 지거나 숙의 가마를 매거나이 숙의

---

134 각 역·숙(宿) 등에 비치하여 공용 수송을 담당한 말. 율령제에서는 역마와는 별도로 각 군에서 5필씩 길러 공용 여행을 하는 관인이 사용했다. 전국 시대 이후 숙역에 뒤서 막부·영주의 공용에 사용했고 에도 시대에는 민간의 수송도 담당했다.
135 에도 시대 숙역에서 상비한 인마가 부족한 경우, 그 보충을 위해 숙역 근방의 촌(村)에 부과된 부역. 또는 그것을 부과받은 향촌

가마라는 것은 대나무를 구부려 판을 만들고 그 위에 이불을 깔아 두 명이서 매는 것으로 매우 간단하고 단순한 가마였다. 또 짐말을 끌고 짐을 운반하는 자도 있고, 창이나 긴 일산日傘을 드는 자도 있고, 여러 가지 도구상자를 짊어지는 자도 있어 각종 노역에 복무하여 통행하는 다이묘와 쇼묘小名를 역전해 주는 것이다. 물론 상응하는 임금을 받아 농한기 벌이로 하는 것이어서 처음 에도에 막부가 개창되었을 때는 연도의 촌락들에 스케고를 명하는 것은 오히려 구제법의 하나였다. 그래서 숙역에 연고가 있는 촌락이 혼스케고, 가스케고의 이름을 받았고 연고가 적은 촌락은 스케고에 들어갈 수가 없었다.

그런데 그 임금은 게이쵸고방慶長小判으로 정해져 있었는데 그 후 겐로쿠元祿[1688~1703]·호에이寶永[1704~1710][136] 무렵부터 화폐가 점점 조악하게 되어 이래서는 안 된다고 해서 8대 쇼군이 교호기享保期에 처음으로 이를 개정했지만 완전히 회복되지는 않았다. 그런데 후대가 되어서도 자꾸 개주하여 신지고방眞字小判, 소지고방草字小判, 또는 호지방保字小判, 니부방二分判 등등, 안세이·분큐경에 이르기까지 자주 개주가 이뤄져 그때마다 금질金質이 조금씩 조악해졌다. 그에 따라 물가도 등귀하여 결국 교호경에 정한 전마의 임금은 너무 싸서 견디기 힘들었기 때문에 촌락들이 고충을 겪게 되었다. 당연히 그 시절은 인력거도 없고, 마차도 없고 철도 등은 꿈도 꿔 본 적이 없는 때였다. 따라서 다이묘, 쇼묘의 통행 때 종자從者의 다리가 아프면 반드시 숙에서 가마를 내어서 역전을 하지 않으면 안 되는 규정이 있어 스케

---

136   '이와나미판'에는 간에이(寬永)로 되어 있으나, 아마 호에이(寶永)의 오기일 것이다.

고촌들은 실로 오기칠도五畿七道를 통틀어 고충이 없는 곳이 없게 되었다.

　이처럼 오래된 난제이기 때문에 이것도 개혁하지 않으면 안 된다는 논의가 일어 개정국에서 그 방안을 세웠다. 그때 마에지마가 스루가에서 나와 있어 다행히 그 일을 맡아 적당한 방안을 만들어 내었기에 그를 곧 역체권정驛遞權正으로 전임 발령하여 이를 실시하게 되었다. 이 같은 정치상의 개정은 모두 개정국에서 조사해서 각각 의견을 내고 시행 방안을 만들어 대장성에서 계속 정부에 제출했기 때문에 그 무렵 대장성의 권위는 다른 성들을 누를 정도여서 심지어는 오쿠마가 각 성을 제압한다는 의심을 받을 정도였다.

화폐 제도 개정에 대한 조사

　또 화폐 개주도 그 전부터 중요한 문제 중 하나로 이미 오사카에 조폐국을 만들고 화폐의 본위를 은으로 한다는 논의는 정해져 있었지만, 이 일은 대장성 업무 중에서도 가장 중요한 것이므로 각별히 정밀한 연구를 해야만 했다. 또 이토 소보伊藤少輔가 구미 각국에서는 공채가 널리 행해지고 있는데, 일본에서는 어떠한가, 지폐는 이미 발행되어 유통되고 있지만 교환 방식은 어떻게 하면 좋을까, 각 관성官省, 각 요사寮司의 배치 및 업무 담당 순서는 어떻게 하면 생산적일까 등등의 일을 미국에 사람을 파견하여 연구하게 했으면 좋겠다고 안을 내어 그것을 개정국에서 심의하고 문안을 만들어 정부에 건의하게 되었다. 그래서 메이지 3년[1870] 10월 그 의견이 채용되어 이토가 미국에 가게 되었고[137], 요시카와 아키마사[芳川顯正]와 후쿠치 겐이치로[福地源一郎][138]가 수행하라는 명이 내려졌다.

그로부터 이 일행이 미국에 가서 차근차근 현행 법규, 조례 등을 조사하여 공채의 방법은 이렇게 하고 그 이유는 이렇다, 지폐 교환은 전국에 국립은행을 창설하여 금융을 원활하게 하고 아울러 지폐 태환 업무를 맡게 하면 되는데 그 은행의 조례는 이렇게 제정하기 바란다, 또 화폐 문제에 대해서는 이전에 요코하마에 지점이 있던 동양은행의 주재자인 영국 사람 로버트슨[Robertson]이 건의한 적이 있었는데 그가 동양은 은화의 지역이므로 은을 화폐본위로 하는 것이 적당하다고 하여 그렇게 정했었으나 막상 미국에 와서 보니 미국도 금본위로 되어 있고 유럽 국가들도 대부분 금화를 본위로 하고 있으니 문명국의 통례를 따라 본위화폐는 일본도 금으로 바꿨으면 좋겠다, 또 정부의 지폐 교환 방법에 대해서는 미국에서 1860년경에 지폐를 대량으로 증발[增發]함으로써 가격이 하락하여 나라가 매우 곤란해졌지만 결국에 가서는 내셔널 뱅크[National Bank]를 세워 교환법을 정한 역사와 절차를 조사하여 상세한 것을 보고해 왔다.

또 각 관성의 직제, 장정 등이 충분히 정돈되지 않았기 때문에 직

137　이토 히로부미는 대장 소보 겸 민부 소보가 되어 화폐 제도의 개혁을 담당했다. 1870년에는 재정·화폐 제도 조사를 위해 미국으로 출장 갔다. 1871년에 금본위제를 채용한 신화조례(新貨條例)의 공포를 이끌었다.

138　1841~1906년. 신문기자, 극작가. 호는 오치(桜痴). 나가사키 출신으로 막신. 게이오 4년(1868) 좌막파(佐幕派)의 신문『고코신문(江湖新聞)』을 발간했다. 메이지 7년(1875) 도쿄 니치니치(東京日日) 신문사의 주필이 되었고 2년 뒤 사장이 되었다. 메이지 15년(1883) 입헌제정당을 결성, 메이지 37년(1904) 중의원 의원이 되었다. 메이지 22년(1889) 가부키자(歌舞伎座, 가부키 전용 극장)를 창설했다. 각본으로『가스가노쓰보네(春日局)』, 저서로『막부쇠망론(幕府衰亡論)』등이 있다.

무 범위의 구분도 명료하지 않고 책임 소재도 정해져 있지 않았는데, 미국의 직제, 장정을 조사해 봤더니 이러저러하다는 것까지 모두 대장성에 구신具申했다. 그 문서 왕복은 모두 개정국에서 담당했기 때문에 오쿠마에게 써 보낸 것들에는 내가 연서한 게 많았던 것으로 기억한다.

앞에서 말한 각종 업무는 개정국에서 조사한 것인데, 모두 중요한 일들이었기 때문에 즉시 실시되지는 않았다. 메이지 4년[1871] 봄, 여름경이 되어 다테 정이위가 대장경을 사직하고 오쿠마도 참의로 전임되어 오쿠보 도시미치大久保利通가 대장경이 되었다. 또 그때까지 오사카의 조폐국에 있던 이노우에 가오루가 대장대보에 임명되어 도쿄로 왔다. 그래서 그때까지 이토에게서 온 서장은 물론 조사 서류 등도 이노우에에게 보여 주며 이제까지 조사한 은행 창설, 각 관성의 제도, 공채증서 발행 등에 대해 전부 상의했다. 그는 우선 화폐 제도를 속히 정하여 조례를 발포하는 것이 가장 급무라고 했기 때문에 개정국에서 내가 초안을 담당하여 조사에 임하였다. 그런데 메이지 4년[1871] 5월경 이토가 미국에서 귀국하여 은행 조례 제정, 공채증서 발행 및 각 관성의 관제 제정을 매우 급하게 실시하려고 했고 이노우에도 시기로 봐서 이것을 행하지 않으면 안 된다는 생각이어서 그 순서와 방법 등의 조사를 역시 개정국에 독촉하게 되었다.

폐번치현廢藩置縣과 대장성 업무의 폭주

그러는 사이에 마침내 폐번치현이라는 정치상의 대문제가 발생하여 그 때문에 조야 간에 논쟁이 매우 시끄러웠다. 마침내 7월 중순에 이르러 결정되어 전국에 포고되었다. 원래 이 폐번치현이라는 것은 그 전부터 사쓰마, 죠슈 등 웅번이 솔선하여 봉토 봉환이라든가 또는 번적蕃籍 반환 등의 청원서를 속속 봉정하는 상황이었지만, 당시 국가의 기둥, 원훈元勳이라 할 수 있는 사이고, 기도, 오쿠보 사이에 좀처럼 합의가 이뤄지지 않아 발표를 하지 못했던 것이다. 그러다 마침내 의견이 일치되어 이렇게 포고가 실현되었던 것이다.

그런데 이 포고를 발표할 때 가장 주의를 요한 것 중 하나가 그 무렵 각 번에서 행해지고 있던 번찰의 교환 방법에 관한 포달이었다. 폐번의 포고가 이미 발표된 후 만약 사람들이 번찰의 교환이 거부될 거라고 생각한다면 죽창과 거적 깃발蓆旗의 폭동이 날 것은 필연일 것이다. 또 만약 미리 조정에서 교환해 준다고 하면 곧바로 가격이 등귀하여 그 사이에서 요행으로 이익을 노리는 자도 나와 이 또한 빠져나갈 구멍을 만들어 줄 우려가 있다. 따라서 대장성에서는 신속하게 교환 방법을 미리 정해둬 폐번의 포고와 동시에 전국에 명령해야만 했다. 그래서 7월 13일은 휴일이었지만 나는 특별히 출근하여 조사를 했다.

폐번치현의 대호령과 함께 대장성의 업무는 점점 많아져서 그중에서도 폐번의 뒷수습을 하는 것이 매우 어려웠다. 시급하게 하지 않으면 안 되는 일이라서 나는 이노우에의 지휘에 따라 겨우 2, 3일 사이에 방법을 입안하고 수십 매의 정책안을 작성하여 이노우에에게 제출했다. 그 방책의 대강은 각 번 금곡金穀의 조사에서부터 부채 액수, 번찰의 발행액, 또는 조세 징수 방법, 그 밖에 각 번에서 실행 중인 여러 가지 사업에 관련된 것으로 매우 골치 아픈 일이었다. 또 공채증서 발행 건도 폐번치현에 즈음하여 각 번이 지역에서 차입한 부채를 연도에 따라 구분 지어 아주 오래된 것은 완전히 탕감하고, 유신 전후 구분에 따라 신구 2종으로 나눠 공채증서를 부여하여 여기서 비로소 공채증서의 발행을 이룰 수 있었다.

또 각 관청의 직제, 장정도 이토가 미국에서 가져온 것을 번역하여 대강의 핵심을 파악했기 때문에 이것을 정부에 구신하여 각 관청의 직제를 세울 것을 촉구했더니, 먼저 대장성부터 신속히 실시하는 게 좋겠다고 했다. 그래서 내가 그 조사를 담당하여 3일 밤낮으로 집에서 철야로 작업해서 정부에 올려 실시하게 되었다. 그로부터 부기법 조사도 했는데 지금 여러 관청에서 사용하는 부기법의 핵심도 이때 정해졌던 것이다. 한편 은행 조례 조사 또한 맡아서 열심히 연구했지만 아직 충분히 파악할 수는 없었다.

처음으로 실업가 지망을 생각하다

이보다 앞서 오사카 조폐국에 용무가 있어 오쿠마, 이토, 요시다 기요나리吉田清成 등과 동행하여 오사카까지 여행한 적이 있었다. 귀로에서 곰곰이 일본 장래의 경제를 생각해 보니, 결국 정부에서 아무리 마음을 쓰고 힘을 다해 화폐법을 정하고 조세율을 개정하고 회사법 또는 합본 조직을 마련하고 식산 흥업의 도움을 준다 해도 지금의 상인으로는 도저히 일본의 상공업을 개량하거나 진보시킬 수는 없을 것 같았다. 그래서 나는 관직에서 물러나 상업에 투신하여 미치지 못하더라도 솔선하여, 부진한 상업을 작흥시키고 일본 장래의 상업에 일대 진보를 이루려는 뜻을 세웠다. 오쿠마, 이토에게도 그 뜻을 토로하고 사직 건을 상의했다. 두 사람은 내 뜻에는 크게 찬성했지만 지금 내가 사직을 한다면 대장성에는 큰 지장이 있을 것이므로 조금만 미뤄달라는 답이 왔다.

나는 메이지 2년[1869] 겨울 대장성의 조세정에 임명되고 나서 여러 번 승진하여 그때에는 대장성 권대승權大丞의 직에 있으면서 성 업무 전체에 관계하고 있었고, 특히 그 전년부터는 통상사通商司의 뒤처리도 내게 맡겨져 있었다. 통상사는 메이지 원년[1868] 대장성에 설치된 것으로, 도쿄와 오사카에 있는 유력 상인들을 서로 협력하게 하여, 환회사換會社, 상사, 개간회사 등 각 회사를 설립시켜 합본 영업의 단초를 만들었다. 그러나 신사업이기도 하고 관리하는 사람도 일에 어두워 항상 손해가 많아서 쇠퇴하게 되었다. 이를 정리하기 위해 나에게 겸임을 명령했던 것으로 도쿄, 오사카의 상인들과 때때로 면담하여 업무에 대해 여러 가지 얘기도 해 보았다. 그러나 구래의 비굴한 풍이 아직 일소되지 않아서 관직에 있는 사람을 대할 때에는 그저 몸을 구부리고 머리를 조아리며 예의를 다할 뿐, 학문도 없고 기상도 없고 새로운 구상이라든가 사물의 개량이라든가 하는 것 등은 조금도 생각하지 않는 것 같았다. 그 때문에 나는 개탄한 나머지 현직을 사퇴하여 전력을 다해 상공업의 발전을 꾀해야겠다는 뜻을 세웠던 것이다.

대장경 오쿠보 도시미치와의 의견 충돌

이 오사카행은 메이지 4년[1871] 여름이었는데 그해 7월 나는 추밀권대사樞密權大史에 임명되어 일시적으로 내각의 사관史官이 되었다. 또

오쿠보 도시미치

그해 8월에 재차 대장대승大藏大丞이 되어 대장성으로 돌아왔다. 폐번치현을 행한 전후에는 오쿠보가 대장경, 이노우에가 대장대보, 나는 대장대승의 직에 있었는데 대장성 직제 및 사무장정도 제정되었고 각 요사의 업무도 그 구분이 조금 정리되었다. 그러나 번을 폐지하고 현으로 했다고 곧바로 세입이 증가할 리가 없었다. 그런데도 국고의 탁지財政을 관장하는 관제, 회계관, 경리관에는 한도가 없어서 필요가 있으면 바로 정부에서 대장성에 지출을 명하여, 속되게 말하면 얻는 대로 다 써버리는 상황이었다. 정부의 일은 뭐든지 확대 위주여서 육해군 비용은 물론 사법성은 재판소를 확장하려고 하고 문부성은 교육령 보급을 꾀하는 식으로 달라는 곳은 팔방에 있고 여기에 응하는 것은 한 곳이었기 때문에 이노우에도 매우 고심했다. 그러나 오쿠보는 재정 상황에는 전혀 개의치 않고 각 성이 요구하는 대로 비용을 지급하려 했기 때문에 나는 그 사이에서 홀로 매우 고심, 진력했다.

그 무렵 나는 재정이 통제되지 않는 것을 심히 우려하여 동료와 상의한 끝에 세출입 통계표를 만들었다. 그래서 오로지 양입 위출量入爲出, 수입을 계산하여 지출한다의 방침에 의거하여 각 성 경비의 정액을 두고 그에 따라 지출의 제한을 정하려고 했다. 그러나 아직 세입 총액도 명확하지 않고 정확한 통계도 만들지 못한 사이에 그해 8월경 정부에서 육군성 예산액을 8백만 엔으로, 해군성 예산액을 2백 50만 엔으로 정한다는 논의가 있었다. 오쿠보 대장경은 어쩔 수 없이 여기에 동의하지 않을 수 없다며 그때 대승직에 있던 나와 다니 데츠오미谷鐵臣[139], 야스바 야스카즈安場保和[140] 3명에게 의견을 물었다.

나는 대답하길, "정액 건은 원래부터 바라던 바로 힘을 다해 노력하여 조사해 왔지만 지금은 아직 정확한 통계를 얻을 수가 없습니다. 따라서 지금 정부에서 경솔하게 각 성의 정액을 정한다는 것은 매우 적절하지 못한 일이라고 생각합니다. 왜냐하면 이렇게 경솔하게 정부에서 정액을 정하는 것은 속칭 '집히는 대로 계산하기' 같은 것이기 때문입니다. 이번에 육군도 정액을 세우고 해군도 정액을 세우고 그 외 각 성이 앞을 다퉈 나눠 갖게 된다면 양입 위출의 경제 법도가 세워지기 어려울 뿐 아니라, 회계의 근본은 전혀 정해질 수가 없습니다. 게다가 향후 또 각 성과 그 밖에 때때로 어쩔 수 없는 경비가 생길 때에는 무엇으로 이에 대응하겠습니까. 정말 불안합니다. 그러므로 지금의 재정은 수입에 따라 지출을 철저히 제한하여 대응하는 거 외에는 묘안이 없으므로, 정액 건은 잠시 보류했으면 합니다. 다만 하루라도 빨리 세입 총액을 알 수 있도록 힘쓰고 있으므로 머지않아

---

139   1822~1905년. 막말-메이지기의 사무라이, 관리. 히코네의 마치의사(町医者)의 장남. 나가사키에서 경학, 네덜란드 의술을 배우고 가업을 이었다. 분큐 3년(1863) 히코네 번사로 발탁되어 번의 외교를 담당했다. 유신 후 신정부의 좌원(左院) 일등의관(一等議官)이 되었다.

140   1835~1899년. 관료. 원래 구마모토(熊本) 번사. 대장성에 들어가 이와쿠라 사절단을 수행하여 구미를 순방했다. 귀국 후 후쿠시마·아이치(愛知) 현령, 원로원 의관을 거쳐 후쿠오카현(福岡県) 지사가 되어 지쿠고강(筑後川) 개수(改修), 모지(門司) 축항에 힘썼다. 메이지 30년(1897) 홋카이도청(北海道庁) 장관이 되었다.

틀림없이 정확한 통계를 얻을 수 있을 것입니다. 그런 후에 각 성의 경비 액수를 정하시는 게 좋을 것입니다"라고 내 생각을 상세히 말했다.

그랬더니 오쿠보는 매우 불쾌한 듯이, "그렇다면 세입 통계가 명확하게 나올 때까지는 육해군에는 경비를 지급하지 말자는 얘긴가"고 정말 뜻밖의 힐문이 돌아왔다. 나는 더 부연하여 "아니, 육해군 경비를 지출하지 말자는 의미는 결코 아닙니다. 말할 것도 없이 육해군이 없어서는 국가가 유지될 수 없다는 것도 알고 있습니다. 그러나 지금 대장성이 한 해의 세입 통계가 만들어지기 전에 지출 면에만 신경을 쓰고 게다가 거액의 정액을 정하는 것은 우선 재정의 이치에 어긋나는 매우 위험한 조치라고 생각하여 기탄없이 우견愚見을 말씀드렸던 것입니다. 물론 채택 여부는 대장경의 흉중에 있겠죠"라고 하고는 그 자리를 물러났는데, 그때부터 관직을 그만두겠다는 생각이 다시 생겼다.

퇴관의 뜻을 이노우에 대장대보에게 흘리다

그 이유는 오쿠보가 지금 국가의 기둥으로 불리는 사람이고 현재 대장성의 주재자이면서도 이재의 실무에 숙달하지 못할 뿐 아니라 그 원리조차도 이해하지 못하고 있고, 이노우에는 열심히 저항하며 활동하고 있지만, 혼자 힘으로는 어떻게 할 수 없을 것이었기 때문이었다. 그뿐 아니라 대승 이하 직원은 모두 오쿠보의 막료이므로 이노우에의 방침을 받들어 직무에 힘쓰고 그의 지휘를 따르는 것을 받아들이지 않을 것이었다. 그렇다면 대장성은 향후 불규칙한 회계 사무로 마침내 영속할 수 없을 뿐 아니라 세상의 식자들에게도 비웃음을 살 처지에 빠질 수밖에 없을 것이다. 지금 백사百事를 개혁해야 한다는 것은 정부에서도, 각 성에서도 모두 일반적인 의견이다. 그러나 오로지 자기 업무를 확장하는 것에만 신경 쓰고 여기에 드는 경비가 어떻게 되는가는 돌아보지 않고 필요가 있으면 일시에 요구하는 분위기가 되었으니, 이른바 요구하는 힘은 세고 억누르는 힘은 약한 상황이어서 도저히 지탱할 수 없을 것이라고 생각했다.

그래서 해운교海運橋라는 이노우에의 저택을 방문하여 면담을 요청했다이노우에는 이때 해운교라는 미쓰이(三井) 가문 소유의 저택에 거주하고 있었다. 금방 면담 기회를 얻었기에 나는 "꼭 사직할 각오입니다. 내일이라도 사표를 낼 테니 속히 받아주셨으면 합니다. 나는 도저히 길게 대장성에 봉직할 수 없습니다. 기탄없이 얘기한다면 대장성에는 희망이 없습니다. 귀하가 이렇게까지 성 업무에 고심 진력하는 것도 우정에서 말하자면 매우 유감천만스러운 일입니다. 지금 모습으로는 대장성의 회계를 정돈해 가는 것은 가망이 없다고 생각하므로, 이 가망 없는 직무를 사임하고 지난번에 말한 대로 희망이 있는 상업 사회에 진력할 생각입니다. 지금은 조금이라도 학문이나 기상이 있든가, 지혜가 있거나 그 밖에 일예 일능一藝一能이 있는 자들은 모두 관직에 나아가는 경향이 있어 민간에는 인물이 조금도 없으니 끝내는 상하의 균형을 잃어 국가의 실력을 발전시킬 수 없을 것입니다. 그러니 나는 내일 사표를 낼 결심이지만 평생의 지우知友에게 미리 말해 두는 것입니다"고 했다.

이노우에는 전혀 동의하지 않고 "그대의 의견은 일리가 있지만 지금은 아직 그 시기라고 할 수 없소. 대장성의 사무가 극히 다망한 지금 갑자기 요직을 사임한다는 것은 온당하지 않은 거동이라고 하지 않을 수 없소. 부디 사의를 번복하여 한층 더 열심히 일해 줄 것을 바라오"라고 간절하게 설득했다. 하지만 나는 이미 결심하여 말한 것이므로 여러 가지로 반박하여 고집스레 요청했다. 그러자 이노우에는 다시 내게 말하길, "그래, 그대가 각 성의 정액론 때문에 장래를 걱정하는 것은 실로 이치에 맞지만 대장성의 업무를 확장하여 일본 재정을 정리하는 문제에 대해서는 내게도 약간 방안이 있어서 머지않아 실시할 것이오. 그러므로 그대의 퇴임은 잠시 유보하고 이번에 오사카에 가서 조폐국 사무를 감독해 주시오"라고 정말로 마음을 다 털어놓고 간절히 설득했기 때문에 마침내 그 뜻에 따라 사직 건은 중지하고 오사카에 출장을 가게 되었다.

오사카 출장 중의 새로운 업무

그 무렵 조폐국장은 히젠 출신 마와타리 도시유키馬渡俊邁라는 사람으로 이노우에, 이토의 뒤를 이어 이해 8월경 임명되었다.조폐국 창립 때는 이노우에 가오루가 대장대승으로 국장을 겸임하고 있었지만, 이해 여름 대장대보로 전임한 후에는 잠시 이토 히로부미가 국장으로 있었다. 그런데 그도 8월경 도쿄로 전임되었기 때문에 마와타리가 후임이 되었던 것이다. 이처럼 국장 교체가 자주 있어서 자연히 업무도 정비되지 못했기 때문에, 그 독려 차 오사카 출장을 명받은 것으로 9월 하순 도쿄를 출발하여 오사카에 부임했다.

이 무렵 도쿄, 오사카에 큰 업무가 하나 생겼다. 유신 전, 즉 분큐, 게이오경에 각 번에서 이분금二分金을 위조하여 유신 후에 외국인이

심하게 뭐라고 해서 하는 수 없이 신정부에서 그 교환을 인수한 적이 있었다. 그런데 이때까지도 그 위조금이 세상에 유통되고 있었기 때문에 통용되는 이분금과 지폐, 즉 태정관찰과의 사이에 가격 차가 생겨서 이분금을 지폐로 교환하려고 할 때에는 백 엔당 5엔 이상의 할증료를 내는 상황이었다. 그래서 나는 이전에 대장성에 건의하길, '대장성에서 태환권을 발행하여 이분금을 모아들이고 나서 조폐국에서 신화폐로 개주한다면 단지 화폐 개주의 성과뿐 아니라 그 사이에 커다란 이익이 생길 것이므로 속히 이 일을 실시했으면 한다'고 했다. 이것이 곧바로 채용되어 그 발행에 종사한 적이 있었다. 그런데 이 업무는 오사카에도 필요하므로 이 일도 겸임하라는 것이었다. 오사카 체류는 1개월 남짓이었는데, 조폐 업무에서 태환권 제조 발행 업무까지 거의 정리하고 나서 11월 15일에 도쿄로 귀임했다.

귀임 전에 도쿄에서는 사절단을 구미歐美에 파견하는 문제가 생겨서 이와쿠라가 정사에, 기도, 오쿠보, 이토 등이 부사에 임명되었다. 그 외에 수행원 및 각종 정무를 조사하기 위해 십수 명의 이사관을 임명하여 대사를 수행해 구미에 파견하게 되었고, 출발은 11월 말로 정해졌다.

아버지 영면

15일에 도쿄로 돌아왔는데, 그달 13일에 아버지가 갑자기 큰 병이 났다고 귀경한 날 밤, 급비각急飛脚이 왔다. 곧바로 고향으로 출발했어야 했지만, 아직 오사카 체류에 대한 복명도 하지 않았고, 또 휴가 절차도 밟지 않았기 때문에 사사로이 여행할 수는 없었다. 이 때문에 일야를 천추와 같은 심정으로 지새고 다음 날 아침 일찍 이노우에를 만나 오사카의 상황을 설명하고 곧바로 아버지 병간호를 위해 귀향 허가를 얻어 도쿄를 출발했다. 큰비를 뚫고 길을 재촉했는데, 나카센도 후카야숙까지 갔더니 밤 9시경이 되었다. 그로부터 후카야의 스기타杉田에서 야식을 먹고 고향 집에 도착한 것이 밤 11시가 지나서였다.

아버지의 병은 13일 밤에 시작되어 한때는 뇌의 자극이 강해서 인사불성의 위중한 상태였다고 했다. 그날 밤 내가 도착했을 때에는 크게 차도가 있고 기력도 조금 생긴 모습으로 내가 간호 때문에 온 것을 알고 매우 기뻐하셨다. 그러나 정말 위중한 병이었기 때문에 갖가지 치료를 하며 주야 간호했지만, 아버지는 스스로 이번에는 꽤 중병이라고 생각한 모양으로 장래의 일까지 자세하게 유언을 하셨다. 그 다음 날 18일 아침까지는 별다른 증상도 안 보였는데, 그날 점심 무렵부터 다시 인사불성이 되었기 때문에 '이거 큰일 났구나' 하고 한층 마음을 졸이며 치료에 손을 썼지만, 어찌하겠는가 점점 위독하게 되어 마침내 그달 22일, 63세를 일기로 영면하셨다.

일족의 슬픔은 말할 것까지도 없지만, 나는 실로 종천終天의 슬픔으로 처절하게 통곡했다. 뒤돌아 생각해 보면 9년 전에 고향 집을 떠난 후 아버지는 노년이기는 했지만 매우 건강하셨고, 가업인 쪽 제조는 물론 농상 일까지도 스스로 맡아 게으름 피우지 않고 돌보셨다. 기력은 옛날과 조금도 다르지 않아 내가 도쿄에 거주한 후에는 자주 노후의 섭생을 권하며 편안하게 사실 것을 청했지만 항상 엄격하시어 관과 민은 지위가 다르다고 말씀하시며 가끔 도쿄에 오셔도 우리 집에서 침식하시는 것조차 겨우 4, 5회 정도에 불과했다. 그 외양도 동작도 실로 정정하셨다. 그러니 이번 중병은 정말 생각지도 못할 정도로 경악스러운 것이었고 정말로 비탄스러웠다.

그러나 그렇다고 해도 일단 유명을 달리 하신 이상 아무리 하늘에다 대고 울부짖어도 회생할 방법은 없는 것이다. 정성스레 장례를 치르고 모든 일을 마무리 짓고 귀경한 것이 12월 초순이었다. 이것은 나중 얘기지만 날이 지나고 달이 쌓여가면서 옛 생각과 추모의 정이 점점 깊어 가는데, 아버지의 분묘는 고향에 있고 나는 도쿄에서 관직에 있는 몸이기에 때때로 인사드릴 틈을 내는 것도 자유롭지 않은 상황이었다. 그다음 해 겨우 도쿄의 야나카谷中에 초혼비를 세워 때마다의 향제響祭에 편의를 얻을 수 있게 되었다. 원래 아버지의 성품은 앞에서 조금 얘기했지만 그걸로는 앞뒤가 잘 이어지지 않기 때문에 지금 그 비문을 암송할 테니 들어 달라.

옹翁, 휘는 미아美雅, 씨는 시부사와, 통칭은 이치로市郎, 호는 만향晚香이다. 무사시노구니武藏國 지아라이지마촌 사람으로 대대로 농사를 지었다. 그 아버지의 휘는 경림군敬林君, 어머니는 다카다高田 씨이다. 옹은 사실은 휘를 정덕군政德君이라고 하는 동족의 셋째 아들인데, 경림군의 후사가 되어 그의 장녀와 결혼했다.

옹은 어려서부터 학문을 좋아하여 분연히 특별한 뜻이 있었다. 그리하여 주도면밀하게 생각하고 일 하나하나도 천박하게 하지 않고 농경 생산의 일에서 일상사의 작은 일에 이르기까지 반드시 몇 번이고 생각하며 실제를 중시했다. 이 때문에 일과 성

과에 틀림이 없었고 가람家藍을 만들고 품질을 이루는 것이 매우
정밀했다.

옹의 연구는 점점 깊어져 이름은 원근에 전해지고, 가업은 매
우 번성하여 가산이 풍부해졌다. 마을 사람들이 본받아 사업을
일으키는 자가 생기기에 이르렀다. 촌은 원래 한바라번半原藩의
영내에 있었는데, 번주가 토목이나 혹은 뜻하지 않은 비용이 있
으면 매번 옹에게 자금을 바치게 했다. 옹은 조금도 난색을 보이
지 않고 '재물의 쓰임은 비상시에 대응하는 데 있는 것인데, 하
물며 번명藩命임에랴'라고 말했다. 또 친척과 친구들에게 후했
고, 어떤 사람이 일을 잃거나 집이 망하면 곧 정성스레 타이르고
그를 위해 재물을 주고 구휼하며 하던 일을 회복하게 만들어 주
었다. 그래서 사람들이 모두 칭찬해 마지않았다.

메이지 4년[1871] 겨울 11월 22일 병이나 사망했다. 나이 63세.
다음 달 5일 고향 묘에 장사지냈다. 호를 바쳐 남전청어藍田青淤
라고 했다. 5남 8녀가 있는데 장남 에이이치군은 대장성 3등 출
사이고 정 5위에 서임되었다. 장녀는 요시오카 쥬로吉岡十郎에 시
집갔다. 작은딸은 외조카 스나가 사이사부로須永才三郎의 배우자
가 되어 가산을 이어받았다. 나머지는 요절했다. 아들 에이이치
군이 도쿄에 있었기 때문에 초혼비를 야나카의 덴노사天王寺에
세워 행향行香이 쉬워졌다.

아! 옹의 행동은 집에 배어 있고 신의는 향리에 미쳤으나 논
밭 사이에서 늙어 죽으니 끝내 세상에 드러나질 않았다. 실로 아
깝다 할 것이다. 그렇지만 에이이치군이 초망草莽에서 출세하여

현직顯職에 있고 촉망받아 이름을 날렸으니 아마도 이런 배경이 있었기 때문일 것이다. 나는 옹과 숙씨叔氏 관계이고 사부의 은혜를 입었다. 삼가 그 행장을 서술하여 이를 나타낸다.

이것은 오다카 아츠타다가 써 준 문장인데, 이걸 보면 뭐든 그 핵심을 알게 되어 독송讀訟하는 중에도 아버지의 그림자가 보이는 것처럼 느껴졌다.

그해도 저물어 메이지 5년[1872] 봄이 되었는데, 작년에 대장소보에 임명되었던 요시다 기요나리가 영국에서 공채를 모집하기 위해 서양행을 명받았다. 당시 정부는 화사족華士族의 녹제祿制를 만들어 일시에 급여하여 국고가 계속해서 부담하는 것을 면하려고 꾀했다. 이 공채 모집 건은 대장성에서 이노우에가 입안했던 것으로, 바로 이 자금에 충당하기 위해서 외국에서 공채를 빌려 정금은正金銀의 자본을 비축하고 이어서 지폐 태환도 이 자본으로 행할 수 있을 거라는 계산으로 요시다 소보에 유럽 파견을 명했던 것이다. 요시다가 출발할 때 나는 대장 3등 출사에 임명되어 소보의 업무를 맡을 것을 명받았다. 이것은 그해 2월의 일로 그해는 대장경 오쿠보도 양행洋行 중이었기 때문에 성내 업무는 이노우에가 전권을 갖고 나는 이를 보좌하는 차관의 임무였다.

대장성과 각 성의 권한 다툼

이재의 요무는 제일 먼저 대장성에서 국고 세입 총액을 자세히 조사한 뒤에 세출을 의논하여 정하는 것이다. 그 무렵에는 각 번의 뒤

처리도 점차 시작되었고, 전국의 세입액도 정밀하다고는 할 수 없지만 우선 4천여만 엔이라는 통계가 나와 있었다. 이노우에는 정부에 알려 반드시 양입 위출의 원칙에 의거해서 각 성의 비용을 절약해야 한다고 했다. 그래서 잉여금을 만들고 이어 지폐 태환 제도를 마련하려고 절박하게 노력했다. 그러나 작년 이래 각 성에서 행정비 청구가 급격히 늘어나 그해 겨울에는 사법성, 문부성이 어마어마하게 심한 요구를 하는 상황에까지 이르렀다. 대장성은 어차피 응할 수는 없어 이를 거절했더니 마침내 각 성과 대장성 사이에 일종의 권한 투쟁 같은 분규가 생기게 되었다.

그 이유는 폐번치현 당시부터 대장성 업무는 매우 많아지고 게다가 행정비 요구도 항상 대장성을 향해 지급을 요청하지 않으면 안 되었기 때문에 자연히 대장성의 명을 받드는 분위기가 생겨나 점차로 그 권력이 강대하게 되었던 것이다. 그래서 각 성의 장관은 대부분 불평을 터뜨렸는데 그중에서도 사법경 에토 신페이江藤新平[141]는 평소에 이노우에와 사이가 좋지 않았기 때문에 가장 심하게 공격의 칼날을 겨누었다. 이때 태정관은 산죠공이 수상이고 사이고, 이다가키, 오쿠마 등이 참의직에 있으면서 만기를 보필하고 있었다. 산죠공은 진신縉紳이고 사이고, 이다가키는 번벌藩閥이어서 정치면에는 매우 힘이 있었지만 경제 업무에는 아주 어수룩했다. 그중에 오쿠마 참의 한 사

---

141 1834~1874년. 막말-메이지기의 정치가. 사가 번사. 분큐 2년(1862) 탈번하여 존양 활동을 했다. 유신 후 신정부의 문부대보(文部大輔)를 거쳐 메이지 5년(1872) 사법경(司法卿)이 되어, 사법권의 독립, 사법 제도의 정비에 힘썼다. 메이지 6년 참의(參議)가 되었고 정한론이 받아들여지지 않자 사직했다. 메이지 7년(1874) 사가에서 거병했으나 패하여 처형되었다(사가의 난).

람만은 전부터 대장성의 실제 상황을 숙지하고 있었고, 특히 이노우에와 우의도 깊고 그 주의도 비슷했기 때문에 태정관에 있더라도 대장성을 위해 진력하여 재정 개선의 일에 각별히 힘써 알선해 줄 것이라고 내심 희망을 품고 있었다.

국립은행조례의 실시

이리하여 이노우에는 가능한 한 각 성의 비용을 절약시켜 전체 회계상에서 세입의 얼마씩을 남겨 그것을 정화로 비축할 마음으로 열심히 진력했다. 그 결과 대략 2천만 엔 남짓한 정화를 얻을 수 있었다. 이걸로 작년 이토가 미국에서 조사해 온 국립은행조례를 실시하려는 생각으로 그해 여름경부터 내게 조사를 전담시켰다. 나는 힘들여 조사를 끝냈는데 그것을 정부에 알려 널리 천하에 포고하게 된 것은 그해 8월 25일이었다. 그보다 전에 미쓰이구미三井組에서 사립은행을 세우고 싶다고 미노무라 리자에몬三野村利左衛門[142]이 청원한 적이 있었는데 이노우에에게 상의해서 이를 허가하려고 했었다. 그런데 이때부터 은행 조례의 조사를 시작했기 때문에 미노무라에게 잠시 유예를 명해 두었는데 그사이에 지금의 조례가 생겼다. 그래서 결국 이 조례에 준거하여 사립의 명의가 아니라 국립은행을 창립하는 것으로 되었다.

---

142   1821~1877년. 막말-메이지기의 대상인. 쓰루오카번(鶴岡藩) 낭인의 아들. 에도에서 환전상 (両替商)이 되었고 막부 간죠부교 오구리 다다마사의 부하였던 연고로 미쓰이가(三井家)에 부과된 어용금을 경감하는 데 진력했다. 게이오 2년(1866) 미쓰이가의 지배인(番頭)이 되어 유신 후 미쓰이 가정(家政)의 개혁, 미쓰이 은행 창설을 주도했다.

현재의 제일국립은행은 그해 가을 무렵부터 계획을 했던 것이지만 이것을 국립은행으로 한다면 미쓰이구미 혼자만이 아니라 오노구미小野組, 시마다구미島田組 등 도쿄부에서 부호로 이름난 자들과도 협력하고, 그 밖에 일반 주주도 모집하기로 했다. 그래서 각각 논의가 진행되어 창립원을 내고 허가를 얻은 것이 그해 겨울이었다.

●

퇴임과
건의서

타이완臺灣 정벌 반대 의견

이해메이지 5년[1872] 11월경, 당시 외무경 소에지마 다네오미副島種臣[143]
가 타이완 정벌을 정부에 건의한 적이 있었다. 육해군의 군인들은 직
무상 늘 이것을 원하여 건의할 것을 재촉했기 때문에 마침내 정부의
의제가 되어 각 성 장관을 산죠공 저택에 불러 그 이해득실을 토론
하게 했다. 이때 이노우에는 모친상을 당해 출석할 수 없었기 때문에
내가 참석하여 불가함을 통렬히 부르짖어 소에지마와 심각하게 논쟁
했다.

---

143   1828~1905년. 막말-메이지기의 정치가. 사가 번사. 메이지 신정부의 참여(參与)가 되었고 정
체서(政体書)의 기초에 관여했다. 외무경도 맡았다. 메이지 6년(1873) 정한론을 주장하여 하야했고 민
선의원설립건백서에 서명했다. 이후 추밀고문관(樞密顧問官), 마쓰가타 마사요시(松方正義) 내각 내
무대신을 역임했다.

내 논지는 이와 같았다. 지금 일본은 왕정 유신王政維新이라며 그 이름은 실로 아름다운 듯하지만 실은 폐번치현 후 정치를 돌아보면 추호도 정돈되어 있지 않기 때문에 국가는 피폐하고 인민은 궁핍에 고통스러워하고 있다. 그런데 이런 때에 외국에서 일을 만들어 전쟁을 하려고 하는 것은 실로 위험천만한 일이다. 설령 외정에 승리를 거두더라도 내지 상공업을 쇠퇴시키게 되면 헛되이 허명을 해외에 팔게 되는 것에 불과하다라는 의미로 열렬하게 반대 의견을 말했다. 다행히도 정부에서도 소에지마의 건의를 수용하지 않고 끝났다.

사법성, 문부성의 정액론과 이노우에 대보의 고충

이해 겨울 또다시 사법성, 문부성의 정액론이 일어나 대장성에서는 어디까지나 증액은 불가하다고 정부에 알렸지만, 정부는 말을 이리저리 돌려 사법성, 문부성의 요청을 물리치지 않았다. 그러자 이노우에는 단호히 사직 의사를 굳히고 연말에 즈음해서 출근하지 않았기 때문에 대장성의 직원들은 집무에 긴장감이 풀려 방향을 잃을 정도였다. 정부에서도 이를 크게 우려하여 산죠공은 재삼 내 집으로 와서 이노우에의 출근을 권유함과 동시에 내게도 사직 생각 따위는 하지 말라고 신신당부했다. 이 정액론은 일시의 미봉책으로 그해는 겨우 타협이 이뤄졌지만, 다음 메이지 6년[1873]에도 계속해서 각 성과 대장성 간의 분규는 끊이질 않았다.

앞에서도 말한 대로 에토 신페이와 이노우에는 특히 사이가 안 좋아서 이른바 빙탄불상용과 같았다. 에토는 심중에 '이노우에는 도대체가 괘씸한 자다, 그저 각 성을 몰아세우면서 자기가 대장성을 전횡

하는 것은 실로 발칙하다. 만약 이대로 놔두면 어디까지 발호할지 모르는 일이다'라고 생각하여 점점 알력이 격하게 되었다.

함께 관직을 그만두다

정부에서도 산죠공은 걱정을 많이 했으나, 사이고, 이다가키는 개의치 않았고 오쿠마도 뭘 하고 있는지 각 성의 비용 증액을 거절한다는 대장성의 구신 서면을 정부가 각하했다. 그 때문에 이노우에는 스스로 정부에 출두하여 자세히 그 이유를 설명했지만 참의들은 들어주지 않았다. 그래서 이노우에는 탄식한 나머지 내게 은밀히 말하길, "이제 대장성 일에는 절망했소. 필경 이렇게 훤히 보이는 정당한 도리가 행해지지 않는 건 정부에서 이노우에를 신임하지 않는다는 것이오. 그러니 이제 와서 할 수 없는 일이지만, 다시 한번 정부에 가서 이 한 몸의 생각을 오쿠마에게 토로하고 그래도 정부에 받아들여지지 않을 때에는 미련 없이 깨끗하게 사임할 수밖에는 없소"라고 미리 결심을 보였다.

그리고는 5월 3일 재차 정부에 출두하여 피눈물로 논변했지만, 역시 의견이 받아들여지지 않자 그날 11시경에 대장성으로 돌아와 나를 비롯해서 그 밖의 관리들을 불러 처음으로 사직 건을 발언했다. 그런 다음 나를 향해 "지금 말한 대로 나는 본직을 사직하기로 결심한 이상 속히 이곳을 퇴장할 테니 그대를 비롯하여 일동에게 뒷수습을 잘 부탁하오"라고 말하고는 벌써 자리를 물러나려고 했다.

나는 급히 이를 만류하고 "귀군의 사직도 사직이지만, 저도 생각하는 바가 있어 지금 귀군과 함께 사표를 내려고 합니다. 제가 사직하려는 것은 오늘이 아니라, 재작년 이래 품어 왔던 생각으로 사직을 요청한 적이 이미 여러 번인 것은 귀군도 잘 알고 계신 대로입니다. 그런데도 오늘까지 유임했던 것은 오로지 귀군이 품어온 재정 개혁의 방침에 감동하여 조그만 힘이라도 다하려고 결심했기 때문이었습니다. 그러나 지금에 이르러 그 지론을 행할 수 없게 된 이상 무슨 목적으로 귀군의 뒤에 남을 필요가 있겠습니까"라고 명확히 말하고는 마침내 이노우에와 함께 손잡고 대장성을 떠났다. 그것이 그날 12시 지나서였고 우리 두 사람 모두 마침내 사표를 정부에 봉정했다.

건의서 봉정

그 무렵 나는 깊이 시세에 느낀 바가 있었기 때문에 정치에 관한 의견을 적어 한편의 문서를 만들었는데, 자구字句가 잘 안 맞는 곳도 있을까 하여 나카 미치타카那珂通高라는 사람에게 부탁한 후 이윽고 탈고했다. 그래서 사표를 낸 다음 날 원고를 들고 이노우에를 방문하여 료코쿠교兩國橋 근처에서 면담했는데 때마침 요시카와 아키마사도 그 자리에 있었다. 그 문서를 이노우에에게 보여줬더니 이노우에는 일독하고 나서 내 의견에 완전히 동의한다며, 함께 이것을 건백하자고 했다. 그래서 그 의견서를 우리 두 사람의 명의로 산죠공을 거쳐 상주했는데 그 후 얼마 안 가서 『아케보노신문曙新聞』이 문서의 전문을 게재하여 세상에 공개되었다.

그래서 에토 신페이 등의 미움을 더 사서 정부 비밀을 세상에 누설했다는 혐의로 이노우에는 약간의 벌금을 징수당했다. 그렇지만 우리는 이미 사직을 결심하고 사표를 봉정한 상태였기 때문에 별로 꺼리는 바 없이 자기 의견을 충분히 다른 데 발표하는 것을 마다하지 않았다. 그랬더니 오쿠마가 편지를 해서 그건 좋지 않다고 충고했다. 그러나 그 말조차 듣지 않을 정도였기 때문에 정부도 우리의 결의를 번복시키기는 불가능할 거라고 알아차렸는지 5월 23일에 이르러 의원 면직이라는 명령이 내려왔다.

퇴임 후의 방침

이걸로 대장성, 즉 관직과의 관계는 완전히 끊어진 몸이 되었기 때문에 전년부터 계획하고 있던 은행 창립에 대해 미쓰이, 오노 양가의 사람들과 협의하여 은행 업무를 맡을 것을 약속하고 그달부터 이에 종사하게 되었다. 이것이 내가 관원에서 상인으로 전직하게 된 전말이다. 이렇게 처음부터 차근차근 시간을 따라 옛일을 얘기하고 보니 상업계에 몸을 맡긴 뒤로도 또 20여 년의 세월이 지났다. 그래서 그 기간에도 진담 기화珍談奇話가 많을 것이므로 이에 이어서 현재까지의 옛일을 얘기해 달라는 간청도 있었다.

그러나 20년의 오랜 시간이 흘렀다고는 해도 상업계에 들어와서부터의 일은 현재이지 과거라고는 할 수 없으므로 아무래도 얘기하지 않는 쪽이 좋을 거라고 생각한다. 따라서 과거 얘기는 이걸로 끝내겠다. 다만 마지막으로 이노우에와 연명으로 봉정했던 건백서는 여기에 문서 초고가 남아 있으니 읽어주기 바란다.

도쿄에 설립되었던 국립제일은행

재정 개혁에 관한
상주문

　국가의 융성과 쇠퇴는 원래 기운이 만드는 것이라고는 하지만, 그래도 정부 조치의 옳고 그름에 영향받지 않는 것은 아닙니다. 유신부터 아직 10년이 되기도 전에 제반 업무에 기틀이 잡히고 세상이 교화되어, 안으로는 수백 년 동안 쇠퇴했던 기강을 회복하고 밖으로는 오대주에 성행하는 정형政刑을 우리에게 맞게 수용했습니다. 봉건을 군현으로 바꾸고 문벌을 폐하고 현재賢才를 등용하고 법률은 만국의 공법을 갖추고 논의할 때는 전국의 여론을 다 참작하고, 교육은 8구八區로 나누어 무지한 백성을 깨우치고, 군대는 6진六鎭을 둬 괘씸한 무리를 징벌했습니다.

　순식간에 멀리 갈 때에는 증기선이나 증기차의 힘을 빌리고 만 리에 급보를 알릴 때에는 바다와 육상의 전신기를 이용합니다. 무역에 마음을 두고 개척에 힘을 쓰며 화폐를 바르게 하니 세상이 몰라보게 달라졌습니다. 그 밖에 제철, 등대, 철도에서부터 건물, 의복, 책상, 우산, 신발 등 사소한 것에 이르기까지 날마다 달마다 변혁되어 신속하게 개화로 나아간 것은 준마도 따르지 못할 기세입니다. 이렇게 계속 나아간다면 수년 지나지 않아 문명이 갖춰질 것이고, 이것은 구미 제국에 비교해도 전혀 부끄럽지 않을 것입니다. 실로 국가에 뜻 있는 자가 모두 기뻐하며 서로 경하할 일입니다.

그런데 신들이 한 가지 우려하는 바가 있습니다. 대저 걱정은 걱정으로 끝나는 것이 아니라 반드시 그 사이에 기쁨이 있고, 기쁨은 기쁨으로 끝나는 것이 아니라 반드시 걱정이 그 가운데 존재하는 것입니다. 이 때문에 걱정이 있으면 기뻐할 만한 것을 찾고, 기쁨이 있으면 걱정할 만한 것을 생각해야 합니다. 이렇게 되어야 시책이 적절함을 잃지 않고 국가는 이로써 진정한 개명의 정치를 이룰 수 있을 것입니다. 개명이라는 것은 말은 하나이지만 그 귀결되는 바를 미뤄 논해 보면 두 가지로 분명히 나뉘지 않을 수 없습니다.

개명의 정치 방면政理上을 중시하는 것은 형形으로서 하는 것이고, 개명의 민력 방면民力上을 중시하는 것은 실實로서 합니다. 형으로 하는 것은 얻기 쉽고, 실로 하는 것은 이루기 어렵습니다. 지금 구미 제국은 민이 모두 실학에 힘쓰고 지식이 뛰어납니다. 그래서 사람들은 각자 자기 힘으로 먹고살 수 없는 것을 큰 수치로 여깁니다. 우리 백성은 이와 반대입니다.

사士는 헛되이 부조父祖의 봉록에 의지하는 것만 알지, 아직 문무에 힘쓰는 것을 알지 못합니다. 농민은 헛되이 향토의 관행에 의지하는 것만 알지, 아직 농경과 잠업의 기술을 강구하는 것을 모릅니다.

수공업자는 헛되이 임금을 논하는 것만 알지, 아직 기계의 교묘함을 받아들일 줄을 모릅니다. 상인은 헛되이 저울의 이익을 다툴 줄만 알지, 아직 무역의 방법을 명확히 알지 못합니다. 이는 모두 자기 힘으로 먹고살 수 없는 자들로, 그중에 약간 재주와 식견이 있다고 칭해지는 자들도 있지만, 대부분은 청탁, 투기를 하거나 이익을 농단하는 자들에 불과합니다. 심지어는 사기가 백출하고, 모함과 억지가 판쳐 일을 망치고, 집안을 망하게 하는 지경에 이르는 자가 즐비합니다. 지금 이와 같은 무리를 몰아내고, 하루아침에 갑자기 개명의 경지에 이르게 하려는 것은 계란을 보고 닭의 울음을 기다리는 것과 같습니다.

신들이 이전에 한밤중에 조용히 생각하길, 오랫동안 대도시에 있었고, 해외에도 나가봤고, 봉직한 것도 짧다고 할 수 없고, 견문한 것도 적다고 할 수 없으니 지식도 반드시 옛날보다는 낫다고 생각했습니다. 그런데 물러 나와 잘 안다고 여겼던 것을 생각해 보니, 여전히 그 자리에서 맴돌 뿐이었던 것으로, 앉으나 서나 장탄식하던 것이 오래되었습니다. 신들이 공부한 것을 갖고도 이러하니, 하물며 태어나서 편경 벽읍^{偏境僻邑}[궁벽한 지방]에 있었던 자들은 오죽하겠습니까.

이렇게 생각하면 오늘날의 개명은 민력 방면을 중시하는 것이 아니라 정치 방면으로만 헛되이 달리고 있다는 것은 지자^{智者}가 아니어도 알 수 있는 것입니다. 실로 정치상에만 중점을 둔다면 사람들이 애국의 정이 있으니 누가 감히 문명의 정치, 구미 제국처럼 되는 것을 희망하지 않는 자가 있겠습니까. 이 때문에 현재 관직에 있는 사람들은 다리는 아직 서구 땅을 밟아보지 못했고, 눈은 아직 그들의 사정을 보지 못한 채 겨우 번역서로만 엿보고 사진으로만 보고서도, 분연히 일어나 그들과 대항하려고 합니다. 하물며 매년 해외에 나가는 자들은 오죽하겠습니까. 돌아와서는 어떤 사람은 영국이 뛰어나다고 하고, 어떤 이는 프랑스가 낫다고 하고 네덜란드, 미국, 프러시아, 오스트리아 등 모두 그들의 뛰어난 점을 우리와 비교하여, 거리, 화폐, 개척, 무역을 막론하고 군대, 교육, 의정議政, 법률, 증기, 전신, 의복, 기계 등 대체로 우리 문명에 도움이 될 만한 것은 털끝 하나 실오라기 하나 빠트리지 않고 갖춰야 한다고 주장하기에 이를 것입니다.

이것은 물론 인지상정이어서 틀렸다고만은 할 수 없지만, 헛되이 형形만을 위주로 하고 실實을 중시하지 않는다면, 정치는 마침내 인민과 배치되게 되어, 법제는 점점 아름다워지나 인민은 점점 피곤해지고, 온갖 제도는 세웠으나 국력은 점점 줄어들어 들 것입니다. 그래서 공업을 아직 이루지도 못한 채 나라는 벌써 빈약해져서, 능력 있는 자가 있다 하더라도 방책을 강구할 수 없게 될 것입니다. 정말 이렇게 된다면 그것을 어떻게 나라라고 할 수 있겠습니까. 이것을 사람들은 기뻐할지 모르나 신들은 우려하는 바입니다.

대저 천하지사天下之事는 미리 목표를 높게 잡지 않을 수 없다고 하더라도 실제 일을 할 때에는 한발 한발 순서에 따라 차근차근 실질을 위주로 하여 정치 논리政理가 민력 양성에 어긋나지 않도록 하는 것이 중요합니다. 결코 서둘러 경솔하게 나아가려고 하거나 하루아침에 급히 이루려고 해서는 안 됩니다.

무신武臣이 정권을 잡았던 시절에는 지방마다 제도를 달리했지만 사람을 등용하는 데에는 반드시 문벌을 보고 했습니다. 그 때문에 높은 자리에 있는 자들은 고기나 먹고 있는 무리에 불과해서, 정형이 오히려 비직 천리卑職賤吏[비천한 서리들]의 손에서 나왔습니다. 그래서 교화 법률이 뭔지를 모르고, 옛것만 참고하여 관례에 따라 결정을 해서, 일이 오히려 간소하게 되어 분쟁의 어려움이 없었습니다. 인습이 오래되고 백성도 항상 그러려니 하고, 굳이 이를 이상하다고 여기는 자도 없어 해내海內가 다스려진 지 2백 년에 이르렀습니다.

그런데 한번 외교에 문제가 발생하게 되자 처음으로 그 해악이 크게 드러나 수습할 수 없게 되었습니다. 그때부터 지사와 인인仁人이 다퉈 일어나 노력하고 살신하여 유신으로 나라의 운을 되돌릴 수 있었습니다. 이때에 이르자 그 기세가 구폐를 제거하고, 서정庶政을 경장更張하고, 천하의 이목을 일신하지 않을 수 없었습니다. 이 때문에 우선 견문을 넓힐 필요가 있었고, 견문을 넓히려고 하니 관례에 안주하는 것을 부끄러워할 줄을 알게 되었습니다. 또한 관례에 안주하는 것이 부끄러운 줄 알게 되니 맹성 용결猛省勇決하여 과거의 폐단을 없애버리지 않을 수 없었습니다. 이에 일의 순서를 따지지 않고 거꾸로 하면서倒行逆施 무릇 국체, 병제, 형률, 교육, 학칙, 공예, 민법, 상업에서 제반 기예에 이르기까지 일시에 변혁하여 만국과 대등해지려고 하고 있습니다.

이것은 기운이 그렇게 만드는 것이기는 하지만 그 조치가 적절해야 합니다. 이를 양의가 병을 치료하는 것에 비유해 보겠습니다. 병이 매우 급할 때에는 우선 극약을 투여하지 않을 수 없습니다만, 마침내 평온해지게 되면 온보溫補의 약을 주어 원기가 회복되기를 기다립니다. 이것이 치료 방법을 아는 것입니다. 그러므로 양의가 목표로 하는 것은 다만 원기가 회복되는 것이지만, 투약할 때는 반드시 먼저 극약을 씁니다.

천하를 경영하는 방책도 이것과 뭐가 다르겠습니까. 극약을 투약하여 병이 마침내 다스려져, 서정은 기틀이 잡혀가고 세상은 교화되어 가고 있습니다. 지금은 온보의 약을 조심스레 줄 때입니다. 그러므로 지금 정부의 시책을 펼 때는 한발 한발 순서에 따라 차근차근 실질을 거두는 것이 필요한데, 시책이 이렇게 되질 않고, 어떤 면에서는 옛날의 가볍고 방정맞은 풍조를 따라 헛되이 백사百事를 성급하게 다루고 있습니다. 신들은 이를 받아들일 수 없는 것입니다.

그러나 이렇게 된 것에 대해서도 신들은 그것이 어디서 유래했는지를 알고 있습니다. 경장에 즈음하여 정부는 오로지 인재를 발탁하는 데 급급했고, 천하의 인사들도 스스로 다투어 등용되고자 해서 일예 일능이라도 있다고 자부하는 자들이 운집하여 궐하闕下에 이르는 것을 원하지 않는 자가 없었습니다. 옛날 가난했을 때 따르던 자, 설혹 재주가 없더라도 갑자기 버릴 수는 없고, 지금 문재로 이름이 있는 자 설령 흠이 있다 하더라도 오랫동안 버려둘 수는 없을 것입니다. 이래서 재야에 등용해야 할 인물은 있고 조정에 물러나야 할 사람은 없어 백관百官에 빈자리가 없는 것이 이때보다 더 심한 적은 없었습니다.

관에 사람이 많게 되면 반드시 일을 만드는 것을 좋아합니다. 일을 만드는 것을 좋아하면 반드시 공적을 이루는 것을 좋아합니다. 지금 정부가 민력에 뜻을 쏟지 않고 정치 논리에 오로지 힘쓰고, 백관 또한 일을 만들고 공적을 이루는 것을 서두르게 되면, 자연히 실용을 버리고 공리空理로 흐르는 폐단이 없을 수 없습니다. 하물며 애국의 지정至情에서 저들의 개명 정치를 흠모하여 갑자기 이것과 대항하려고 하니 어떠하겠습니까. 이에 다만 일의 진흥만을 추구하여 수단을 갖추는 데에 결함이 있을까 우려됩니다. 이익이 될지 해가 될지 가리지 않고 의견을 개진하여, 혹은 틈을 봐서 등용될 것을 구하는 자도 있고, 혹은 신기한 것으로 현혹하여 총애를 바라는 자도 있습니다.

이렇게 원성사요사院省使寮司에서부터 부현府縣에 이르기까지 각자가 공적을 탐하여 자꾸 관직을 늘리니, 백사가 폭주하고 만사가 모여들어, 서로 어긋나 정부 스스로도 그 폐해에 견디지 못하고 있습니다. 또 관직이 있으면 급료가 없을 수 없습니다. 일이 있으면 비용이 없을 수 없습니다. 그 때문에 일이 날마다 많아지고 업무의 비용이 달마다 많아져 세입이 항상 세출을 감당하지 못하게 되면, 이것을 인민에게 징세하지 않을 수 없습니다.

대저 정치의 요체는 여러 가지가 있겠지만, 왕정복고 대호령을 발한 지금에는 모름지기 재정 문제가 제일 우선입니다. 재정이 만일 절도를 잃으면 비용을 댈 수가 없고, 비용을 조달하지 못한다면 만사를 무엇으로 행할 것입니까. 이렇게 되면 바로 부세賦稅를 늘리고 요역을 일으켜서 백성을 괴롭혀 끝내 백성으로 하여금 안식하지 못하게 하고, 나라도 또한 그에 따라 쇠락을 면하지 못하게 될 것입니다. 이것은 고금의 통환通患으로 실로 정부가 깊이 조심해야 할 것입니다. 지금 전국의 세입 총액을 대강 계산해 보면 4천만 엔에 불과합니다. 그런데 미리 금년의 경비를 추계해 보면 변고가 없다고 하더라도 5천만 엔에 이를 것입니다. 즉 일 년 세출입을 비교해 보면 천만 엔 부족분이 생깁니다. 그뿐 아니라 유신 이래 급한 국가적 비용으로 매년 빚진 것이 이미 천만 엔을 넘으려고 합니다. 그 밖에 관성官省, 구번舊藩의 지폐 및 안팎의 부채를 계산하면 거의 1억 2천만 엔의 거액에 다다르려고 합니다. 그러므로 이를 전부 계산하면 정부의 현재 부채는 실로 1억 4천만 엔으로 상각償却의 방법이 아직 마련되어 있지 않습니다.

그렇다면 속히 제도를 만들어 점차로 이를 없애지 않으면 안 됩니다. 그러지 않으면 장래에 인심의 신뢰를 확고히 하지 못하고 한번 예측지 못한 일이 생기면 낭패를 보게 되어 후회해도 소용없는 지경에 이를 것입니다. 그런데도 정부가 아직 이에 주의하지 않고 거꾸로 과거처럼 백도 경장百度更張에만 힘쓰고 개명을 정치 방면에만 구하게 된다면, 백성을 보호할 길이 어디에 있겠습니까. 정부가 백성을 보호할 길을 얻지 못하면 백성은 어떻게 숨을 돌릴 수 있겠습니까. 어느 논자가 "척박한 땅의 백성은 힘쓰고 옥토의 백성은 즐기는데, 즐기면 가난해지고 힘쓰면 부유해진다. 그러므로 지혜를 모아 이를 부유하게 하려면 부세를 중하게 하여 구미 제국과 같이 하지 않으면 안 된다"고 했습니다. 아, 이 얼마나 잘못된 말입니까.

구미 제국의 국민은 대개 지식이 뛰어나고 독립적인 지조를 갖고 있습니다. 또 국체의 성격상 항상 정부의 논의에 참가하여 서로 보완합니다. 손발이 머리와 눈을 보호하는 것처럼 이해득실이 분명하여 정부는 다만 이들의 외정外廷에 불과합니다. 현재 우리 백성은 이와는 달리 오랫동안 전제의 관습에 익숙해져 있고, 오랫동안 편벽된 누습에 안주해 있어 지식은 열려 있지 않고, 지조는 확고하지 않아 행동하는 데 그저 정부 명령에만 따르니, 이른바 권리 의무가 무엇인지 아직 분별하지 못합니다.

정부가 명령하면 거국적으로 이를 받들고, 정부가 나아가는 곳이면 거국적으로 이를 따르니, 대저 풍습, 언어, 복식, 집기에서부터 일용 완구에 이르기까지 앞을 다퉈 뒤질세라 정부가 좋아하는 것을 모방하지 않는 자가 없습니다. 위에서 좋아하는 것을 밑에서는 더 심하게 좋아하기 때문에, 무역에서도 항상 저들의 기물과 잡화를 많이 수입하고, 수출품은 겨우 10에 6, 7에 불과하니 어찌 민이 빈곤에 빠지는 것이 하루하루 더 심해지지 않을 수 있겠습니까.

고인古人의 말씀에 이르기를, 백성 보기를 상처 돌보듯 하라고 했습니다. 지금 정부는 민을 상처처럼 보지 않을 뿐만 아니라 오히려 법제로 속박하고, 부세로 독촉하여 어떤 면에서는 옛날보다 더합니다. 호戶에 편적編籍 없는 곳이 없고, 마을裏에는 사증社證 없는 곳이 없으며, 토지에는 지권地券 없는 곳이 없고, 사람에게는 혈세 없는 곳이 없습니다. 소송의 낭비, 잘못된 벌이 있고, 물가, 판매, 우마牛馬, 비복婢僕에 이르기까지 모두 법률 없는 것이 없습니다. 이러니 한번 영이 내려올 때마다 백성은 멍하니 어찌할 바를 모르고 방향을 잃습니다. 상업을 해서 안 되면 공업에 취직하고, 공업에서 안 되면 농업에 가니, 가산을 잃는 자가 줄을 잇고 쇠락하는 자도 또한 옛날의 배가 됩니다. 이와 같은 상황입니다.

정부는 점점 개명의 영역에 발걸음을 들여놓고 있는데 민은 점점 야만적인 풍속에 안주하니, 상하가 격절되어 있는 것이 어찌 하늘과 땅보다 작겠습니까. 정치가 민력과 어긋나는 것이 이미 이 지경까지 이르렀다면, 그 선한 것은 선하다고 하기에 부족하고, 그 아름답다는 것은 아름답다고 하기에 부족하니, 다만 그 걱정할 바를 봐야지 아직 기뻐할 바를 봐서는 안 됩니다. 대저 사물에는 각각의 양量이 있고 국가에는 각각의 힘이 있으니, 정치의 요체는 시세에 적합해야 하는 것을 으뜸으로 여깁니다. 그러므로 정부가 일을 시행함에, 우리 국력을 잘 살피고 우리 민정을 통찰하지 않으면 안 됩니다.

양출제입量出制入은 구미 제국이 정치를 하는 방법이나, 지금 우리 국력과 민정은 아직 이에 이르지 못한다는 것은 모두가 잘 아는 바입니다. 그러니 지금의 방책은 당분간 양입제출量入制出의 구제도를 유지하여 경비를 힘써 절감하고, 미리 세입을 계산하여 세출이 결코 이를 넘지 않도록 하고, 원성요사에서부터 부현에 이르기까지 정책 실시의 순서를 고려하여 각각의 액수를 확정하고, 털끝만큼도 그 한도를 넘게 해서는 안 됩니다. 부채 지폐 같은 것은 무용한 경비를 절감하고, 급하지 않은 봉록을 줄여서 해결해야 하고, 지폐의 소각이나 교환은 점진적으로 법에 따라 해야 합니다. 일은 순서대로 하지 않으면 안 되고, 법은 그 실질이 없으면 만들지 말아서, 백성으로 하여금 숨 쉴 수 있게 하고 천하로 하여금 정부가 지향하는 바가 과거와는 크게 다르다는 것을 분명히 알게 하지 않으면 안 됩니다.

이것이 금일의 시세로 우리 국력, 민정이 필요로 하는 것이 이것보다 더한 것은 없습니다. 실로 이 방침이 정해지면 장관들이 모두 회동하여 요지를 공시하고 서로 서약하여 그 방향을 잃지 않게 해야 합니다. 시책의 완급, 조치의 선후도 중요합니다. 병제에 풍부하게 비용을 쓰고 법률에 적게 쓸 건지, 혹은 기술에 돈을 더하고 교육에 덜할

건지, 또는 농민 세금을 줄이고 상업세를 늘릴 건지 같은 문제는 중의를 모아 타당한 바를 살펴서, 정치와 민력이 서로 어그러지지 않게 함으로써 후세의 표준으로 삼아야 할 것입니다.

실로 이렇게 한다면 백성들도 방향을 잡아 자연히 부의 근본에 힘쓸 수 있게 되어, 정치와 함께 개명으로 걸음을 내디딜 자가 나올 것을 기대할 만합니다. 그렇지 않다면 예상치 못한 사이에 내외의 변란이 반드시 생겨서 토붕와해土崩瓦解에 이르게 되어, 수습할 수 없는 지경에 될 것입니다. 이렇게 되면 어찌 정부의 조치가 합당했다고 할 수 있겠습니까. 신들이 비록 못났으나, 부족하나마 오랫동안 재정에 간여해 왔습니다. 실행해 온 업무에서는 아직 크게 공적을 세웠다고는 할 수 없으나, 그 실제를 직접 체험한 경험에 비춰 본다면, 반드시 식견이 없다고만은 할 수 없을 것입니다. 신들이 본 바로 생각해 보면, 금일의 개명은 다만 그 기뻐할 만한 것을 볼 수 없는 데 그칠 뿐 아니라, 크게 우려할 만한 것이 실로 눈앞에 일어나려고 하고 있습니다. 이것은 원래 정부 시책이 잘못되었기 때문에 이리된 것이지, 기운이 그렇게 만든 것이 아님은 환할 정도로 명백합니다. 그걸 알고도 말하지 않는다면 불충이고, 모르면서 말한다면 부지不智입니다. 신들은 설령 부지로 견책을 받을지라도 결코 불충의 신이 되길 원치 않습니다.

지금 이미 직무를 감당할 수 없어 사직을 청했지만 구구한 마음이 걱정스러움을 참지 못하겠습니다. 그리하여 감히 어리석은 마음을 남겨둬, 정부가 조금이나마 참고하기를 바랄 뿐입니다. 진언 극론盡言極論하여 권위를 모독하게 될 것을 꺼리지 않은 것은, 말할 것도 없이 도

끼에 맞아 죽을 것을 각오했기 때문입니다. 신 가오루薰, 신 에이이치
榮一 진실로 걱정됨을 견디지 못하겠습니다. 황공하기 그지없으나 죽
을 각오로 말씀 올립니다誠恐誠惶 昧死以聞.

메이지 6년[1873] 5월 7일.

1840년	사이타마현埼玉県 후카야시深谷市 출생
1847년(7살)	사촌형인 오다카 아츠타다尾高惇忠에게 한문을 배움
1853년(13살)	페리 방일
1854년(14살)	밭농사, 양잠, 쪽 재배 등 가업을 익힘
	미일화친조약가나가와 조약 체결
1856년(16살)	미국 총영사 해리스 시모다下田 도착
1858년(18살)	오다카 아츠타다의 여동생, 즉 사촌 누이와 결혼
	쇼군 계승분쟁, 미일수호통상조약 · 안세이安政
	5개국 조약 체결, 안세이 대옥安政大獄
1860년(20살)	사쿠라다문 밖의 변桜田門外の変
1862년(22살)	히토츠바시 요시노부一橋慶喜 쇼군후견직, 마쓰다이
	라 요시나가松平慶永 정사총재직 취임

1863년(23살)	요코하마를 습격하고 다카사키성高崎城을 취하기로 모의했으나 계획을 중지하고 교토로 향함
	쇼군 약 230년만에 교토 상경, 8.18정변 발발
1864년(24살)	훗날 마지막 쇼군이 되는 히토츠바시 요시노부의 가신이 됨
	금문禁門의 변, 천구당天狗黨의 난, 시모노세키 전쟁, 제1차 조슈 정벌長州征伐
1865년(25살)	히토츠바시가의 군대 모집을 위해 영지 순회
1866년(26살)	히토츠바시 요시노부가 쇼군이 되면서 시부사와도 막부의 신하가 됨
	쇼군 이에모치家茂 사망, 제2차 조슈 정벌, 삿초 동맹薩長同盟, 15대 쇼군에 히토츠바시 요시노부 취임 도쿠가와 요시노부로 개명
1867년(27살)	쇼군 요시노부의 동생인 도쿠가와 아키타케德川昭武와 함께 파리 만국 박람회 사절단 일행으로 유럽 방문
	대정봉환大政奉還
1868년(28살)	메이지 유신이 일어남에 따라 귀국
	왕정복고 대호령, 보신 전쟁戊辰戰爭 발발
1869년(29살)	메이지 정부의 대장성大藏省 조세사정租稅司正 취임 개정국改正局 국장局長 취임
	도쿄 천도, 판적봉환版籍奉還

1870년(30살)	관영 도미오카 제사장富岡製糸場 설치, 주임主任 취임
1871년(31살)	『입회약칙立会略則』 간행 폐번치현廃藩置県
1873년(33살)	대장성 관직 사임 제일국립은행 설립 오지제지王子製紙 등 창립 국립은행조례立銀行条例 · 지조계정조례地租改正条例 공포
1875년(35살)	상법강습소商法講習所, 후의 히토츠바시대학 개교
1876년(36살)	도쿄양육원 사무장 취임후에 원장
1877년(37살)	세이난 전쟁西南戦争 발발
1878년(38살)	도쿄상법회의소東京商法会議所 설립
1880년(40살)	하쿠아이샤博愛社, 일본 적십자의 전신 설립
1883년(43년)	오사카방직회사 설립, 이토伊藤와 재혼
1884년(44살)	일본철도회사 이사 취임
1885년(45살)	일본우선회사日本郵船会社 창립 도쿄가스회사 창립
1886년(46살)	도쿄전등회사 설립
1887년(47살)	일본벽돌제조회사 창립, 제국호텔 창립

1888년(48살)	삿포로맥주회사 창립, 도쿄여학관東京女学館 개교
1889년(49살)	일본제국헌법 공포
1891년(51살)	도쿄교환소 창립
1892년(52살)	도쿄저축은행 창립
1895년(55살)	호쿠에츠철도회사北越鉄道会社 창립
1896년(56살)	일본정당회사日本精糖会社 창립
1897년(57살)	시부사와창고부澁澤倉庫部, 후에 시부사와 창고회사 개업
1900년(60살)	남작 작위 수여
1901년(61살)	일본여자대학교 설립에 간여
1906년(66살)	도쿄전력회사 창립 오사카전기철도회사 창립
1907년(67살)	오사카극장회사 창립
1910년(70살)	정부 자문기관인 생산조사회生産調査会 창립
1911년(71살)	국가 훈장 서보장瑞宝章을 수여받음
1912년(72살)	뉴욕 · 일본협력협찬회 창립
1913년(73살)	일본결핵예방협회 창립 일본실업협회 창립

1914년(74살)	중·일 경제계 제휴를 위해 중국 방문
1918년(78살)	『도쿠가와 요시노부공전德川慶喜公伝』간행
1920년(80살)	자작 작위 수여
1926년(86살)	일본방송협회 창립
1928년(88살)	일본항공수송회사 창립
1931년(91살)	영면

이 책에 사용된 도판 중 일부는 저작권자를 확인할 수 없어 정식 협의 절차를 진행하지 못했습니다.
추후라도 연락해주시면 저작권 협의 후 합당한 조취를 취하겠습니다.

KI신서 7924

일본의 설계자, 시부사와 에이이치

1판 1쇄 발행 2018년 12월 17일
1판 4쇄 발행 2024년 12월 31일

지은이 시부사와 에이이치
옮긴이 박훈
펴낸이 김영곤 박선영
펴낸곳 ㈜북이십일 21세기북스

서가명강팀장 강지은 **서가명강팀** 강효원 서윤아
표지디자인 박대성 **본문디자인** 김정연
출판마케팅팀 한충희 남정한 나은경 최명열 한경화
영업팀 변유경 김영남 강경남 황성진 김도연 권채영 전연우 최유성
제작팀 이영민 권경민

출판등록 2000년 5월 6일 제406-2003-061호
주소 (10881) 경기도 파주시 회동길 201(문발동)
대표전화 031-955-2100 **팩스** 031-955-2151 **이메일** book21@book21.co.kr

(주)북이십일 경계를 허무는 콘텐츠 리더

21세기북스 채널에서 도서 정보와 다양한 영상자료, 이벤트를 만나세요!
페이스북 facebook.com/jiinpill21 **포스트** post.naver.com/21c_editors
인스타그램 instagram.com/jiinpill21 **홈페이지** www.book21.com
유튜브 youtube.com/book21pub

서울대 가지 않아도 들을 수 있는 명강의! 〈서가명강〉
유튜브, 네이버, 팟캐스트에서 '서가명강'을 검색해 보세요!

ISBN 978-89-509-7871-6 03900